ゼミナール 現代日本の スポーツビジネス戦略

上西康文 編

- ●長野から2002へ
  上西康文
- ●Jリーグとスポーツビジネス
  川淵三郎
- ●「スポーツ産業論」への招待
  松田義幸
- ●メディアとスポーツ
  杉山　茂
- ●スポーツ用品の製造・販売
  小池憲治
- ●フィットネス産業とは何か
  白井省三
- ●サービス業としての
  テニススクール経営
  中嶋康博
- ●Jリーグ・鹿島アントラーズの
  クラブ経営
  海保宣生
- ●広告代理店から見たスポーツ
  米倉　實
- ●企業とスポーツイベント
  大島仁志
- ●日本におけるフルコンタクト
  格闘技の現状
  松原隆一郎

大修館書店

序章──長野から2002へ

上西康文

【略歴】1955年東京生まれ。78年東京大学経済学部を卒業し大蔵省に入省，80年から英国オックスフォード大学留学（経済学修士課程修了）。大蔵省（現財務省）では主税局，国際金融局，関税局，銀行局などで勤務するほか，経済企画庁で経済白書の執筆にも参画。88年から3年間，世界銀行（米国ワシントン）で派遣職員として勤務した。97年から99年にかけて信州大学経済学部教授として財政学などを担当。現在は財務省にて勤務するかたわら，週末は少年サッカーチームのコーチをボランティアで務めている。

長野五輪を振り返って

　東京から長野新幹線で一時間余，終着の長野駅の東西を渡す大跨線橋を利用したコンコースには，今も誇らしげに長野五輪のシンボルマークの巨大なパネルが掲げられ，駅に降り立つ旅客にこの街が熱気に包まれていた1998年のあの冬の日々を思い出させる仕掛けになっています。

　辛うじて昭和第二世代に属する筆者（上西）には，1964年の東京五輪が少時の記憶としてありますが，この年は戦後経済史の上では我が国が復興の過程を経て「先進国」の一員として国際的に認知された年であり，五輪を契機に現在の首都東京の都市基盤の重要な部分が形成され，また全国的にも新幹線や高速道路網の整備が始められた時期に当たります。さらに東京五輪から8年後の札幌五輪は，1970年に開催された大阪万博とともに，高度成長の絶頂期を記念する行事であったと振り返ることができます。

　その後の二度にわたる石油危機による混乱，狂熱のバブル経済とその崩壊という三十年を経て日本の経済環境は大きく変わり，この間に五輪という国際スポーツ大会の相貌も，それに対する社会の眼差しも大きく変わりました。

　五輪から一年が過ぎた晩冬のある日，筆者は長野市を訪れ朝遅い時間に中心市街を歩く機会がありましたが，日本の多くの地方都市がそうであるように人通りはまばらでしかなく，善光寺へのぼる道の傍らに設けられていた，人で埋め尽くされていたあの表彰式会場も（他の施設ともどもカタカナ英語の名称は居心地の悪いものでしたが），意外なほど狭苦しい駐車場に姿を変えて春未だしの冷たい風が通り抜けていました。

　移り気な世間に五輪開催以前のことをいま思い出す人がどれほどいるのかは分かりませんが，長野五輪への道のりは決して祝福に包まれたものではありませんでした。競技施設や交通網の建設に伴う財政負担や環境破壊は厳しく注視されるようになり，組織委員会の官僚的体質はしばしば揶揄の対象となりました。長野五輪に対して批判的な立場から書かれた書物[1]には，いかに素朴な五輪信奉者であっても幻滅を感ずるしかない挿話が多く語られています。そもそもの招致運動をめぐる不透明な問題は，長野五輪からおよそ一年後，国際オリンピック委員会を揺るがしたスキャンダルの中で改めて世間の耳目を集めることになりましたし，環境問題を図らずも象徴することになったスキー滑降競技

のスタート地点をめぐる調整の遅れは組織委員会の不手際を深く印象づけるものでした。

　長野五輪をめぐる言論の中にはときに，圧倒的な情報発信が中央から行われるこの国における「地方」に対するシニシズムが感じられることもありましたが，客観的にみて長野五輪を迎えた空気は，東京五輪を迎えたとき日本中を包み込んでいた熱気とは比較にならない冷静なものであったといえるでしょう。たまたま筆者は長野五輪の前年である1997年の夏から，長野県松本市に所在する信州大学経済学部で政策官庁からの交流教官として講壇の末席に連なっていましたが，同じ長野県内でありながら我々の学部の所在する松本市は，山がちの地形による県内交通事情や明治の廃藩置県の際に県庁所在地を競った歴史的背景もあって，長野市とは物理的なもの以上の距離感があり，五輪については県外とあまり変わらない醒めた雰囲気に支配されていたと感じます。

　いよいよ五輪開会の直前に至っても，聖火リレー（その発祥が1936年のベルリン五輪にあることには誰しも憮然とならざるを得ませんが）における失態によって，大会の前途は危ぶまれるに十分なものでした。実際，大会期間中の運営体制が万全であったかについては大いに議論の余地があるところでしょう。しかし長野五輪は競技が進むにつれて，日本国内に関する限り，事前の危惧を忘れさせてしまうような盛り上がりを見せることになりました。これはひとえに日本選手団の活躍によるものであり，それによって大会とそれに関わった人々の名誉は救われたと言ってよいのだろうと思います。

　筆者は個人的には冬季の競技種目には馴染みが薄く，また競技会場が松本市から離れた長野県の北部に集中していたこともあって，実地で観ることはおろか放送による中継もろくに見ていないのですが，考えてみれば実際に競技を観戦できた人は日本全国でテレビを見ていた人の何千，何万分の一でしかなかったわけです。他の多くの事象と同じく，メディアを通じた間接情報，とりわけテレビの映像と音声によって形成されたイメージに依拠して判断することに我々は慣れていますが，筆者のそれもその範囲のものであることはまず断っておかなければなりません。その上で述べれば，長野五輪については粘り強い反対運動の主張に耳を傾けなければならない点が含まれていると感じつつ，この大会がメディアを通じて多くの人に深い印象を残したことは，数々の問題点がそれによって払拭されるということでは全くないにせよ，率直に認めなければ

ならないものと考えます。

　振り返ってみれば我が国の経済は長くバブル後の不況から抜け出せず，金融機関や証券会社の経営破綻が相次いだ中で，鬱屈した気分が晴らされない状況が続いていました。その中で長野五輪にせよ，その前年のサッカー・ワールドカップのアジア予選にせよ，スポーツが発散する爽快な気分は常にもまして大衆の心理に訴えるものがあったと思います。五輪についていえば皮肉なことに事前の盛り上がりが今一つであったことも予期を上回る反響を生んだように思えますし，さらに忖度すれば，五輪が開催された2月は野球も相撲もサッカーもオフの月にあたり，新聞社や放送局も人や機材を心置きなく長野に集中することができたといった事情もあったのかも知れません。16日間のドラマの筋書きを振り返ることは筆者の任ではありませんが，その巧まざるプロットの頂点が白馬村で行われたスキー・ジャンプの団体競技にあったことは確認しておいてよいでしょう。付け加えれば長野五輪の「成功」が，すぐ翌月のパラリンピックに対する注目を高める作用を果たしたことは，結果的にメディアの意図を上回る成果ではなかったかと思います。

　ドラマという言葉は演劇，作劇の意味ですから，本来，虚構の力によってシチュエーションを作りだし人に感興を与えるものでしょう。現代のマスメディア，とりわけテレビは，現実世界に関する情報を大量かつ即時性をもって我々に無造作に伝達することになり，1990年代は戦争や内乱までが家庭のテレビで同時中継される時代を我々にもたらしました。余りにも目まぐるしくときに野卑な現実が直接的に飛び込んでくる一方には，かって大衆の想像力に訴えていた様々な芸能の惜しむべき衰退があるように思います。このような時代に，鍛えられた身体の生む力感と美の溢れる画像と人間臭いドラマを手っ取り早く同時に提供できるスポーツはメディアにとって垂涎の素材となり，とりわけスポーツのドラマ性は我々この国の視聴読者の嗜好の反映として，メディアによって過剰に増幅されることになりました。

　スポーツにはもちろん人間の攻撃性，暴力性の昇華であるとか機械文明からの回帰であるとかさまざまな意味づけが可能でしょうが，経済的にみた今日の観戦スポーツの隆盛は，肉体言語ゆえの訴求力の強さが内包している「媒体」としての価値が大きな要因であるといえるでしょう。活字から音声，映像，そしてデジタル化に伴うメディアによる情報伝達量の劇的な増大に伴ってスポー

ツの金銭的価値も増大しています。多チャンネル化の進行に伴って，世界のトップレベルのスポーツを最新の人気映画と同じように相応の対価を支払って観戦する視聴習慣が生まれつつあります。

プロスポーツと余暇スポーツ

　スポーツが莫大な経済的価値を生むにつれ，その演技者であるスポーツ選手が金銭的対価を稼得するプロフェッショナルになっていくことは当然であり，事実，今日一部のプロスポーツ選手は最も所得の多い階層に属していますが，スポーツ選手の生涯を通じてみた所得の様相は一般人のそれと非常に異なっています。我々は学業を終えると，職を得てあるいは職を転じつつ引退するまでの数十年間をかけて，通常はその職業への習熟あるいは組織内での地位の向上とともに所得が増加していく過程をたどります。これに対してスポーツ選手の場合，早期から相当な金銭的，時間的コストを要する特殊な教育訓練を施され，才能と幸運に恵まれた少数の者は若年のうちに莫大な所得と名声を得ることができます。これは芸術分野の優れたアーティストと類似していますが，スポーツ選手の場合，芸術家と異なって年齢による円熟よりも肉体的衰えの速度が遙かに早いことによる第一次引退年齢の低さと，負傷によるキャリアの中断というリスクを常に負っているという顕著な特徴があります。

　近代スポーツの生成以前にも賭けの対象や賞金稼ぎとしてのプロが存在したといわれていますが，近代スポーツは上流階級の中からアマチュアとして発生した，というのが通説的な考え方でしょう。もちろん今日ではスポーツは限られた有閑階級のものではありません。初歩のミクロ経済学の教科書には必ず「労働と余暇」の選択モデルが載せられていますが，この枠組みでいえば，アマチュアスポーツは余暇に行われる活動であってそれ自体は付加価値を生み出さない非生産的な活動ということになります。我々一般市民が余暇時間に行うさまざまな身体運動は，華々しい脚光を浴びるプロスポーツとは対極を成すものですが，到来しつつある高齢化社会においては，勤労と引退の期間を通じて健康を保ちストレスを発散させる重要な機能を有し，さらには加齢という遅かれ早かれ直視しなければならない現実への備えという意味があることは，我々の多くが体感として知るところです。

筆者は実務出身者として経済学部で財政に関する講座を担当しましたが，高齢化社会に対応した財政の姿という議論を始めれば，つまるところ年金保険料や医療費の増大に伴う国民の負担増という元気の出にくい話にならざるを得ません。しかし視点を転ずれば，これから皆の生活が数字の上で急速に豊かになっていくということは望めないにしても，自己充足のための時間が与えられ芸術作品やスポーツを楽しむことによってゆったりとした人生の午後を過ごすことのできる社会が我々には開かれています。我々が適度な運動によって身体的および精神的な健康を維持することはそれ自体生産的な活動でないにせよ，医療，介護といった社会的コストの削減や，さらには勤労時期における生産性の向上につながるとすれば（これらの経済的効果を定量的に把握するのは難しいことですが），余暇スポーツには社会的な便益を認めることができます。全ての人が，年齢，性別，障害の有無，あるいは民族，国籍その他の社会的条件にかかわらずスポーツを享受することができる環境を創り出すことが今日重要な政策目標となったことは疑いありません。本書はしかし公共政策の対象としてではなく，民間部門の経済活動としてのスポーツ，平たくいえばビジネスとしてあるいは産業としてのスポーツをテーマにしているため，ここから先には立ち入らないことにします。

スポーツ産業といわれるもの

　先鋭化したプロスポーツから，日常的な余暇スポーツに至るまで，スポーツという人間活動を可能にするためのさまざまな産業が今日成立していますが，我が国においては，経済学的な視点からスポーツをまとめて論ずる試みは必ずしも多かったとはいえません[*2]。ここではスポーツに関連する産業を整理分類することはあえて試みませんが，スポーツ産業とは，狭く考えればスポーツをするために必要なハードウェアとソフトウェアを供給する産業ということになります。たとえば，テニス・シューズやゴルフ・クラブといった用具や，陸上競技場，プールといった施設はハードウェアにあたります。

　一方，スポーツを行うための基本的なソフトウェアは，一連の合目的的な運動法則やその計量方法に関する記述である「ルール」であり，これに基づき個人または集団が身体表現としてのプレイの優劣を競うことによりゲームが成立

します。ルールの制定やそれに則した技術の定式化とその普及は各種の競技団体が担当することになります。ここでいう競技団体は非営利が主ですが興行団体である場合もあるでしょう。さらに，プレイする技能の上達やゲームに勝利することを目的とする指導者，プレーヤーやチームのマネジメントの担当者，あるいはゲームの執行者としての審判員や補助者，用具や施設の管理者，さらにスポーツの物理的特性に伴って発生するリスクに対応するための医療・保険・法務などさまざまなサービスへの需要が派生することになります。

ハードとソフトが一体となって供給されるのが各種のスポーツクラブということになりますが，これにも健康の維持増進に重点をおいたもの，プレイ能力の向上を目的としたもの，さらにプレイする行為に対価を得るプロフェッショナルの個人やチームが所属するものなどいろいろな形態があるでしょう。

このように考えてくると，スポーツ産業には製造業なども含まれるものの，スポーツがすぐれて人間の身体活動と不可分であるゆえに，その本質はいわゆる第三次産業，サービス産業であることが分かります。そしてこれはサービス産業に共通した特徴でもありますが，さまざまな雑多な個々の産業が含まれるため，一つの概念として総括的にとらえることにはやや難点があります。

狭い意味でのスポーツ産業は，直接的にスポーツという人間活動を効率的，効果的に行うための財やサービスを供給するものですが，我が国においてはそれが学校教育と結びついた形で，しばしば公共部門の手によって供給されてきたという歴史があります。しかし，スポーツ自体がさまざまなメッセージの媒体となり，それによって市場で対価を得ることが認知されたことによって，スポーツには，今日，狭い枠のサービス産業に限らない産業・企業が関与することになりました。

媒体として利用されるものは特定の選手，チームであったり，競技そのもの，あるいはいわゆるスポーツイベントであったり，即座にさまざまな形を思い浮かべることができます。イベントという言葉はもともと出来事という意味でしょうから，何がその人にとってイベントであるかは相対的なものでしょうが，我が国でスポーツイベントと称されるものは，メディアの伝播力によって不特定多数の関心事となることを意図した競技（またはその集合の）形態のことを指していると考えられます。

スポーツの媒体化によって加速されているプロフェッショナル化は既存のス

ポーツの急速な変貌をもたらしています。企業とスポーツとの関わりでいえば，従来我が国では実業団あるいは社会人などと呼ばれてきた企業内スポーツが独自に発達し，スポーツは企業名の宣伝やイメージ作りに役立てられるとともに，従業員の福利厚生を通じて企業という共同体の結束を確認する機能をも果たしてきました。近年，名門といわれた企業スポーツの休廃部が次々と報じられていますが，これは単にバブル崩壊によって企業に余裕がなくなったということだけではなく，スポーツのプロ化という外因に加えて日本的企業そのものの変化という内因によって，企業とスポーツの関係もドライな契約に支配されるようになってきた，ということでしょう。

媒体としてのスポーツについてみると，企業による利用よりも政治的意図による利用が先行してきたことは，あえて現代史を遡る必要もありません。そもそも近代オリンピック運動自体がある思想の体現という意味で広義の政治的意図に基づくものであったわけですが，近くは1980年代前半のモスクワ五輪とロスアンジェルス五輪は国際政治への隷属を明瞭な形でスポーツに突きつけるものでした。しかし，80年代末に世界政治の枠組みは大きく変化し，イデオロギー対立から経済問題へのシフトが起きました。もちろん今日においても，スポーツは，政治，ナショナリズム，そして国家間あるいは地域の紛争と深く結びついています。たとえばアメリカン・フットボールは，競技自体が現代戦争のアレゴリーという趣の濃いスポーツですが，1991年，湾岸戦争下のスーパーボウル開会セレモニーでの米国国歌は米軍放送によって砂漠の戦場に中継されそのまま戦意の鼓舞として響いたものでした。1990年代はしかし，局地的な紛争のリスクはかえって増加したものの，市場経済が世界を席巻しカネという妖怪が跋扈する時代になったと要約して大きな誤りでないでしょう。

スポーツの世界においては単独の競技種目として選手などの供給面と観衆という需要面の双方について最も広がりのあるマーケットを形成しているのはサッカーです。我が国においては90年代前半という時期において，ことさらにプロフェッショナルであることをその公式名に冠した，このスポーツのリーグ戦が新たな構想のもとに開始されました。Ｊリーグの発足は，市場経済の「グローバル化」が進行する一方で日本経済はまだバブルの余韻の中にありスポンサーシップを期待される企業の多くにも体力が残されていた，という結果的には絶妙のタイミングを捉えていたといえます。

我が国では，長い歴史を持つ相撲にせよ野球にせよ確立した国内市場を形成しており，そこでは国外出身の力士や選手が活躍したり，あるいは海外公演や来日チームとの親善的な試合があったにせよ，外国との交流は比較的最近に至るまで本質的に限定されたものでした。これに対してサッカーについては選手や指導者の国際的な流動性が高まるにつれ，ヨーロッパのいくつかのリーグを頂点とする国際市場を各国内市場が衛星のように取り囲むという秩序がすでに形成されています。（それとともにトップレベルのクラブチームの多国籍化による没個性化と周辺リーグの凋落の兆候が指摘されていますが，これはまさに市場原理の帰結でしょう。）

　Ｊリーグは，国際相場から乖離した当初の俸給設定や，延長戦に関するローカルルールの採用といった特殊性はあったにせよ，選手，クラブ，ナショナルチームの各レベルにおいて，国際水準でテストされる市場への遅ればせの参入をともかくも意味していました。Ｊリーグの当初のはなばなしい「成功」には地域に根ざしたスポーツクラブという理念をサッカーという一競技団体が新鮮さをもって提唱することができた，という幸運がありました。理念はまた制約条件でもあり，多くのクラブの経営基盤がいまだ脆弱なものでありその理念とするものの実現にはほど遠い状態であることは明らかであるものの，ノン・プロフェッショナルによる競技力強化の限界を見極めてプロ化を推進した人々の果断は評価されるべきであり，Ｊというアルファベット一文字の記号化に成功したことだけをとっても，20世紀末の日本の社会史に残る事件であったと言ってよいでしょう。

　我々が親しんでいる野球や相撲においては，練り上げられたテレビ・ラジオの中継手法によって，競技の性質上分断された実動時間よりもそこへ至る緊張を高める巧みな前説と事後の念入りな反芻に実は多くの時間が割かれているのに対し，サッカーにおいては，テレビを強く意識して，プレイの停止時間を短縮してスピード感と連続性を高める工夫がルール上もなされてきたことはアプローチの相違として興味深いことです。スピード感と緊張の連続，そして機能的とも形容したい美感はテレビの要請によるものに相違なく，近年隆盛を極めたＦ１レースにも（このモータースポーツには，駿馬を争わせた貴族的伝統の嫡流という性格もつねづね指摘されますが）あるいはショーアップされた人気格闘技にも共通した特徴であると思います。

サッカーはしかし，最大の市場経済である米国では比較的マイナーな地位にあるというアイロニーがあります。米国のいわゆる4大スポーツは巨大な国内市場において巧みな棲み分けを行いながら，もっぱらそれぞれの国内市場を国外へ延長拡大するという形での世界戦略を進めています。（その背後には，米国の価値観の海外宣布という面を伴っていることは言うまでもありません。）バスケットボール（NBA），アイスホッケー（NHL）に続いて大リーグ野球も2000年から日本で公式戦を開始することが報道されていますが，我々の文脈でいえば米国のサービス業の進出として，金融機関や保険会社，あるいはファストフード店やテーマパークの日本上陸と同じ次元で考えられるべき現象といえます。

　五輪大会についていえば，1984年のロスアンジェルス五輪が商業化への大きな転回点となったことはよく知られていますが，五輪側と米国のメジャースポーツの思惑が見事に一致したのが，1992年のバルセロナ五輪でのNBAのいわゆるドリームチームの派遣であり，それを模倣した長野五輪でのNHL選手の出場であるのは言うまでもありません。長野のアイスホッケーが華やかなNHLのスター選手の対戦という色彩を濃くする中で，その決勝戦がチェコ対ロシアというかつて深刻な政治的意味を持った顔合わせ[*3]となったことは，90年代の五輪の商業化＝脱政治化の帰着として象徴的なことであったと思います。

　それと表裏をなすこととして，90年代には，国際オリンピック委員会（IOC）や国際サッカー連盟（FIFA）といったスポーツ世界の内部政治問題が，我々一般市民にも知られるようになってきました。そこにラテンとアングロサクソンという西洋文明の源流にさかのぼる対立や，非欧文化圏に対する冷ややかな視線を読みとるのも興味深いことですが，いずれにせよこれもまた巨大なメディア，あるいはスポーツ関連企業との結びつきなしに語ることのできない現象でしょう。

　カネにつながる何物かが目の前にあるとき，人が高い倫理性を保つことは洋の東西を問わず容易なことではありません。1998年の末近くなって，2002年に予定されているソルトレーク・シティー冬季五輪（ちなみに，ソルトレーク・シティーは松本市の姉妹都市でもありますが）の招致活動をめぐる買収疑惑が表面化し，何人かのIOC委員の辞任に発展するスキャンダルになりました。五輪の暗部ともいうべき側面については，英国のジャーナリスト，ジェニング

スらの著作*4によってつとに知られていたところであり，目新しいことではありません。筆者は，招致に伴う疑惑が世界的な拡がりを持つことになったのは，その端緒が存在した米国のメディアがこの問題に関心を示したからであったと感じますし，スポーツの商業化は米国という最大の市場なしにありえなかったことを考えるといささか鼻白む思いもありますが，それとともに興味深かったのは，この問題をめぐる我が国のさまざまな言論の中に，商業化した五輪は崇高なアマチュアリズムの理想からの後退である，という郷愁が少なからず感じられたことです。

オリンピックの商業化，もっといえば拝金主義化は批判を浴びてきましたが，しかしスポーツの経済的価値からすればそれはある意味で不可避であり，市場経済が支配している世界において，スポーツが商業化され商品化されること自体がスポーツの価値を貶めるものではないでしょう。しかし一方で，ワールドカップの放映権料の常軌を逸した高騰にみられるように，スポーツの商品化が危険水位に近づきつつあるのも事実であり，その結果限られた人々だけが享受できるものになったり，あるいはメディアへの迎合によって競技の本質が損なわれていくならば，遠からずスポーツの自壊を招くことになるでしょう。

本書の成り立ち

本書は，1998年4月から9月にかけて信州大学経済学部において学外からのべ10名の講師を招聘して開催された公開講座「産業・経営からみたスポーツ論」における講義を基に編纂されたものです。産業論特論と題するこの公開講座は1988年から開講されていますが，毎年テーマを設定し大学外部から企業経営者，実務家，あるいは研究者を招いて講義をしていただいています。講座は学部学生だけでなく，社会人などの一般受講希望者にも公開されていますが，大都会から離れた立地条件にある本学部にとっては，理論に偏することなく産業あるいは企業経営の実際面に即した講義を提供することは，学生と地域社会に対する重要なサービスと考えています。

この講座の開講は上記のように，長野市において2月に冬季オリンピック，3月に冬季パラリンピックが開催された直後でまだその記憶が鮮明な時期にあたり，また，まさに講座が開催されている期間中，6月から7月にかけてはワ

ールドカップ・フランス大会に日本代表チームが初出場を果たし，スポーツに関わるメディアが少なからぬ躁状態を呈する中で講義が進められました。

　長野五輪においては，本学部の学生の中に実際に競技者として参加した者もあり，さらに多くの者が通訳や会場整理から，琴の演奏の女子学生に至るまで様々なボランティアとして参加し，また一方では，新聞の号外配布やダフ屋の順番取りに至るさまざまなアルバイトの職を得た学生もいました。（ついでながら，ダフ屋という経済行動の発生を説明するのは初歩のミクロ経済学の好個の応用問題です。）この講座は，開催地に所在する教育機関として，経済学，経営学，法律学などの社会科学を学ぶ学生たちに，五輪あるいはワールドカップを通じて，社会的事象としてのスポーツについて，いかなる立場に立つにせよ考えをめぐらす機会を与えたい，という意図をもって企画したものです。

　本講座の実施にあたっては後記に掲げる多くの方のお力添えを得ましたが，とりわけ講師の一人であるＪリーグの川淵三郎チェアマンには企画段階から相談に乗っていただくとともに，本書の出版に際して改めてご協力を得て，Ｊリーグの厳しい現状を踏まえながら新たに第１章を書き下ろしていただきました。

　以下の各章について簡単にご紹介すると，第２章は，我が国で最初の本格的なスポーツ産業論[*5]のテキストの著者である実践女子大学の松田義幸教授に以下の各章のイントロダクションを兼ねつつ，日本のスポーツ産業の現状について展望的にお話しいただきました。第３章は，オリンピック放送機構(ORTO)'98の杉山茂マネジング・ディレクターに，スポーツとメディア，特に放送との関わりについて歴史を遡ってお話しいただきました。

　第４章は，スポーツ用品の製造，販売という視点から，スキー用品をとりあげ，日本スポーツ用品輸入協会の小池憲治理事長にお話しいただきました。続く三つの章はスポーツクラブ（スクール）のいくつかの形態をとり上げていますが，第５章は㈱ティップネスの白井省三代表取締役社長にフィットネスクラブについて，第６章は，日本プロテニス協会の理事長も務められた中嶋康博プロ(VIPインドアスポーツクラブ総支配人)に，サービス業としてのテニススクール経営についてお話しいただきました。第７章は，プロスポーツのクラブ経営という観点から，現在までのところＪリーグで最も成功したクラブの一つの運営会社である㈱鹿島アントラーズＦＣの海保宣生常務取締役にお話しいただきました。

続く二つの章は，企業とスポーツの結節点である広告代理店とスポンサー企業からみたスポーツというテーマを取り扱っています。第8章は，我が国の代表的な広告代理店である㈱博報堂の米倉實前スポーツ事業局長に，代理店からみたスポーツ産業についてお話しいただきました。第9章では，長野五輪のオフィシャル・スポンサーであるとともに，サッカー日本代表チームのスポンサー企業でもあるキリンビール㈱の大島仁志広報部長にお話しいただきました。
　第10章は終章としてそれまでの各章とやや趣を変えて，最も根源的なスポーツの形態の一つである格闘技の世界に分け入って，東京大学大学院の松原隆一郎助教授に，我が国におけるフルコンタクト格闘技の現状についてお話しいただきました。
　上に述べたように，本書は1998年，長野県に所在する国立大学において行われた講座のドキュメントという性格を有するため，時事的な話題には必ずしも最新でない内容も含まれていますが，21世紀に向けてのスポーツあるいはスポーツビジネスに関する議論の出発点として意義を有するものと信じます。

これからのスポーツイベント──2002年に向けて

　この講座は全体として，「見せる」スポーツ＝プロ・スポーツと「する」スポーツ＝余暇スポーツの双方向から，スポーツ産業あるいはスポーツ経営に関わるさまざまな断面の照射を試みたものですが，もちろんスポーツと経済の関わりを網羅することを目論んだものではありません。また，プロ・スポーツと余暇スポーツという二分法は，経済的な議論をするときの有効な整理方法ではありますが，実際にスポーツをプレイし楽しむ人の実感としては連続したものでしょう。
　スポーツと経済といえば，しばしばスポーツの経済効果といわれるものが話題になります。大規模なスポーツイベントとなれば，競技施設はいうに及ばず交通機関や宿泊や飲食のための施設，情報・通信インフラに至るまで整備される必要があり，またイベントの期間にかけては，さまざまな人がその都市，地方あるいは国を訪れることとなり，これらは時期を限ってみれば地域あるいは国の経済に大きなインパクトを持つことは事実です。イベント開催に伴う投資を評価するために，こうした経済効果の数字を推計することには十分な意義と

必要性がありますが，あらゆる経済推計と同様に数字については前提の置きかたや推計方法によって幅のあるものと解釈するのが常識でしょう。

　それとともに，いわゆる経済効果と呼ばれるものは所詮一過性のものであり，都市や国家の経済成長にモメンタムを与えることはあっても，それを持続的な経済発展につなげていくのは別の次元の問題であることは言うまでもありません。大型のイベントの開催直後にはむしろそれまでの反動としての落ち込みがみられるのが通常のことであり，長野も例外ではありませんでした。短期的な経済効果としてイベントが一時的に経済を活性化する働きにあまりに関心が集まることはスポーツにとってかえって不幸なことではないかと思います。長野が真に「成功」であったかは，まだ時間をかけて判断しなければいけません。

　長野五輪とフランスワールドカップを通じて，国際的なスポーツイベントの運営に伴う様々な問題が我々の前に露わになりました。大量の観客が短期間に集中的に移動することに伴う交通や警備の問題は避けて通れませんし，長野の場合は冬季固有の気候条件に伴う日程変更による混乱もありました。またフランスにおいては，チケットの発券に伴う問題が，開催国の優勝に影を落とす大きな汚点として残りました。

　我が国は，長野五輪の次の国際的な大規模イベントとして，韓国とともに2002年のサッカー・ワールドカップをホストすることになっています。この共催はFIFAの内部政治の結果として決定されたものでしたが，両国の歴史的関係や不安定要因を抱えた朝鮮半島の状勢を考えれば，おそらくは当事者の意図しなかった結果として現実の政治の問題としても大きな意味を持つことになりました。共催に向けて克服しなければならない実務的な課題は多く，仮に全ての問題を解決した上でなければ共催が決定されなければならなかったとしたら到底結論は得られなかったのではないかとさえ思われます。

　すでに五輪やワールドカップのような大規模な国際大会は，それに見合った経済規模を有する都市あるいは国でなければ開催は不可能なものになっていますが，複数国による共催方式はイベントの可能性を広げるものかも知れません。2002年大会はそのモデルとなるにはやや特殊な事例でしょうが，あるいは国家という次元を超える新しい時代の先駆けとなることができるかも知れません。

　2002年に向けての課題をここでつぶさに論ずる余裕はありませんが，二つの点を指摘しておきたいと思います。一つはボランティアの問題です。今回の講

座で学生たちに課したレポートの中に長野五輪におけるボランティア経験を踏まえて書かれたものが数多くありましたが，組織委員会の運営ノウハウの不足部分，たとえば日程変更に伴う情報伝達の不徹底の責任を現場で負わなければならなかったボランティアたちの苦渋は大きなものがあったようです。同時にボランティアの側にも一部に物見遊山に似た甘い心がけが見られたことを的確に指摘するレポートもありました。大規模なイベント運営においては，よく組織されたボランティアの協力が不可欠のものになりつつありますが，オーガナイザーとボランティアの双方の意識において我々には進歩の余地が残されていると言わなければなりません。

　今一つの点は，スポーツイベントに関わることを欲しない人々の静穏な生活をできる限り守るということです。スポーツによる高揚はそれに没入する者にとっては何にも代え難いものですが，同時に関心を持たない人にとってはただの騒擾に過ぎないこともあるでしょう。本書は長野五輪からフランスワールドカップにかけての，やや異常とも思える熱気の中で行われた講座の記録ですが，あくまで知的な考察の対象としてスポーツビジネスをとりあげたものであり，いまだ成熟したものからはほど遠いこの国のスポーツ環境についてむしろ批判的な精神をもって対峙する姿勢を基底に置いたつもりです。

　今回お招きした講師の多くの方が，スポーツ選手または指導者としての経歴を持つと同時に現在も経営者あるいは企業人の立場でスポーツに関わっておられます。スポーツ選手は競技種目にもよりますが，先に触れたように生活年齢からみれば比較的早期に第一の引退があり，その後に指導者や競技解説者になる道がありあるいは選手時代の名声を活かして他の職域に進出するということがあるにせよ，スポーツに要する技能は他の分野への転用がさしあたり限定されているということもあって，その第二の人生の展望は必ずしも安定したものではありません。選手歴はスポーツ経営者の十分条件でもなければ必要条件でもないでしょうが，本書に収録した講義でたびたび触れられているように，スポーツビジネスが我が国では人材をより必要としている分野であることは間違いなく，この講座を通じてより多くの人がこの分野に関心を持ってくれることが企画を担当した者としてのささやかな願望であることを末記しておきます。

(＊1) 谷口源太郎『日の丸とオリンピック』(文芸春秋，1997)，相川俊英『長野オリンピック狂騒曲』(草思社，1998)など。
(＊2) 書物としてまとまっているものとしては，樋口美雄(編著)『プロ野球の経済学』(日本評論社，1992)，松岡憲司(編著)『スポーツエコノミクスの発見』(法律文化社，1996)，池田　勝，守能信次(編著)『スポーツの経済学』(杏林書院，1999)などが先駆的な存在である。また，最近の「文化経済学」はスポーツを視野に収めつつあるが，おそらくは経済学者の興味の程度を反映して，スポーツについての本格的な展開は未だしというのが筆者の印象である。この分野の入門的文献としては，大鋸　順『スポーツの文化経済学』(芙蓉書房出版，1999)がある。
(＊3) 曽我部　司『ホッケー69』(TBSブリタニカ，2000)を参照のこと。
(＊4) 最近のものとして，アンドリュー・ジェニングス(野川春夫監訳)『オリンピックの汚れた貴族』(サイエンティスト社，1998)がある。
(＊5) 巻末〈参考図書〉参照。

(第3刷付記)
　2005年に至り本書に再度増刷の機会をいただきましたが，序章に述べたような本書の性格から加筆修正は最小限にとどめてあります(併せて，序章中の講師肩書などは，講座当時のものであることをお断りしておきます)。初版出版時から多くの時間が経過し，この間我々は2002年FIFAワールドカップの開催を経験し，2004年アテネ五輪では日本選手団の活躍に沸き，また本年(2005年)は我が国最大のプロスポーツであるプロ野球の「改革元年」と謳われています。メディアの世界では通信・放送技術の加速度的な発展，競争，融合が情報の受発信のあり方とその価値を劇的に変化させ，経済，産業，企業そしてビジネスのあり方を常時流動的に変革しつつあります。スポーツもその動きと無縁ではありません。考察すべきことはあまりに多いのですがそれは別の機会を待ち，本書を手にされる読者諸賢には，本書が時間の刻印による制約と限界を有するものであることを認識しつつ，これを一種のベンチマークとして社会経済現象としてのスポーツの現在を捉える一助としていただければ幸いです。

ゼミナール
現代日本のスポーツビジネス戦略
目次

序章 ── 長野から2002へ　　　　　　　　　　　　上西康文　001

- 長野五輪を振り返って　002
- プロスポーツと余暇スポーツ　005
- スポーツ産業といわれるもの　006
- 本書の成り立ち　011
- これからのスポーツイベント ── 2002年に向けて　013

第1章　Jリーグとスポーツビジネス ── 川淵三郎　023
『ゼミナール　現代日本のスポーツビジネス戦略』によせて ──

- 健全なクラブ経営とは　024
- 21世紀へ向けたJリーグ5つの指針　026
- 読者諸氏へ　029

第2章　「スポーツ産業論」への招待 ── 松田義幸　031

Ⅰ．スポーツが主流のグローバル・メディア
- スポーツの本質に動機づける"NIKE CM"　032
- "SPORTS FOR ALL"の本質　036

Ⅱ．スーパースターのプレゼント「夢・感動・ドラマ」
- オリンピックを黒字に変えたピーター・ユベロス　038
- より強く美しいスポーツへの期待　044
- スポーツのプロ化は時代のトレンド　047

Ⅲ．興味深いスポーツの経済学・経営学
- 大切なスポーツの中心価値への動機づけ　050
- 文化経済学の基本 ──「有効価値＝固有価値＋享受能力」　057
- 「人間のための市場作り」── Desire, Needs, Wants の3つの視点　059
- プロスポーツ選手の生活設計を支える環境作り　062
- スーパースター育成システムと生涯スポーツの振興　064

第3章　メディアとスポーツ　　　　　　　　　　　杉山茂　069

- 映像とスポーツビジネス　070
- スポーツとメディアの関係　070
- 日本のスポーツ　071
- 野球　072
- ラジオの登場とスポーツ　073
- スポーツ新聞　074
- テレビの発達　076
- メディアがスポーツを変える　078
- スポーツがメディアそのものとなった時代　080
- テレビがスポーツに果たした功罪とは　083
- ルパート・マードックのメディア戦略　085
- テレビとスポーツが探る新しい接点　088
- 見る価値、見せる努力、見せられる自信　090

第4章　スポーツ用品の製造・販売————小池憲治　095

はじめに　096
日本のスポーツ市場概要　098
日本のスキー市場　102
スキー用具の革新————カービングスキー　107

第5章　フィットネス産業とは何か————白井省三　113

フィットネス産業の捉え方　114
フィットネスとは何か　114
フィットネス産業の特徴　116
フィットネス産業の歴史　118
フィットネス産業の現状　122
フィットネスという業　126
ティップネスのマーケティング戦略　128
フィットネス産業を取り巻く環境　131
フィットネス産業のこれから　138

第6章　サービス業としてのテニススクール経営————中嶋康博　141

はじめに　142
テニスの歴史　143
4大トーナメント　143
日本のテニス　145
テニスの商業化　146
テニスの経営————クラブビジネス　146
レンタルコートビジネス　147
テニススクールビジネス　148
システム　149
宣言広告とフロント　150
入会者をいかに増やすか　151
年少者と高齢者　153
継続してもらうための戦略　154
メンバー間のコミュニケーション作り　156
スタッフと生徒の管理　158
安全管理　158
ビジネスとしてのテニスの将来　159

第7章　Jリーグ・鹿島アントラーズのクラブ経営————海保宣生　161

はじめに　162
アントラーズ設立の経緯　162
地道な土台作り　166
組織と施設　169
チームの強化　171
コーチング・スタッフと若年層の育成　173
収支構造　176

スポンサーとの関係　180
テレビ放映権料と賞金　183
チームの人件費　184

第8章　広告代理店から見たスポーツ────米倉　寛　189

フランス・ワールドカップの体験　190
広告代理店という仕事　192
なぜスポーツイベントか　194
日本のスポーツとプロ・アマ問題　197
オリンピックは最高のスポーツイベント　198
冬季オリンピックの歩み　199
スポーツマーケティング　200
イベントマーケット　202
文明としてのスポーツ　203

第9章　企業とスポーツイベント────大島仁志　205

サッカー日本代表チーム・スポンサーとしての活動　206
キリンビールグループの概要　209
イベント活動　210
スポンサー活動と企業イメージ　212
なぜスポーツイベントか　215
スポーツイベントと企業イメージ　219
スポーツイベントへの協賛の歴史　221
TVCFの変遷　224

第10章　日本におけるフルコンタクト格闘技の現状──松原隆一郎　233

フルコンタクトとノンコンタクト　234
フィクションとノンフィクション　235
オープンとクローズド　237
ルールの分類　239
格闘技と経済　242
日本におけるフルコンタクト格闘技の歴史────概論　246
タイガーマスクとUWF　246
第二次UWF　248
極真の進化　249
初期極真全国大会　250
世界大会────中期極真　250
極真の現在　252
諸派への分裂　253
グローブマッチからK-1へ　254
シューティング、修斗　254
ビッグバン　255
K-1　259
究極のルールについて　260

〈参考図書の紹介〉264

編者あとがき　265

カバー写真提供：長尾迪
　　　　　　　　フォートキシモト
　　　　　　　　キリンビール株式会社広報部（Jリーグフォト）
　　　　　　　　ティップネス広報
　　　　　　　　エイチ・ティー・エム株式会社
　　　　　　　　VIPインドアスポーツクラブ

第1章・Jリーグとスポーツビジネス

川淵三郎

【略歴】1936年大阪府高石市生まれ。大阪府立三国丘高校時代に全国高校サッカー選手権大会に出場。早稲田大学サッカー部時代に日本代表に選出され，以後古河電工サッカー部でも中心選手として活躍。日本代表として，東京オリンピックにも出場した。1972年に現役引退後，古河電工サッカー部監督，日本代表チーム監督，日本サッカー協会理事を経て，1991年11月社団法人日本プロサッカーリーグ（Jリーグ）設立と同時にチェアマンに就任。2000年FIFAワールドカップ日本組織委員会副会長を務め，2002年日本サッカー協会キャプテン（会長）に就任。現在，「キャプテンズ・ミッション」を掲げ，女子サッカーやフットサルを含めたサッカーの「普及」と「強化」の実現に向け，改革を進めている。

Jリーグは今年でちょうど7年目を迎えたが，その間いろいろ紆余曲折があった。スタートの段階でいきなりバブルになり，それからバブルがはじけ，今が一番底かな，という状況である。ようやく足元が見えてきたと言ってもいいだろう。

　私は，Jリーグがスタートした時に，こんな状況は本物ではない，3年から5年経ったら足元がしっかり見える，と言ったことを覚えているが，結局3年でも足元は見えなかった。5年目ぐらいでようやく見えてきたと言えるだろうか。いわゆる浮動層が落ちて来たことが今の観客の大きな減少につながっているわけだが，別の観点から言うと，当初予想したよりは，サッカーファンとしての本当の意味でのコアな層が，明らかに右肩上がりに増えてきたことは間違いない。このコア層さえ右肩上がりに堅実に伸ばしていけば，いずれ，スター選手やサッカーそのものの面白味が再度，世間に理解され始め，マスメディアでも大きく取り上げられ，浮動層が再びついてくるということになろう。イベントというものはどうしても浮動層の浮き沈みがあるのは当然で，一番肝心なのは，コア層をどう堅実に右肩上がりにしていくかということであると思う。

健全なクラブ経営とは

　さて，現在のJリーグにおける一番大きな問題は，各クラブの経済問題である。当初スタートした時は，収入の見通しはほとんど立たなかった。ところが，初年度に予想の10倍以上といってもいいぐらいの収入があったものだから，各クラブはみんな浮かれて，2年目には選手にほとんど倍ぐらいの年俸を払うようになってしまった。ロイヤリティその他も，3年目までは売り上げが堅調にいっていたが，3年目を境に，4年目，5年目と，それこそ谷底を転げ落ちる格好で売り上げが落ちていった。ところが収入が大幅に減ったにもかかわらず，選手の年俸は高く維持されていた。そういう中で経営危機が叫ばれだしたわけである。

　Jリーグができた当初，すばらしい企業がバックアップしているスポーツだから，プロ野球よりはるかに経営的にも安心で，いいプロリーグが構成されるのではないかと世間から評価された。確かにプロ野球を支援する企業と，Jリーグを比べた場合，Jリーグのスポンサー企業のほうが圧倒的に日本でいう優

秀な大企業だったといえる。

　それが，たった6年でこれほど様変わりするとは，私自身驚くべき最悪の経済現象だったと言わざるをえない。もっとも，そういった想像もできないような荒波の中にもかかわらず，各スポンサー企業が，Ｊリーグの理念を理解し，クラブのバックアップを継続してくれているということは，現状からいうと，大変有難いことだと思う。

　しかし，そうは言っても，身の丈に合った経営をやらなければ，いつまでも親会社，いわゆる大株主に依存している状態では，クラブとして健全な経営をしているとは言い難い。各クラブが経済的に自立しなければならないということは発足当初から言っていた。しかし，10年間10億円ぐらい負担してください，と各企業にお願いしてＪリーグが始まったが，それもいずれ右肩下がりにその10億円はどんどん減っていって，最後の10年めぐらいになれば，ほとんど親会社はお金を出さなくても，各クラブは経営的に自立している，というのが私のイメージしたストーリーだった。

　ところが，スタート時点ではほとんどお金を出さなくてもよかったものが，中ぶくれになってしまい，逆に年が経つにつれて親会社の負担がものすごく増えていってしまった。それと時を同じくして，親会社の経営もおかしくなるという状況の中で，各クラブの経営危機が叫ばれるようになった。

　この6年間の経験を通じて，身の丈に合った経営をしているかどうかというのは親会社との関係において語られるのではなくて，Ｊリーグ全体で過去に積み上げたノウハウの中から情報交換しながら健全な方向に持って行くべきだ，ということを，我々は学んだ。

　世界を見ても，過去，赤字経営になったリーグは多数ある。ヨーロッパや南米では，それを建て直すために監査的な委員会を設け，監査の機能と強制力を持たせて各クラブの経営改善に努めた国が多い。そういうものを我々も最初から設けるべきだと考えていたが，各クラブから経営に対して口出しはしてほしくないという拒絶反応があって実施できなかった。

　それらの反省の上に立って強制力を持つ形で，クラブとＪリーグ諮問委員会が，健全な経営を目指してやっていこう，ということを1999年からスタートさせることにした。

21世紀へ向けたJリーグ5つの指針

　99年年頭に当たって，過去6年間の経験を踏まえて，5つの指針を出した。これは，21世紀に向けてこの5つの指針のもとにクラブ経営を健全な形でやっていこうという意味である。

　その1つが，経営の透明性。ファンのサポートを受け，ファンの入場料収入で，あるいは行政サイドのバックアップでやっている限りは全ての面で透明性を持たせるべきであり，バランスシートも全部オープンにすべきだ，ということであり，初めて，各クラブ個別の収支バランスを公表することを目指した。しかし様々な問題からやむなく99年は全クラブの平均という形で公表したが，来年以降は，もっと細かく，できるだけ各クラブごとに数字を出すような方向に持っていこうと考えている。

　2つ目がゼネラルマネージャーの育成である。今までJリーグは，いわば素人がスポーツクラブを経営していたといって過言ではない。クラブ経営者ではなく，普通の子会社の社長が親元から出向してやっている，というイメージが強かった。「地域に根ざした総合スポーツクラブをつくろう」というJリーグの理念の下に，各々のクラブがどういう理念を持ってクラブづくりをしてきたかということが大切にもかかわらず，その理念を持っていないクラブさえあった。社長が何度も変わって，「Jリーグは一体どのように考えているのか？」などと理念について私たちに質問されることもあった。Jリーグ設立理念があって，その下に各クラブが参加したいと言ってきたわけで，これでは話が逆である。クラブの理念があってはじめて，そこに短期，中期，長期の目標設定が出てくる。しかしそこまで考えているクラブの数は残念ながら非常に少なかった。従って経営者もどのようにクラブを経営していけばよいのか，全くわからないまま，全てケーススタディ，オン・ザ・ジョブ・トレーニングをしてきたわけである。

　クラブ経営については，ヨーロッパのサッカー先進国に，何度も勉強に行ってはいたものの，ヨーロッパも日進月歩で，去年のやり方を今年は変更しているという状況もある。ヨーロッパですら，ゼネラルマネージャーを養成・育成しようという動きが何年か前に出てきて，初めてオランダでつい一昨年から着手されたというのが現状である。

ここでいうゼネラルマネージャーとは，今まで日本でいわれてきたゼネラルマネージャーとは意味が全く違い，もっとレベルが高い。いわゆるトップの経営者であり，CEO（チーフ・エグゼクティブ・オフィサー）を意味する。これまで日本でゼネラルマネージャーというのは，現場とクラブとのつなぎ役，強化の責任者のようなことで理解されて来たが，我々が意図するところは全く違って本当の経営者をつくろう，ということである。99年6月にその第1回目のセミナーを行った。

　3つ目が，経営諮問委員会の設置である。クラブの理念の下に，どういうクラブづくりをしていくのか，何年か先を考えてどのようなクラブ経営をしていくのかということをクラブとリーグでよく話し合い理解し合う。年俸や投資その他についても，このぐらいのスタジアムがあれば，ロナウドぐらいの選手を獲ってきても，入場料収入でペイできるといったことをアドバイスしたり，逆に思い切って投資をして選手を獲ってきたが，1年たってもお客さんが思うように入らなかった場合などには，その選手を移籍させなさい，というようなことを話し合ったりもする。これは外国では当然のように行われていることだが，要するに上から監視するというのではなく，クラブが発展していくためのノウハウを，Jリーグとともに話し合って，いい方向に持っていこうという試みである。

　無謀な経営の結果つぶれるクラブは自分たちの処置を済ませればそれでいいが，Jリーグや残されたクラブに大きな影響が及ぶ。つぶれるクラブが，サポーターや周辺の企業に，つぶれたからどうしようもありません，といえば済むという話ではない。普通の企業社会とJリーグが根本的に違うのは，企業社会では相手をつぶせばその分の利益を享受できるのに対し，スポーツの世界では，相手がいなければ試合ができないわけで，リーグ運営面においても，共存共栄を図らなければならないということである。そういうことを理解してもらう意味でも，経営諮問委員会を設けて，お互いにより健全な経営方法を見いだしていくことが大切である。

　Jリーグにおいても，"leagues within the league"，要するにリーグの中に3つぐらいリーグができるだろう。すなわち，汲々としながら1部に残ろうとするクラブ，中くらいのクラブ，そして優勝を狙うクラブである。こういった形ができるのは当然で，今までは全部が全部優勝を狙おう，大きくなろうとして

いた。それではやはり無理がある。こうしたランク付けに基づき各クラブにそれぞれアプローチを行う。多額の資金を使えるクラブに対して，使うな，と言う必要は全くないし，その逆もまた然りである。

4つ目は，株主の多様性。99年，ヴェルディから読売新聞が撤退し，株主は日本テレビ1社になってしまった。従って日本テレビの社長が，もう今年からやりたくないと言えば，それで100％終わってしまう。清水エスパルスがなぜつぶれなかったか，ベルマーレがなぜつぶれなかったか，と言うと，それは100％子会社でなかったから，周囲でなんとかそれを盛り上げなくては，継続させなくてはという動きが起こったからである。

市民，行政，企業という三位一体のもとで，行政の投資もお願いしている以上，安易に破綻する道は避けるべきだ。例えば1社で株を50％以上持ってはいけないといった形で株主が多様化することが，クラブの継続につながると思う。ある株主が撤退しても後に残った株主の力でやっていけるような態勢にすることが必要である。現在の株主の考え方もあり，理解を得るためにも今年1年ですぐやれるわけではないが，3年～5年をかけて，この株主構成について具体的な目標を設定してやっていこうと考えている。

5つ目が，「スポーツでもっと幸せな国へ」。Jリーグ百年構想というのは具体的にどういうことをいうのか，ということだが，各都道府県に最低1つ，平均2つぐらいとして全国に100個はJリーグのクラブがほしい。サッカーを中心に総合スポーツクラブを目指すクラブという意味である。今回J2に水戸ホーリーホックが入ったが，J1，J2合わせて19都道府県27クラブ。これは47都道府県のうちの4割で，あとの6割，例えば四国などには1個もない。色で塗りつぶしていくと，白い部分は，大体東北の上のほうと，日本海側，そして四国，沖縄になる。四国にはどうしても1個Jリーグに参加してほしいと思っている。そこで，昨(99)年，四国協会にその可能性を探りに行った。愛媛や香川など相当積極的なので，何とかJ2に入るような動きをしてほしい，とすでにこちらからの働きかけはスタートしている。

これらの5つの指針は，全てのクラブが経営を安定させ，クラブの理念というものをしっかり掲げて，どう発展していこうとするのか，その青写真を世間にもきちんとオープンにするための指針といってよいだろう。そのことを我々はお互いによく話し合いながら，理解し合って先に進んでいこうということで

ある。そして，それができてはじめてＪリーグというものの継続性は保たれ，クラブの共存共栄が図れるのだと考えている。

読者諸氏へ

　さて，スポーツの流れてきた歴史そのものは不変だが，それを後世どう評価するかというのは，極めて変化する話である。本書で語られている内容はいずれも98年当時のものだが，１年しか経っていないのに，もう大きく変わっていることも多々ある。例えば，鹿島アントラーズで平瀬をブラジルで研修させているという話が出てくるが，今や，平瀬はオリンピック予選の得点王で日本のサッカーファンなら誰でもその名前を知っている。このように「タイムリー」ではない話もあるが，その中で不変なものと変化するものとの見極めをきちんとしていってほしい。

　本書に網羅された講義はいずれも，具体的な，誰もが知っている，興味を持っている話を中心に，スポーツ全体の経済効果，スポーツの歴史，そのスポーツの持つ特性など，いろいろな側面を語ってくれている。いずれも経済だけの問題ではなく，スポーツ全体を通じて論ずるにふさわしい中身のものばかりである。スポーツを実践している人，メディアの人，企業人，大学の先生，いろいろな立場の，しかもトップクラスの人材がこれだけの内容でしゃべっているものは，他に例を見ない。企画者にして編者でもある上西康文氏の交友関係の広さの賜であると思う。

　また，本書の基になった講義はあくまでも経済学部の授業であるから，経済と絡めて話す内容が多いが，人間は経済だけでもっているわけではない。「人はパンのみにて生くるものにあらず」と昔から言われているように，人間そのものの価値というのは，感情，あるいは人として生きていく上で必要な感性など，お金や経済的な価値だけでは計ることのできないものを通しても計られる。学生時代はいろいろなことを学べる時期である。専門のことはきっちり自信を持ってやっていく一方で，人間の幅をどう広げるかを考えてほしい。それは友だちの幅であり，遊びの幅でもあり，文学的なものも全部含まれるだろう。ある部分的なことを勉強しても，なかなかひとつの完成した形にはならない。経営というのは最後は総合力で決まる。情緒豊かに，感受性豊かに，感動を自分

で感じながら，自分で体を動かしながら，様々なものを吸収していくことが必要であるということを，本書の講義の中から汲み取ってもらいたい。

第2章・「スポーツ産業論」への招待

松田義幸

【略歴】1939年山形県生まれ。東京教育大学教育学部卒業後,日経広告研究所研究員,財団法人余暇開発センター研究主幹,筑波大学助教授,同大学院客員教授を経て,現在実践女子大学教授(生活文化史,レジャー社会学)。主な著書に『スポーツ産業論』(大修館書店),『スポーツブランド』(中央公論新社),『レジャー産業を考える』(実教出版)等がある。http://campus.jissen.ac.jp/seibun/bbk/ にて研究論文等を公開中。

I．スポーツが主流のグローバル・メディア

スポーツの本質に動機づける"NIKE CM"

　最初から固い話で入る，というのもあるのですが，ここではコラージュ風に柔かい話から入り，それから本論に移りたいと思います。学生の皆さんはテレビCMをよく見ていると思いますから，これから始めましょう。まず目をつぶってCMシーンを思い浮かべながら聞いていただければと思うんです。ナイキのCM"Just do it"を例にとってみます。つい最近のCMは，サッカー・ブラジル代表チームのロナウドを中心に飛行場でサッカーボールを転していって，ナイキのマークが出るものです。また，その前作はタイガー・ウッズやマイケル・ジョーダンなどのスーパースター，スーパーヒーローが登場するCMでしたが，あれを見るとアメリカの現在のライフスタイル，文化を代表するものはスポーツだというのがよく分かりますよね。

　ソビエトとアメリカの冷戦構造が終わってから，いったいアメリカのパワーを何でデモンストレーションするかというときに，ニューヨークのマディソン・アベニューという広告代理店がたくさん並んでいるところが考えたのは，「それはスポーツだ，American way of life は，スポーツによって最も表わすことができる。テレビ番組においても，またCMにおいても」ということでした。いろいろなスポーツをあの短いCMの中で，あふれるようにシャワーのように流して，最後にJust do it とか，またはナイキのマークを出すわけです。

　我々はナイキ，ナイキといっていますが，ナイキをニケとも読み替えられます。ルーブル美術館に入って行くと階段の踊り場に羽の生えた勝利の女神像ニケがあります。その像を表わしたのがナイキのマークです。従って，ナイキのマークは勝利の女神を象ったものであり，そして American way of life の中心は今，スポーツであると主張しているのです。

　では，日本のミズノのCMはどうなっているか，また頭の中でCMをいくつか思い出していただきたいんです。ミズノのMというのはミズノの頭文字のMです。一方のナイキは勝利の女神です。またミズノの広告メッセージをみるとどちらかというと理性的です。現代は理性的なメッセージの方が届くの

図1　NIKEの広告1（『IDEA 268 1998-5』誠文堂新光社より）

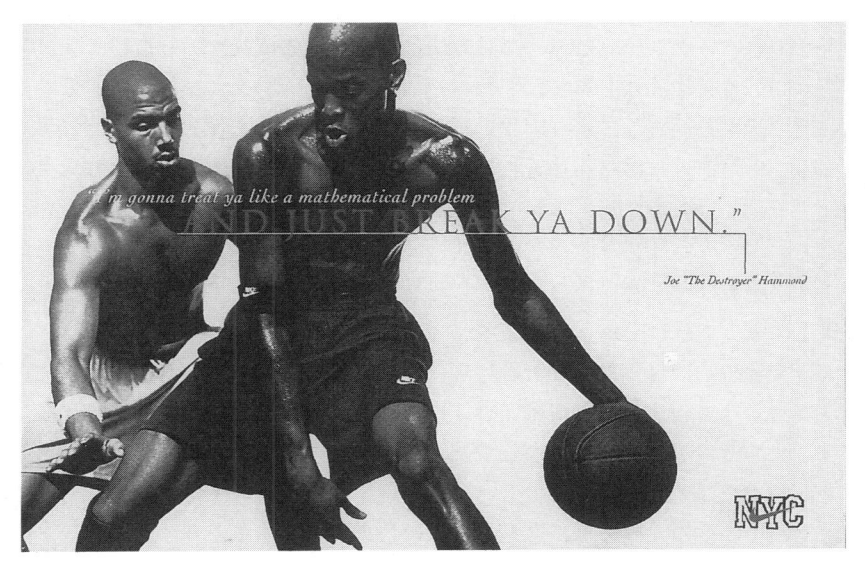

NIKEの広告2（『IDEA 268 1998-5』誠文堂新光社より）

か，ナイキのように製品のメッセージを強く出さないで「アメリカの文化はスポーツだ」とシンボリックな表現で流した方が効果があるのか——さあどちらでしょうか。

　ほら（と学生たちの靴を指差し），あなた方の靴もナイキですよね。結果において，この10年くらいでナイキのマーケットが世界中でものすごく広がりました。これはいったいなぜなんだろうか。現在はハイテクの時代ですから製品の品質がよいのはみんな分かっています。今みんなのこころをとらえているのは「品質プラス神話力」なのです。このシンボリックな神話力をどのようにして作り出すか。これがテーマなのです。

　私たちの認識方法をいま，アナリシスとアナロジーの二つに分けて考えてみます。アナリシスというのは，アリストテレスという哲学者が重視した思考方法，認識方法です。アナリシスの「アナ」とは「徹底的」に，「リシス」というのは大きな物を細かく「分ける」という意味です。だから物事を徹底的に小さく小さく分けてその本質を捉えていく。「分析」とも言うし，「理解」と言ってもよい。理解の理・解という文字も分けるという意味なんです。それから「分かった」「分かるでしょ」，これも「分ける」ことです。私たちの認識方法の1つはこのアナリシスにあります。

　もう1つのアナロジーという認識方法はプラトンの流れを汲むものです。「アナ」は同じく「徹底的」にで，「ロジー」は「類比」ということです。分かり易い例で話すと，ここに氷（固体）が張っていて氷に熱を加えると水（液体）になる。またその水に熱を加えると蒸気（気体）になる。このことは日本人であれ，アメリカ人であれ，インド人であれ，みな同じように認識していると思うんです。こういう科学的な認識方法の流れがアナリシス思考です。これに対して「氷が解けたら春になる」こうした発想がアナロジー思考なのです。これは風土によって解釈が違ってきます。

　上智大学の渡部昇一先生はおもしろい説明をされています。紹介しましょう。ここに例えば男の子がいて機械仕掛けのおもちゃをプレゼントした。男の子はどうして動くのかとばらばらにしてゼンマイを見つけ，これで動くのか，と認識する。これはアナリシス思考といってよい。また，女の子に人形を与えてみる。女の子はその人形にミルクを与え，おしめを替えてみたりする。自分と人形との間に母と子の関係を想定する。そして自分と母との関係を自分と人形と

の関係に移して，人形ごっこの遊びをする。こういう発想がアナロジー思考（類比思考）です。

　もう一つ教育分野でよく使うソクラテス，プラトンのアナロジーの例を挙げてみましょう。教育とは産婆さんの仕事のようなものだ（産婆術）とよくいいます。私たちは自己開発のことをセルフディヴェロップメントといいますが，これは「セルフ（自己）＋ディ（開く）＋ベロップ（封）＋メント」ということで，封を開いて手紙を取り出すことが原義です。産婆術もよい質問をして「その人本来の価値を引き出す」ということなのです。

　先程のCMに移すと，ナイキのCMはアナロジー思考のCM（神話力）で，ミズノのCMはアナリス思考に力点をおいたCMなのです。そして，現在そのどちらのCMに効き目があるかというと，シンボルを上手に表現したアナロジー思考のCMの方が効き目があるのです。今は科学の時代，理性の時代です。それなのに，非科学的で，非理性的なイメージの方がCM効果が高い。こういったことが現在であり，今の私たちの社会です。したがって，科学の時代でありながら，私たちの実際の生活は非科学的な神話の影響を受けているのです。

　例えば，巨人軍の長嶋監督が際どいところで勝つと，その日は朝何時に家を出たか。どのルートをとり，誰と挨拶を交わしたかなど，勝ち続けるとそのことをずーっと維持するらしいですね。負けるとそれは縁起が悪いからと新しいことをするわけです。これは科学の時代に全く関係ないのですが，私たちの心の中にはこの非科学的な気分が影響していて，科学だけではないということを，ナイキのCM制作に関わっている人は非常によく知っているのだと思います。事実，ナイキのナイト会長は，「お客さんはスーパースターの身につけているものを神様のお札のように欲しているのだ。ナイキのビジネスはスーパースターの育成とスーパースターが本当に必要とする製品を開発することだ」と語っています。

　話が少しスポーツから離れますが，10年前までヨーロッパでは資生堂の化粧品と日本のライバル会社のK化粧品は同じようにコンビニエンス・ストアで買えたものだそうです。ところが今現在K化粧品の方はコンビニで手に入るそうですが，資生堂の方はヨーロッパの高級店へ行かないと買えないそうです。この違いはどうして起きたのかというと，K化粧品は今なおアナリティカル・

メッセージ，広告活動をやっているんです。しかし，資生堂はクリスチャン・ディオールのチーフ・プロデューサーだったセルジュ・ルタンスという人と組んで，ここ5，6年すべての広告戦略を彼に委ねたのです。そしてどうなったかというと，もう資生堂は圧倒的な評価を受け，化粧品はフランスと相場は決まっていたのに，フランスで化粧品は資生堂ということになったんです。そして資生堂はルーブル美術館で去年装飾美術の展覧会を開いて大人気でした。

それでは資生堂の化粧水オイデルミンのCMはどういう内容のものであったのかというと，日本の東洋の神秘性を背景に，日本の女性の美しさと，ハイテクノロジーの日本をCMにして，100年の歴史を持つオイデルミンをシャワーのように流したんです。そのCMの中で資生堂の化粧水についてはしつこくふれていません。日本は神秘的な国だ，日本の女性は美しい，日本はハイテクの国である，といったことに力点をおいたCMなんです。資生堂の化粧品は科学的にああだこうだなどという能書きを言わなかった。これがものすごく当たりました。

従って，世の中は科学の時代なんだけれども，私たちのライフスタイルは非科学の世界のファンタジーと非常に関わっている。実際の価値観，ライフスタイルは理性よりもシンボリックな非理性の影響を受けているのです。これが消費市場の現在といってもよいと思います。そしてスポーツの世界にもそういうことがあるということをまずお話ししたかったのです。

"SPORTS FOR ALL"の本質

私が筑波大学に勤務しているときに，どの学部でも3年間スポーツ実技が必修科目となっていました。しかし小児麻痺や心臓弁膜症の学生たちはスポーツをしてはいけないから，その人たちの単位をどう出すか，その役割を私が仰せつかっていたのです。そこで筑波大学に縁のある朝永振一郎先生や福原麟太郎先生のエッセイなどの書物を読んでそれをスポーツの単位に代える，つまり自由時間の使い方の能力を開発するということで，スポーツ以外の方法で単位を出していました。

ある時とても重度の小児麻痺のM.I君という学生が入ってきました。彼は，ピンクレディーの作詞をしたりした，面白い有能な学生で，彼自身もフジテレ

ビ系列でドラマ化された学生でした。ある時，読書をやっていたらその彼が「先生，今日はとても天気が良いから芝のグランドの所でお喋りしませんか」というので，「ああいいよ」と言って一緒に外に出ました。そしたら彼が筑波大附属高校時代に，彼のトレーニング，体をほぐすことをやってあげた博士課程の加藤さんという人がいたんです。その加藤さんが「どうだM君，うまくやっているか」とたずねると，「先生，私にスポーツをやらせて下さい」と加藤さんに頼んだのです。「え，お前スポーツやるの」「やってみたい」というやりとりがあって，彼はそれまで補助車を付けてしか動けなかったのですが，彼を芝生の上に立たせてヘディングの練習をさせたんです。するとヘディングの反動で芝生の上に倒れてしまう。それを繰り返していると汗をびっしょりかく。すると友人が冷えた缶ビールを持ってきてくれました。汗をかいた後に缶ビールを飲むということがその後，彼の病み付きとなって，彼にとって缶ビールというものは汗をかいた後に飲むものだということになったのです。その後トラックを走っている人を見て，自分も補助車を付けて走ってみたいと何分も時間をかけて100Mを走りきったのです。くたくたで汗びっしょりになって，その後で，缶ビールを2本飲んで「もう最高の幸せだ」といっていました。

　筑波大学には体育学部があって，そこには選ばれた人が入って来て，いつもトラックを回っています。そのとき私はこういうことを思いました。その中でM.I君が100Mをたとえば5分で走ったとして，他の陸上の選手が11秒台を切って走ったとする。そのことを比べて選手の方が価値があると単純には言えない。M.I君は初めて走ったという経験をして，そして走ることによって得た身体のよろこび，その後の缶ビールの美味しさ，つまり彼にとってそれが初めて知ったスポーツの価値なんです。そのことと，いつもインターハイや他のいろいろな陸上の大会に出場した選手の高記録とはどちらに価値があるかなどとは単純にいえない。たまたま社会的価値基準を取入れた場合は，記録を更新したかどうかで選手の記録の方がすばらしいといえるだろうが，個人的価値基準ではどちらがよいかなどということはいえない，どちらにも意味があるといえるだろう。

　その後，中国人の女性で円盤投げのアジア記録を10年間持っていた李暁恵さんにゼミでこの話をしたとき，彼女は最初こう思ったそうです。中国において，スポーツはワークである，レーバーである。中国においてはその能力に恵まれ

た人にとっての仕事だ。しかし，日本にやってきてから分からなくなった。一般市民が飛行機代，宿代を出して，ハワイに行き，あの苦しいトライアスロンを嬉々としてやっている。これが全然理解できなかったというんです。あんなに苦しいものは能力に恵まれた人間の仕事で，その人間にとっても早くいい記録をつくってスポーツを引退して早く楽をしたいと思うのだという。

また韓国から来ていた選手もみんなそうだというんです。韓国から筑波大学の大学院に来る選手もみんな優秀なんですが，早くお金をどっさりもらって早くリタイアしたいという。だから，スポーツは労働である。日本にやってきたら日本人はスポーツをレジャーとし，嬉々と楽しんでいる。あの青梅マラソンとはなんだというんです。

その後，この事情を留学期間を通じて彼女ら，彼らは分かったんですね。所得水準が向上し，自由時間が増えてくると，個人的価値基準，自分自身の楽しみとしてスポーツをする人が増えてくるという事実に気がついたんです。それがSPORTS FOR ALL，生涯スポーツなんだ。人生80年時代，皆それぞれに合せてスポーツを楽しむというのは，そういうことなんだと気づいたというんです。

ここで2つのことを分かっていただきたい。1つはナイキとミズノのCMを例にとってみて，今はスポーツの時代なんだと直感してもらいたい。それともう1つは富国強兵の時代の体育から，人生80年時代のレジャーとしてのスポーツに変わってきたということです。こういった事も直感してもらいたいということです。ここから本論に入ります。

II．スーパースターのプレゼント「夢・感動・ドラマ」

オリンピックを黒字に変えたピーター・ユベロス

1984年のロサンゼルスのオリンピックが，オリンピックにとっての1つの大革新，大改革でありました。なぜかというと世界のどの国もオリンピックを誘致すると赤字を背負い込んでそれを返すのが大変で，誘致することを止めよう，もうオリンピックの時代ではないといった気分になっていた。ところがピータ

ー・ユベロスというプロデューサーが現れて，彼自身はスポーツマンでもなんでもないんですが，あることを思いついたんです。それはオリンピックそのものをテレビのドラマのように考えて，このドラマの制作費，ドラマを電波に乗せる放映料，それからそのスポーツ施設，環境を広告メディアとして，可能な限り広告主に売って，赤字は出るかも知れないけれど，今までみたいな赤字になるのは食い止めよう，こう思ったんです。

　今になれば当たり前のことですけれども，その時は誰も信用しませんでした。膨大なオリンピックの経費を広告主のお金でカバーしようなどというアイデアを多くの人々はばかげていると思ったんです。では結果はどうであったかというと，大黒字を出したんです。黒字を出すと同時に，それによって誘致した場所の環境整備も出来ました。それ以降というもの，オリンピックを誘致することはどの国にとっても魅力ある大プロジェクトになったのです。そのアイデアを最初に実際にプロジェクトに移した人がピーター・ユベロスさんです。

　ということは，スポーツが実際にはマーケットのメカニズムを通じて売買される価値を十分持っていたのだけれども，そのことにユベロスさん以前は誰も気付かなかった。だいたいオリンピックというものは富国強兵で政府主導でやるものでした。特に強兵にウェイトがかかって，強い軍隊を作るために，体力を立派にしなきゃいけないということでずーっときていたのです。ところが，これだけ産業社会が豊かになってくると，スポーツはプレジャー，人生の楽しみの一つになっていたのです。また，売買すれば黒字になるところにまできていたのです。

　だからユベロスさんはギャンブルのように賭けていたわけではありません。ユベロスさんの回想録をみると十分採算のとれる自信を持っていたのです。彼には今日が見えていました。「もうスポーツの価値はマーケット・メカニズムを通じ売買出来る，そういうところに来た。映画，音楽などそういったものと同じようにスポーツも文化商品だ」ということに気付いていたのです。

　今は21世紀に向けてマルチメディアだとか，インターネットの時代と言われているわけですけれども，メディアを支える技術，装置は技術革新でどんどんこれから変わっていくでしょう。そして，これから起きてくる技術革新の環境の中でどうすればコミュニケーション産業として残っていけるかというと，どれだけ魅力あるコンテンツを持っているか，メディアに載せる内容をどれだけ

持っているかにかかっています。

　今メディア力のあるコンテンツは4つあるといわれています。一つはニュース報道，一つは映画，もう一つは音楽ですね，そしてもう一つがスポーツなのです。スポーツについては，4大コンテンツの，ニュース報道に次いで，2つ目くらいに位置しているといってよいと思います。

　長野の冬季オリンピックは借金を作ったけれども，多分これから皆さんがポスト長野オリンピックをユベロスさんのようにうまくプロデュースすれば，十分それは黒字に転化していくことが出来ると思います。もちろんオリンピックだけがすべてではない，ワールドカップのサッカーもオリンピックよりすごいといわれている。フランス・韓国・日本においても熾烈な誘致活動をやった訳です。もちろんこの規模でなくてもまだあります。例えばウィンブルドンはテニスで地域振興を図ったところです。ゴルフのセント・アンドリュースはどうか。どこの地方にあるかは知らなくてもイギリスにあることくらいは皆さんも知っていると思います。ある一地方都市がスポーツを通して国際都市になっている。今はそういう時代なんですね。都市自身もメディアなのです。

　もちろん，地域振興は単にスポーツだけでなく，音楽，美術，文学，さらに衣文化，食文化，住文化，遊文化のいわゆる生活文化など文化諸領域とのコンプレックス（複合施設）をはからなければなりません。それで，もう一つ例をあげてみましょう。

　1996年米国のアスペンという所で夏季ゼミナールがあって出掛けてきました。アスペンには一度行ってみたいと思っていたんです。例えばダニエル・ベルという人の『資本主義と文化的矛盾』という書物は，アスペンで書いたと記されています。また他の人の書物にもやはりアスペンで書いたと記されている。どうしてアスペンに学者が集まるのか，とこう思っていたんです。そしたら湾岸戦争のときにブッシュ大統領，サッチャー首相，宮沢喜一首相，そういう人たちが夏に集ってアスペンの40周年のパーティーを開いていました。そこは世界の首脳や学者が集まっていたところだったのです。

　それではアスペンは昔どういう場所だったのかというと，銀本位制時代の銀鉱山の町でした。しかし，銀から金本位制に変わったために，人が全く居ないゴーストタウンに変わってしまった。ここをどうやって立て直すかという時に，これからアメリカ人もウィンタースポーツに関心を持つようになるはずだ，と

いうことで，銀鉱山であった所にスキー場を造って，そこに世界的に著名なスーパースターたちを招いてスキー大会を何回かやったんです。その結果カナダのウッイスラーと並んで，アメリカではアスペンが世界に誇る代表的スキー場となりました。

しかし，スキー場では冬場しか商売にならない。ペプケさんという運送会社の会長さんが，通年型のリゾート地にできないかと考えて，シカゴ大学総長のロバート・ハッチンスとパートナーのモルチマー・アドラー博士に，ここをアメリカの生涯学習センターにできないか，それもグローバルリーダー，オピニオンリーダーの生涯学習センターにできないか，と相談して実現したのです。ハッチンスという人はユベロスさんのようにアイデアの豊富な人で，アドラー博士はそれをきちんと学問的にフォロー出来る人でした。

第二次世界大戦が終わり戦勝国のアメリカも相当の痛手を負った。敗戦国のドイツは青菜に塩をかけたようにぐったとしている。いずれにしてもドイツもアメリカも，もう一度国を立て直さなければならない。アスペンをどう活性化するかの，その相談を受けた時に，ゲーテの生誕200年祭が数年後にあることに気付きました。

ゲーテという人は青年のようにいつも若い希望を持っていた人で，未来に対して希望を抱いて努力をしなければ，国の将来は期待できないと考えていた人でした。このアスペンで，そのゲーテ生誕200年祭を開こう，それには世界で一番のオピニオンリーダーのシュバイツアー博士を呼ぼう，哲学者のオルテガを呼ぼうということになったのです。シュバイツァーが，オルテガが来るというので，アメリカ全土の新聞記者が山奥のアスペンに集まって，そこからゲーテ生誕200年祭のメッセージを，私たちは未来に希望を持とうと世界に伝えたのです。

あなた方の友人にも，いつも過ぎたことを後悔する人がいるでしょう。そして今現在に不満を述べている人，そしてこれから先に絶望している人，どう元気付けようにも困るような人っているものですよね。過去を後悔し，現在に不満を述べて，将来に絶望したら，その人の人生はいったい何なのかということになるでしょう。ところがゲーテは違うんです。過去を回想する，自分の人生の回想をするだけではなくて，人生を良く生きたワイズマン（賢者）の人生にも思いを寄せているのです。プラトン，アリストテレスのような人生，ダンテ

42　「スポーツ産業論」への招待

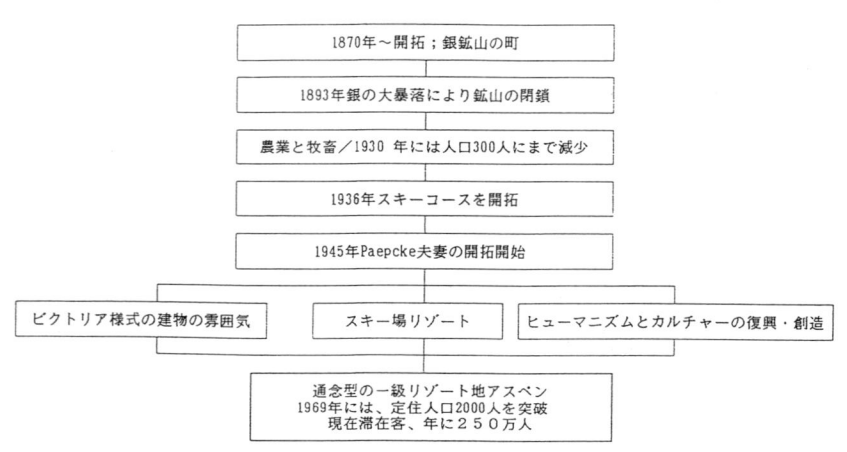

```
┌─────────────────────────────────┐
│ 1870年～開拓；銀鉱山の町           │
└─────────────────────────────────┘
              │
┌─────────────────────────────────┐
│ 1893年銀の大暴落により鉱山の閉鎖   │
└─────────────────────────────────┘
              │
┌─────────────────────────────────┐
│ 農業と牧畜／1930年には人口300人にまで減少 │
└─────────────────────────────────┘
              │
┌─────────────────────────────────┐
│ 1936年スキーコースを開拓          │
└─────────────────────────────────┘
              │
┌─────────────────────────────────┐
│ 1945年Paepcke夫妻の開拓開始       │
└─────────────────────────────────┘
       │          │           │
┌──────────────┐ ┌──────────┐ ┌────────────────────────┐
│ビクトリア様式の│ │スキー場  │ │ヒューマニズムとカルチャー│
│建物の雰囲気    │ │リゾート  │ │の復興・創造            │
└──────────────┘ └──────────┘ └────────────────────────┘
              │
┌─────────────────────────────────┐
│ 通念型の一級リゾート地アスペン     │
│ 1969年には、定住人口2000人を突破   │
│ 現在滞在客、年に250万人           │
└─────────────────────────────────┘
```

図3　アメリカ・アスペンリゾートの歩み

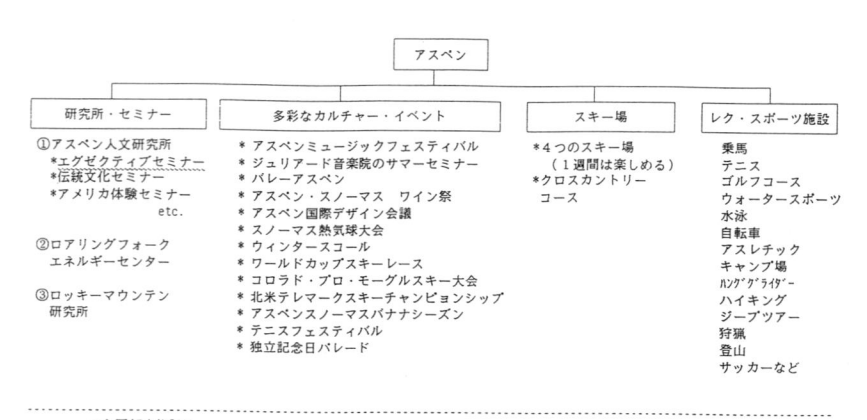

```
                        ┌─────────┐
                        │ アスペン │
                        └─────────┘
      ┌─────────────┬──────────┴──────┬────────────┐
┌──────────┐ ┌──────────────┐ ┌────────┐ ┌──────────────┐
│研究所・    │ │多彩なカルチャー│ │スキー場│ │レク・スポーツ │
│セミナー    │ │・イベント      │ │        │ │施設          │
└──────────┘ └──────────────┘ └────────┘ └──────────────┘
```

研究所・セミナー	多彩なカルチャー・イベント	スキー場	レク・スポーツ施設
①アスペン人文研究所 *エグゼクティブセミナー *伝統文化セミナー *アメリカ体験セミナー etc. ②ロアリングフォーク エネルギーセンター ③ロッキーマウンテン 研究所	*アスペンミュージックフェスティバル *ジュリアード音楽院のサマーセミナー *バレーアスペン *アスペン・スノーマス　ワイン祭 *アスペン国際デザイン会議 *スノーマス熱気球大会 *ウィンタースコール *ワールドカップスキーレース *コロラド・プロ・モーグルスキー大会 *北米テレマークスキーチャンピオンシップ *アスペンスノーマスバナナシーズン *テニスフェスティバル *独立記念日パレード	*4つのスキー場 （1週間は楽しめる） *クロスカントリー コース	乗馬 テニス ゴルフコース ウォータースポーツ 水泳 自転車 アスレチック キャンプ場 ハンググライダー ハイキング ジープツアー 狩猟 登山 サッカーなど

＜主要都市施設＞
宿泊施設・飲食施設・劇場・美術館・銀行・学校（カレッジを含む）・郵便局・警察・裁判所・病院・市役所

図4　文化複合リゾート・アスペンの現在

のような人生，そのような人の養子になろうとすればその人たちの書物を読めばよいわけです。古典を開き丁寧に読めば，尋ねれば賢者は必ず答えてくれる。つまり過去を良く生きた人たちや過去の文化遺産を回想し，現在を活用する，そして将来に希望を抱く生き方が，幸福の追求だと考えたのです。

　1日は24時間，365日をかければ8760時間，それに人生80年をかければ70万時間です。そして大まかですが，20歳から60歳までの40年間働くと年間1800時間労働で7万時間になります。人生は70万時間で生涯労働時間は7万時間，1割しかありません。代わって，自由時間は21～25万時間あるんです。この25万時間をいかに生きるか。現在は自由時間を充実して生きる能力がないから，1000時間テレビを見て500時間パチンコをしています。これでは，過去を後悔し，現在に不満を述べて，将来に絶望しているとしか言えないんじゃないんですか。こういったライフスタイルの改善をしなくてはいけない。

　そこで21～25万時間をいかに生きるか。生涯労働時間の7万時間より3倍も4倍も多いんだから，人生80年にわたって自由時間がいかに多いかということです。

　ハッチンスとアドラー博士は，こういう問題に対し自分の個人的価値，内的価値をいかに豊かにするかということで生涯学習センターをアスペンに作りました。そこに音楽学校の先生・学生を呼んできてホームステイをさせて，そこに集まる財界人と学者の交流の勉強をしたプレゼントに音楽会を開いてあげたんです。もちろん市民も参加できます。この町はビクトリア調の建造物が多いんです。そこに住む人たちが思い思いのデザインの家に住んでしまうと町並みの景観が美しくなくなってしまうので，世界デザイン会議をここで開いて，市民に公開して美しい環境はどう作るかというオープン・ユニバーシティを作りました。アスペンは，銀鉱山が閉鎖したおかげで世界的なスキー場となり，40～50年経った現在，いつの間にかアメリカを代表する通年型のカルチャーセンター・リゾートになったんです。（この松本に似ていますから，）機会があれば皆さんも行ってみたらいいと思います。

　長野オリンピックで松本はメイン会場ではなかったわけですけれども，松本に対するイメージ，思い入れは，日本人全体が，サイトウキネン・オーケストラや，旧制高校の流れを汲むものもあり，松本にはアスペンに近いイメージを持っているのではないかと思います。

より強く美しいスポーツへの期待

　スポーツの魅力は，感動性，ドラマ性にあるから，マルチメディア時代の4大コンテンツに入るのです。今，シカゴ・ブルズなどもテレビで間近に観ることが出来るし，サッカーなどもそうですけれども，第一級のスポーツがハイテク・メディアを通じて身近になり，そのことによりスポーツを観る日本人の目も非常に豊かになってきました。もうごまかしが利かない。

　私は筑波大学大学院用のスポーツ産業論のテキストを院生の協力を得ながら5年間かけて作成していたのですが，その時に，社会人で入って来た学生にこういう人がいたんです。ゼミナールで，新学期に一人一人呼んでいって「鶴田友美さん」といったら，ハイと大男が手を挙げたんですね。すごく大きいんです。「女の子かと思っていたら，君，背が高いね」と言ったら，皆がゲラゲラ笑って「先生，ジャンボ鶴田さんですよ」というんです。私は知らないもんだから，きょとんとしていたら，「ほらジャイアント馬場と組んで」と言うので，あ，ジャイアント馬場なら私も知っている。けれど，プロレスは力道山以降見たことがありませんでした。その当時は鶴田君の存在を知らなかったし，プロレスそのものが最近はインチキな試合であると思っていたのです。

　鶴田君は，筑波大学の大学院にレスリング部門がないので最初は柔道の先生について，なにか実験で修士論文を書くことにしていたんだそうです。

　ところがある時，私がゼミで古代ギリシアにおけるスポーツについてこんな話をしました。古代ギリシアにおいて，スポーツは今でいう彫刻や絵画よりも先に動く芸術であった。そのスポーツの美しさを永遠に残そうとして彫刻のヌード芸術が出来たといってよい。古代ギリシアでは身体の美しさは一種目で作るものではなかった。少なくとも5種目をこなして美しさを作る。精神も一科目ではなく何科目もとって美しさを作るものだったのです。「健全なる精神は健全なる肉体に宿る」と言うじゃないですか。精神の美しさと肉体の美しさ，それが，自由学芸教育，総合教育，一般教育の一番大切な役割でした。

　プラトンを私たちは哲学者として理解しているけれど，彼はレスリングで優勝したこともあるのです。プラトン，アリストテレスの頃は5種目のスポーツで身体の美しさを作って，また精神も何科目かで作る。そういう学校が彼らが作った学校でした。その流れが今の十種競技につながっていて，十種競技の選

手の身体はとても美しい。
　ところで，今のレスリングは大技がない。ポイントを細かく重ねて勝負しているけれども，昔はすごく美しい大技で芸術家はそれを永遠に残そうと思ったのです。5種目競技の最後がレスリングで，総仕上げに勝つことであった。このようにレスリングはスポーツの中でもとても大切な種目であった。芸術家たちはこうしたものを彫刻で残してくれたのだと，古代ギリシアのオリンピックのいろんな技の一番力強く美しいレスリングの一瞬をスライドに写して見せてあげたんです。
　そうしたら鶴田君が「先生，この技は私の今のプロレスのこういった技の一瞬です。古代のレスリングの技は今のプロレスの世界に全部生きています」というので，「この彫刻はどういった連続技の一瞬か分かるのか」と尋ねると，

図5　古代ギリシアのレスリング(「古代ギリシア美術展　1990　読売新聞社主催カタログ」より。アテネ考古学博物館所蔵)

彼は「全部分かります」というんです。それから2～3週間かけて日本テレビの，自分の100番名勝負を全部調べ上げて，それらの連続動作をスチール写真に全部とってきて，「この瞬間はこの連続動作のここなんですよ，その時の選手の心理はこうなんですよ」と説明してくれたのです。これには私もたまげて，ギリシア美術をやっている仲間を呼んで，美学からみたスポーツ彫刻と鶴田君の解説を聞いてもらったところ，「外国の美学者でも，ギリシアの美術の学者でもこういった読み込みをした前例はない，これは画期的なことだ」というんです。

やはりレスリングならレスリング，サッカーならサッカー，バスケットならバスケットを内から一級の経験をした人が解釈をし，その事を読み解くと，これはスポーツの中心価値にごく自然に動機づけてくれるのです。知らない人では限界がある。体験した人でなければ深い読み込みはできないんだなと思いました。それを美学の学会で発表したら大反響ですよというんです。

彼はさらに，筋肉の話になった時に，こういいました。「ぼくの友人の霧島は，『体が小さく弱いので，筋力トレーニングで筋肉を付けて大関まで上っていって，下がってもあそこまでがんばった』と，いっているけれど，筋力トレーニングで付けた筋肉は人工的で，傍目には強そうに見えるけれども全然だめなんです」。それに比べて，鶴田君は山岳地で育ち，山の上のブドウ園に家があって，日川高校にいつもそこを走って上がったり下りたりしていた。つまり自然の生活の中で付けた筋肉なんです。そういった筋肉の方が弱く見えても実はとても強いんだそうです。鶴田君は霧島に，「君はコンプレックスから筋肉トレーニングしたといっているが，それだけではなく青少年の頃の日常生活でつけた筋肉が立派で丈夫なんだと思う。だから君は強かったんだ」と励まし，そのことで霧島はすごく元気付けられたそうです。その話を相撲協会の理事長が聞いて，理事長から今度相撲部屋の親方を全部集めて"スポーツにおける美"と"自然の生活筋力と食習慣について"講義してくれと頼まれて，鶴田君は講義をしに行きました。彼の修士論文「ジャンボ鶴田のレスリング理論と実際」ができたら，NHKがとても感激してくれて番組を何本か作ってくれたんです。

彼自身は中央大学のバスケット部に入ったんですがバスケットではオリンピックに行けないと分かると，短期間でオリンピックに行けるものは何か，というのでレスリングに変わったんです。中央大学のレスリングは強いんですが，

そこへ行ったら,「お前みたいなのがそんなに簡単に正選手になれないよ」と言われて,それで自衛隊の体育学校に行ってそこで練習して上がってきて,ようやく中央大学のレスリング部に入れてもらったんです。私は彼の話に興味を持ち,彼が実験によって修論を書くということを止めたらいいと思いました。彼の話がなんでこんなに面白いのか。それをテーマにしなさいとアドバイスしたのです。

それで彼が2年の時に私が筑波大学を辞めたので,毎週,実践女子大に来てもらって,彼に生活史のインタビューをしました。小さい時から現在までのジャンボ鶴田の世界を毎回1時間半テープに吹き込ませて,1週間後にテープを起こしたものを持ってこさせる。そして私が見てあげてポイントを幾つか注意してあげる。「ジャンボ鶴田のレスリング理論と実際」,「自分の生活史からみたジャンボ鶴田の世界」とびっしり書いた自分史ができて,それを二人で章立てを作って,それを元にもう一回論文に書き直させたのです。そしたら今度,中央大学に呼ばれてこれを書物にしろと言われたのですが,彼はまだジャイアント馬場さんのところにいるので,この4月から非常勤で中央大学のスポーツ産業論の講師とレスリング部の指導をしています（98年）。

彼の夢はプロフェッサー・プロレスラーだそうです。本当はそれによってプロレスの世界のイメージ,プレステージを上げたいというわけです。実際,彼に武道館に来いと言われて私が試合を観に行ってみると,アマチュア・レスリングの試合と違い,すごい人気で,単なる八百長であればあそこまで人気はとれないなと思いました。

スポーツのプロ化は時代のトレンド

スポーツは見て楽しい,スポーツにはエキサイティングな美しさがある。今テレビで人気のあるスポーツは,野球,相撲,プロレス,ゴルフ,テニス,サッカーです。これらを考えてみるとみんなプロスポーツなんです。スポーツはプロになると,そのスポーツを楽しむ人口,プレーする人口が増える。従って,生涯スポーツ,社会体育とかでこつこつスポーツ少年を作るということも大切なんだけれども,マイケル・ジョーダン,タイガー・ウッズ,伊達公子のようなスポーツ選手が1人誕生するということの方が,はるかにスポーツ人口を増

やすことに役に立つ。これも非常にはっきりしてきました。

　まず，あんなに人気のなかったサッカーの試合が曲がりなりにもここまでくることができた。それはやはりサッカーをプロスポーツにし，市場経済のメカニズムに乗せたからです。そのことで悪い面もあります。しかし，長い間日本の体育政策が，富国強兵の封建的な枠組みの中央集権でガンジガラメにして，「地区→国体→オリンピック」というふうにハイアラキーを作り上げていた。この日本のスポーツ振興が，たった１，２種目プロにしたおかげで，スポーツの世界全体がガラッと変わりました。ラグビーよりも人気がなかったサッカーが，こんなに人気のあるメジャーなスポーツになったわけです。従ってスポーツはプロ化することが時代のトレンドなのです。

　日本で可能なスポーツの種類は，水，海を使うもの，冬の氷や雪を使うもの，陸上のもの，山岳性のもの，空域性のものを合せると400種目あるそうです。その中で，マーケットで採算のとれるのは先ほどの６種目くらいしかありません。その６種目についてみると，メディア性があり，テレビに乗せることによってより多くの視聴者をつかむことができる。それにはスーパースターが存在し，レジャー性，感動性，ドラマ性がなければなりません。こういった条件がそろったときにスポーツ人口を増やし，スポーツ産業を成長させることができるのです。このことを覚えておいて下さい。

　スポーツのメディア性で大切なことは，テレビを通じて世界に配給することですが，そこには解説が必要です。解説する力がなければならないのです。例えば体操の元オリンピック選手がいます。彼の身体の中には第一級の体操の経験が宝物のように詰まっているわけです。ところが彼はそれを言語化・知識化することを誰からも教わらなかった。またプロ野球選手，プロテニス選手，プロゴルファーであった人たちがいます。ところがその経験を言語にすることを誰からも教わらなかった場合が多いのです。選手を引退して解説者になり，身体には一級の経験が詰まっているわけですが，解説になると，「根性だ，ガンバレ」こうした解説になってしまう。これが昔のタイプのガンバレ解説で，自分のスポーツの経験が言語になって，テレビを観ている人に強く，美しく，ドラマ性，感動性を伝えるように解説することが出来ない。これは非常にもったいないと思うんです。

　スポーツの体力のピークは女性14歳，男性17歳。従って，大学に入ってきた

時にはもうお客さんです。本来は17歳なら17歳の時にスポーツの高等教育をしなくてはいけません。プロ化するとそうなるんです。そして選手生活を過ぎてからの人には，大学に戻ってジャンボ鶴田君のように自分自身のことを，学際的に研究させればいいんです。自分自身をアナロジカルに，アナリテカルに研究すればいいんです。今までは6．3．3．4で間をおかず上の学校へ進むことが当たり前だったけれども，多分これからはスポーツだけでなく，音楽の高等教育などにおいても少年少女の頃に高等教育をしなければいけません。芭蕉の奥の細道，西行の世界などは50歳過ぎてからでいいんです。6．3．3のところでお前は文科系・理科系だと分けて，お前は現代文だ古文だなどと分けて教育してしまうと，そこで古文の成績が悪いと一生古文の世界と関係ないことになってしまう。こんな無茶苦茶な教育をしているとどうなるかというと，身体も精神もおかしな人間になってしまうんです。

　ここまでを整理してみましょう。強いスポーツから，より強くより美しいスポーツの時代となり，感動性・ドラマ性をどうメディアに乗せるかは，すでにプロのスポーツ界では始まっています。エキサイティングなプロスポーツをことごとくテレビに載せるという方向にきている。そしてそのスポンサーが資生堂であったり，IBM であったり，トヨタ自動車であったり，なにもスポーツ産業の企業ばかりではありません。テレビがメディアであるけれども，広く考えると，今やスポーツがメディアそのものなんです。スポーツは人を引き付ける力がある。またそのスポーツに更に引き付けさせる力をもつには，それを解説する力，そして最も美しい瞬間を映像に乗せる撮影の技術力が必要となります。それには個人的にスポーツの感動が豊かであり，その経験のある人がスポーツの美しい一瞬を映像に撮り，それを解説することです。

　今よく考えてみるとまさにそうなってきているんです。従ってスポーツは体育会，同好会だけの独占物ではない。現代社会においてスポーツはライフスタイルの中心にあり，すべての産業分野にとっての広告，PR のメディアなのです。そして観るスポーツ，するスポーツがさらに相互補完し，観るスポーツがプレーするスポーツ人口を増やしているのです。

　私の教え子で，伊藤信之さん（現・横浜国立大学助教授）という走り幅跳びで日本で上位になったことのある人がおります。彼に，カール・ルイスとパウエルの走り幅跳びの解説をある研修会でしてもらいました。

私たち素人は，2人の選手が，踏切の所でファールしたか，何メートル跳べたかなどそういった結果にまず関心を向けてしまうが，彼はスタートのところから，カール・ルイスとパウエルの気持ちを微にいり細に入り説明してくれるんです。
　フライングすると歩幅が狂うので今度はどこからスタートするかが大問題となります。ファールは，どっかで歩幅が狂ったからフライングしたわけで，スタート・ラインを何センチ下げるか，または短くするかはとてもデリケートな問題です。伸ばそうとするとこっちではコーチが真っ青になって怒るわけです。「そんなことしたらお前狂うからヤメロやめろ」というわけです。その時の駆け引きの心理をとても面白く解説してくれました。走って跳ぶという一瞬の出来事なんだけれども，その解説は30～40分もできるんです。
　それから個人的価値基準でいえば，走り幅跳びで跳んでから一瞬にして降りるにもかかわらず上手く跳べた時には蝶になったような気分になって，スローモーションで跳んでいる気分を味わうんだそうです。実体をアナリティカルに科学的に捉えれば一瞬で落ちてしまうのですが，その時の気持ちはスローモーションで跳んでいるんだそうです。周りの環境と自分が風と一体になったような，蝶になったような気分を楽しむことができるのだそうです。その喜びを話してくれると一瞬のできごとがこれまた30～40分になってしまう。
　同じようなことがサッカーにもあるんだそうです。ものすごく調子のいい時には，ゴール前で選手が入り乱れていても，自分以外は皆スローモーションに見えて，その一瞬にゴールへの細い道ができて，シュートをすれば絶対入るという確信をもつことが出来ることがあるそうです。これだって，アナリティカルではないですよね。アナロジー思考のセンスが，彼を勇気づけて1点ゴールさせているんです。その辺の面白さもまず1つ分かってもらいたいことです。

Ⅲ．興味深いスポーツの経済学・経営学

大切なスポーツの中心価値への動機づけ

　私の仕事は文化プロジェクトをマーケットでプロデュースすることです。そ

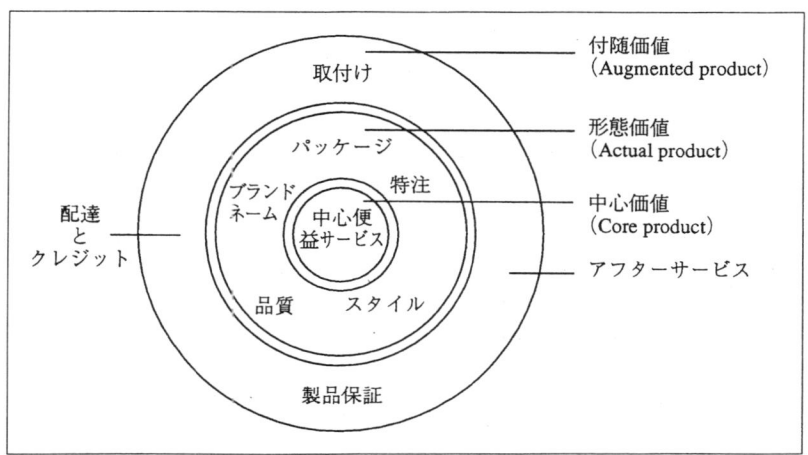

図6 「製品」概念の3つの次元
(出所) Philip Kotlers, Gray Armstrong "Principles of Marketing" Prentice Hall, 1989, p. 244

（円の内側から）中心便益サービス／ブランドネーム、パッケージ、特注、品質、スタイル／取付け、製品保証、アフターサービス、配達とクレジット

付随価値（Augmented product）
形態価値（Actual product）
中心価値（Core product）

の中にたまたまスポーツが入ってきました。理論はマーケティング・サイエンスが本籍地です。そこから後半の話をしたいと思います。

　フィリップ・コトラーというマーケティング・サイエンスの先生によれば，プロダクト，製品というと，一般には物の製品を連想するが，今日プロダクトはグッズとサービスとグッズ・アンド・サービスのミックスという三つの場合を指している。プロダクトとはペンやチョークのような物だけをさすのではないのです。

　私たちがプロダクトを大きくどのように分けるか。その一つの分け方が，必需品と自由裁量品の二つです。必需品について例をあげてみましょう。例えば皆さんのところで冷蔵庫や洗濯機が故障したら，大変不便です。生活に苦痛を感じます。そのときには修理に出すか，それとも買い換えるかで，改めて電気冷蔵庫とは何か，洗濯機の本来の意味とは何かなどという問いかけはしないわけです。必需品については，その製品がどうして自分に必需品なのかはすでに生活の経験からみんな良く知っているからです。

　ところが，紫式部の『源氏物語』とかダンテの『神曲』とか，ゴルフ，テニス，水泳とか，または歌舞伎だとか「能」だとか，こういう文化的なライフスタイルをとってみると，それを生活の習慣にしていない人にとってみれば，それなしで済ますことが出来る。それは当然のことです。別にそれをしなくても

苦痛になるということはない。ところが例えば碁の好きな人が、あるいはテニスの好きな人が、一週間それをしないと気分がいらいらしてくる。これはなぜなんだろうか。

　先のコトラーという人は製品概念を３つに分けました（図６）。１つは中心価値、２つ目は形態価値、３つ目は付随価値です。冷蔵庫を例にとってみると、食物を保存する。これが中心価値です。形態価値は冷凍庫部分もあるし、野菜を入れる場所、魚を入れる場所など多機能になってきています。これが形態価値です。壊れたりして修理しなくてはいけない時などのアフターサービスとか、３年間製品保障するとかが付随価値です。

　先程のテニスを習慣化している人、あるいはゴルフを習慣化している人、これは強くその人が中心価値に関わって、生活の信念、行為の体系が出来上がっているということです。従ってそれが欠乏（ニーズ）すると非常に苦痛になります。ところが文化活動の諸領域をとってみると、習慣化している人は中心価値に動機付けられているんだけれども、習慣化していない人にとってみればどうでもいいわけです。こうしてみると、それらの文化活動はある特定の人にとってのみ習慣化するものなのか、より多くの人に一般的に習慣化するものなのか、これが問題になるわけです。

　自由学芸教育（リベラルアーツ）、総合教育、一般教育の世界からすれば、これは非常に多くの人をその信念の体系に動機づけて、それを生活の習慣にすることができる、こういう前提に立っています。特定の人だけの楽しみで習慣化した、そういう立場ではありません。人生80年の70万時間の１割の生涯労働時間の７万時間に適応する能力の開発支援は、例えば、経済学部のような専門教育の役割です。そして21～25万時間の生涯自由時間に適応する能力開発支援は、これは自由学芸教育、総合教育の役割なんです。

　余暇開発センターの「レジャー白書」は、いろんなスポーツ種目あるいはいろんな読書、旅、趣味をあげて、やったことがあるか、関わったことがあるか、道具を揃えているか、腕は初級か中級か上級か等そういう社会調査でとらえたものですが、その結果分かったことは、どのスポーツ領域でも、道具一式買って、全部初級止まりで終わっている人が多いということです。どのスポーツ種目においても道具をワンセット持っていても腕は初級。でも、できれば仲間とプレーすることが出来るくらいの腕は持ちたいものだと思っている。しかしそ

の生涯にわたる支援環境がないために放置されているのです。

　そういう人たちは，スポーツ種目の中心価値に動機づけられてスポーツを楽しむことが生活習慣になっていないということですよね。それで，筑波大学の大学院のゼミで，学部の時にスポーツ選手だった人たちの中心価値と，楽しみでレジャーで行っているスポーツの中心価値が違うものなのか，同じものなのか，ずっと議論してみたら，結果的には同じだと分かったんです。社会的価値基準で評価して優劣はつくけれども，個人的価値基準では一流選手のスポーツの中心価値と，レジャーで楽しんでいる人の中心価値は全く同じだと分かったんです。中心価値について学生たちと何日かにわたって議論して，その様子をレポートにまとめました。それについてこれから話してみます。

　例えばランニングのマラソンが好きな，筑波でマラソンの選手だった原茂人君がこういうんです。一般の人にランニングの楽しさを教える時にこう話をしたい。「私はまずジョギングを健康体力作りの一番手軽な運動として勧めたい。私にとっての動機は，記録の向上，つまり社会的価値基準の追求ですが，もう一つ，ランニングは習慣化すると気持ちがハイになって呼吸がとても楽になる。私にとってこの心身の状態もランニングの魅力で，選手を辞めてからもランニングを楽しんでいます。もっとも度が過ぎるとランニングハイといってランニング病になるので，ここのところは注意しなくてはいけない」

　名古屋グランパスの誘いを断って大学院に来た飯田義明君は，「私は一般的にスポーツは楽しく何をやっても達成感がある。しかし陸上競技の中で長距離は好きになれない。サッカーの達成感と明らかに違う。長距離の目標は最終的にはゴールです。10,000Mの場合には何度も何度も同じトラックを回り続ける。あの単調さが自分には耐えられない。サッカーは戦争と同じで戦略・戦術が実に多様で，そしてその展開が自分たちを魅了するのです」

　それから三村由紀さんという，空手の国際のチャンピオンになった女性は，「自分はそれを終えてからバイアスロンをやっている。この競技は走力も無ければいけない，射撃もやらなくてはいけない，ものすごくハードで，滑っている時はとてもつらく，鉄砲は重く，ゴールは先だし，坂道を登る時はスキーを滑れない。しかし，ここが重要なんですね。自分の能力の極限に挑戦する，そして完走した時の達成感，これがすごい。」

　何人かに聞いた後で，体操競技の選手だった谷田部英正君はこういいました。

「皆の説明を聞いていると共通しているスポーツの中心価値があるように思った」。あるスポーツが出来るようになって更に向上しそのスポーツのプロセスを経験している。この場合に専門家つまりコーチからみると運動の技一つから彼らがどのような練習をしてその技を身に付けたかぱっと分かるという。いったいどう分かるのか。彼はまず新しい運動目標を設定する。しかしこの目標を達成する技を身につけていないわけだから，その目標について，一時できない自分自身の体に出会う。なぜ思うように体が動かないのか。そこで自分自身を対象化して捉えるようになる。いかにすれば目標に対して意識的に自分の体の動きと心の動きを統合することができるか。そこで練習が始まる。その練習のプロセスでいろんな葛藤が生じる。なぜ出来ないのかと。ところがあるところまでくるとパッと視界が明るくなり，その感じを身につけて体の動きと心の動きのバランスが取れるようになる。その内にもっと上手になり何も考えないでも目標が達成できるようになり，無意識にその運動が出来るようになる。それで，次なんですね。

　そういう状態になると自分の体に対する感受性がものすごく高くなる。体は他ならぬ自然そのものだから身体が自分を包む自然の世界に開いて，ミクロコスモスの人間の自分自身とマクロコスモスの自然そのものと互いに行き来しているような気分を味わうことが出来るようになります。これが先程の氷が解けたら春になるということで，やはりアナリティカルな練習とアナロジー思考の精神的なものと非常にバランスがとれているんです。

　スポーツの小説家に佐瀬稔先生という人がいます。電通に呼ばれて二人で話をしてきたことがあるんですが，そのときに佐瀬先生がこういうことを話してくれました。

「なぜ今の現代社会はスポーツなのか，ライフスタイルの中心にスポーツが息づくのか。現代の人々の生き方も社会の在り方もみな管理され，組織されている。そこでは自分の全能力を必要とされることも，また生死を賭けて自分の限界に挑戦する夢も冒険もない。こういう状況から人間を真に開放し，人間性を回復してくれるのがＦ１も含めてスポーツなのではないか。現代人はスポーツにそういう価値を求めている。このようなわけで第一にスポーツは，レジャーであれプロであれ自己の能力の極限への挑戦という欲望を満たしてくれる。第二に生きることと死ぬこととの，生死の紙一重の世界で生の本質を捉える喜び，

勝敗を賭けて戦う喜びを享受させてくれる。ここに今なぜ身体論なのかの答えがある」

　それから，私の趣味のライフワークはピーターパンの研究なんです。この研究から分かったギリシア人の美意識と生命観について述べてみます。ちょっと思い出してほしい。ピーターパンの仲間が海賊フックに海賊船へ連れて行かれる。ピーターパンはそれを取り戻しにいく。フックはピーターパンなど一捻りだと思う。そこで戦いが始まる。ピーターパンは風のようでフックの剣には捕えることはできない。フックは脂汗をかく。そこでフックは弱音を吐いて，「ピーターパン，お前の正体は何だ」と聞く。それに対しピーターパンは「俺は若さ，喜びだ」と答える。

　ヨーロッパ人は「若さ，喜び」と答えればその次に必ず「輝き」を連想するんです。ぜひ一般教養で思い起こして欲しいのは，ボッティチェルリの「春」という作品です。あの左側に三人の女性のヌードが輪を作って踊っていますが，あれが「若さ，喜び，輝き」の三美神なんです。従って「若さ，喜び，輝き」は美を意味する。美はギリシア人にとって，生きることを担保していたんです。それで，フックは自分の正体を見破られたと思うわけです。若さの反対は老い，喜びの反対は悲しみ，輝きの反対は暗闇，美の反対は醜，生の反対は死を意味しています。生と死，これがギリシア人の考え抜いた人生の問題なんです。バイオという言葉を良く使うけれども，生まれて死ぬまでのことをビオスという。それからバイオという言葉がでてきたんです。そのビオス（有限の生）の珠が数珠のようにずーっとつながり，永遠の生命につながることをゾーエ（無限の生）といったんですね。私たちの生命は有限であるけれども，種の保存を通じて生命の連続性は無限だと考えていたのです。そして生と死を支配する神様のことをディオニソスといったんです。あのお祭りの神様バッカスのことですね。人間がアナリティカルにどんな能力を身に付けても，ディオニソスは生と死を人間に明け渡すことはない。それは生命現象を支配するディオニソスの権限だからです。フックは時計を飲み込んだディオニソスのワニに食べられるわけです。時計は時間を意味する。時間は生と死をすべての生き物に平等に与えるということです。だから時計を飲み込んだワニは，ディオニソスを意味する。そのことを良く調べてスピルバーグの「フック」もああいう展開をしたわけです。

　古代ギリシアの人たちが，身体と精神の美しさになぜそれほどまでに思いを

入れたのか。それは，生を支える美は永遠であるに違いないと思ったからです。従って身体も一種目で作ってはいけない，精神も一科目（教養）で作ってはいけない。これがスコレー，スクールの元々のカリキュラムの狙いだったのです。その中でスポーツは，肉体の美しさ，身体美に関わっている。ところが近代になると精神美と身体美が離れ，そこに大きな不幸が生じたのです。

先程の谷田部君の話を聞くと，自分の心身が，つまりミクロコスモスの小宇宙の人間の体と心が，外界のマクロコスモスの大宇宙に開いて一体になるとそういう感覚を楽しむことが出来る。これがプラトンがトランス，エクスタシーと言っていることなんです。リベラルアーツ，お祭りによって日常生活の中で傷ついた体と心を芸術・文化の領域に浸ることによって蘇生させる，再生させる，そういうことをいっているんです。

ところがあなた方もアリストテレスやプラトンのそれぞれの体系や哲学史を学んでいると思いますが，高等学校の焼き直しなのではないかと，哲学は大学の一般教養の中ではとても不評なんです。私はもうちょっと私たちの生活に引付けて講義できないかと思うんだけれども，例えばスポーツにもこのように関連付けて，スポーツを芸術の領域に持ち込んでみる。筑波大学は芸術とスポーツが同じ建物の中に入って体芸棟と呼ばれています。あるゼミの時に，ミケランジェロのダビデの像を見た学生が，「十種競技で作った身体に似ている，一種目であれだけの身体は作れない」といいました。ところが芸術専門学群の学生が，石膏デッサンを一生懸命習っているんですが，隣で躍動する身体の美が，グランド，体操場，武道場，どこにでもあるのに，それをデッサンしている学生を一度も見たことがない。このくらい現実は歪んでいるのです。

スポーツの中心価値に動機づける。すでにこのことに女性たちは気付いてきて，身体の美しさは運動によって作られることを意識してきて，それ自体もビジネスになってきているわけです。男性はなまくらでなかなか中心価値というものに動機づけられていない。

結果的にどうしたらいいんだろうかということなんですけれども，やはりメディア力を使い，スーパースターを作ることではないかと思う。スポーツ振興の産業化には悪い点，問題点もありますけれど，タイガー・ウッズのようなあるいは伊達公子のような選手を，いろいろなスポーツ領域でどう作るか，育てることができるかということです。そういう一般システムを作る，そうすると，

いい方へ回ってスポーツの中心価値に動機付けることができるのです。

文化経済学の基本-「有効価値=固有価値+享受能力」

　京都大学の池上惇先生が文化経済学という体系をまとめてくれたおかげで，財政学，経済学の人たちが，この問題に関心を持ってくれています。これは一体いかなる学問なのかというと，皆さんも，テニスもゴルフもサッカーも陸上のいろんなスポーツもそれ自身，固有価値を持っていることが分かりますね。ダンテの『神曲』もベートーベンの音楽も固有価値を持っているから文化遺産として私たちが引きついでいるわけです。

　ところが，その価値と関わる能力があまりにも低いために，その固有価値と関わって幸せを作ることができない。そもそも経済学では，サミュエルソンの『経済学』の最後の方にこう書いてあるんです。「幸福（happiness）は欲望（desire）に対する物的消費（material consumption）の割合である」。つまり，今までは生存の次元の「生活イコール衣食住」だったんです。「生活イコール衣食住・プラス・遊」ではなかったんです。それでハピネスはデザイアに対するマテリアル・コンサプションの割合であると書いたのでしょう。文化経済学からすればそれではだめであって，人類の文化遺産，新しく作られる現代文化の価値も含めて，その固有価値に関わるプレー能力，享受能力，鑑賞能力を合わせて高めなければ，その2つから有効価値（幸福）が生まれてこないと捉えたのです。これは当然のことですよね。

　この問題を学校教育だけに任せておいたのではいけない。じゃどうすればいいか。これは皆さんも地中海クラブにいったことのある人には，あれかと分かると思うんです。私もあれだと思っているんです。個人的価値基準でみれば，誰でもスポーツや音楽でも，それを楽しむ潜在能力（ポテンシャリティ）はあるのです。このポテンシャリティの能力を顕在化させる。これはエクセレントな経験を通して習慣にするということですよね。習慣化すれば，実際の自由時間の活動（アクション）も高い次元の有効価値に結びついてくる。どうすれば習慣化するかいうと，その人の潜在能力に対してエクセレントな経験をさせるということなんです。

　エクセレントな経験が積み重なって習慣が形成されるのです。もっと平たく

言えばいつも叱るのでなく，よいところを誉めて動機づけ，技術を身につけさせることです。「なんだお前，できなかったら腕立て伏せ20回」だったら体育・スポーツは嫌いになるでしょう。この教室にも体育の落ちこぼれの人がいるでしょう。あの体育の教師がいたために，体育が嫌いになったという人がいるでしょう。私も逆上がり腕立て伏せ以来，体育は大嫌いだった。それに対して，地中海クラブというのは，一生懸命誉めるんです。

　筑波大学でも24，5年前からウィンドサーフィンを霞ケ浦で教えています。今はすっかり改善されましたが，その頃は日本でも初めてのことでまず練習。練習をやらせて，やっと湖に出るのです。しかし水の中に落ちるとそこにアオダイショウが泳いでいる。そんなところでは誰だって二度とやりたくないですよね。しかし地中海クラブの方は午前中に手取り足取り教えてくれる。中級位になるとこんな感じになるんだということをまず初めに体に教えるんです。その感じを記憶させて午後にはきれいな海に遠出して，そして夕方にはみんなスイスイ，ウィンドサーフィンを楽しんでいる。この教え方は体育教師がもっと勉強しなくてはいけないのではないかと思います。スポーツ産業のビジネスも勉強しなくてはいけないのではないか。

　つまりポテンシャリティ，プレーの可能性というのはみんな持っている。これをエクセレントな経験，ジョイフルな経験，エキサイティングな経験をさせることによって，そのハビットが高い次元のアクティビティとして現れてくる。こんなことはコロンブスの卵と同じで当たり前のことなんです。

　信州大学の経済学部を卒業し就職をするというとき，学士号というライセンスをとりますね。しかしレジャー，文化領域ではライセンスはいらないんです。できるかできないかの問題なんです。考えてみれば自由時間の世界にはライセンスはいりません。自分で楽しくプレーできるかどうか，レジャー・スポーツのマーケットがそれを評価するかどうかが問題なのです。つまりマーケットで人気があり，長続きしていれば，そこは教え方が上手だという評価を受けたことになるのです。マーケットにはそういうライセンスの評価機能が組み込まれていて，いいものは評価されるわけです。体育・スポーツの公的なライセンスを取ったからといってそれで飯が食えるわけではない。そういうことが日本の間違っているところだと思います。いろんなスポーツに公的なライセンスを与えても，それで飯を食っている人などみたことがない。

「人間のための市場作り」—Desire, Needs, Wants の3つの視点

　レジャーの世界では，マーケットでお客さんがつけば，そのマーケットがそのレジャーを供給するライセンスを与えているというふうに考えてよいと思います。私は，そういうサポート・システム，これを学習社会と呼び，その方法はE・フロムに倣い，learning to have から learning to be への移行といっています。これはどういうことかというと，産業社会の構造は「大量生産→大量販売→大量消費」です。そして物を持つということが私たちのライフスタイルの中心的価値だったのです。消費ということも所有価値の変形です。この産業社会の行き過ぎを批判的にみれば人間の生活は市場拡大の手段の「市場のための人間」ということもできます。しかし次の脱産業社会，ポスト・インダストリアル・ソサエティというのは何か。人生80年時代を迎え，生涯生活時間は70万時間です。このうち生涯労働時間は7万時間の人生1割まで短縮し，代わって生涯自由時間が21万時間と人生の3割にまで増大します。このように生活時間の構造が変化すると「私たちは働くために生きている」ということではなく，「私たちはよりよく生きるために働く」ということに価値観が変化します。そうなると生きるということはどういうことなのかが問題になります。

　今の大学1年生に，ハムレットの「To be or not to be. That is a question.」を訳させると，「です。でない。それは問題だ」としか訳せないのです。ハムレットは「生きるか死ぬか（人間らしくどう生きるか），それが問題だ」と言ったのです。人間のことはヒューマン・ハビングといわず，ヒューマン・ビーイングといいます。21世紀の教育のあり方を，ユネスコは，learning to be においたのです。生涯を賭けて生きることを学ぶということです。だからマーケティングも文化経済学的に考えれば，「市場のための人間」の marketing to have から「人間のための市場」の marketing to be，ハードとソフトを上手にバランスさせた商品作り，製品作りがこれからとても大切になってくるのではないかと思います。

　この関連で，もう1つ経済学部の学生たちに覚えておいてもらいたいのは，desire, needs, wants の関係です。ここでは訳さず英語をそのまま使った方がいいのではないかと思います。どういうことかというと，アリストテレス研究のM・アドラー博士によれば，desire は needs と wants に分かれる。needs は時代，

```
desire（欲望）
  ● needs（必要）……先天的欲望、生まれつきの欲望
                  人間に共通な能力または傾向にもとづいた欲望／欠乏すると
                  苦痛を覚える欲望
  ● wants（欲求）……後天的欲望
→欲しいものは欲しいときだけよく見えるかも知れないが、必要なものはいつでも
本当によいものである。

                 ┌── 生物的ニーズ（生きることの課題）
      人間のニーズ ─┤
                 └── 人間的ニーズ（よりよく生きることの課題／幸福の課題）

                       ┌┄┄┄┄┄┄┄┄ 大切な３つの次元 ┄┄┄┄┄┄┄┄┐
                       ┊ ┌─ 美に対するニーズ ──── 人間：作る者    ┊
                       ┊ ├─ 善・正に対するニーズ ─ 人間：行動する者 ┊
                       ┊ └─ 真に対するニーズ ──── 人間：知識を求める者┊
                       └┄┄┄┄┄┄┄┄┄┄┄┄┄┄┄┄┄┄┄┄┄┄┄┄┄┄┄┘

      [┄┄┄]にいかに気づき、ニーズ充足の技術、方法を身につけ、それを習慣
      にするかが、レジャー教育の問題、自由学芸教育の問題、豊かさとゆとり
      の課題ではないか。また、メセナ活動、フィランソロピィの問題ではない
      のか。

問題点……（例）知識欲と食欲の違い
         食欲……飢えの苦痛を感じる。／知識欲……無知の苦痛を感じない人が
         いる。その場合、いかに対応するか。
```

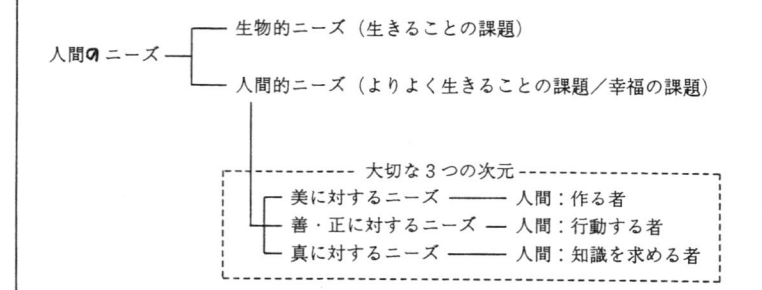

（出所）　下村連・若林彰訳、日本ブリタニカ
図７　M.J.アドラー「みんなのためのアリストテレス」の本の枠組み

社会，民族を超えて人間に先天的に備わった desire である。wants は，自然風土，文化風土，社会風土で後天的に身についた desire である。こういう風に覚えておいて下さい。

　喉が渇く。そうするとエヴィアンが飲みたい，またはこの土地のミネラルウォーターを飲みたい，またコーラやビールを飲みたいと思う。こういうミネラルウォーターやコーラ，ビールなどが wants です。喉が渇く，これが needs です。従って渇きをそのままにすると苦痛になる。needs はそれが欠乏すると，苦痛になるという性格，特徴がある。この needs はさらに，生物的 needs と人間的 needs の二つに分かれる。生物的 needs は，食べる，動く，それから休む

で，どの動物にも共通したことです。

　ところが，人間が自然を離れて人工的な都会で生活していると，過食，運動不足，睡眠不足によるストレス，これが溜まってくる。従って，私たちは都市で生活すると needs でありながら，健康な食習慣，運動習慣，休養習慣を学習によって身につけなければならないのです。健康な生活習慣を身につけた人が邪魔されたときに苦痛になるわけです。その生活習慣が身についていない人は，それが不自然になっても苦痛にならない，これが現代社会の病理です。

　従って健康な生活習慣を身につけさせること自身も，今や健康産業の大きなテーマなんです。しかし，心身が健康であるということは，よりよく生きるための手段です。それで，古代ギリシアでは，人間らしく生きるために真，善，美の価値と関わることを大切にしたのです。人間を他の動物と分ける一番特徴的なことは，美の価値に従って造る，make すること，善の価値に従って行為 (do) すること，それから真なる価値に関わって知る (know) ことです。作る，行為する，知る，この三つが人間を特徴づける三つの性格だとアリストテレスは考えたのです。

　ところが，真，善，美は先天的欲望の needs だといいながら，これに関わらないで，平気な人，苦痛にならないで生きている人が一杯いますね。これはどういうことか。それで，古代ギリシアの人たちは，真，善，美の価値と関わる能力は，needs なんだけれども，それが本能から見放されているために，欠乏（ニーズ）しても苦痛にならないのだ。それを習慣化によって第二の本能にする。つまり習慣にする，そのためにスクールが必要である，こう考えたのです。

　今日的なコンテキストでいえば，レジャー産業というと皆さんはまずパチンコを思い出すかも知れないけれども，レジャーという言葉は元々ラテン語のリセレという言葉からきたんです。レジャーの兄弟の言葉にライセンスがあります。みんなは，能力を身につけた人に与える自由と訳しているわけですよね。そうすると，レジャーとは何かというと，自由時間を充実して生きる人に与える自由，それがスクールで，それが本来の意味だったんです。

　従って，跳ねたり，跳んだり，泳いだりする，これは needs なんです。そしてそれを充足する方法として，山登りがあったり，サッカーがあったり，これが，wants なんです。スポーツの分野で needs と wants を関連づけて習慣化させる，これがレジャー産業の大きな役割です。そういうことを分かってもらえ

れば，それが，marketing to be という意味なのです。

プロスポーツ選手の生活設計を支える環境作り

以前私たちのサークルに，ラグビーの新日鐵釜石の松尾雄治さんが来て話をしてくれたことがあります。「このままでいくと日本のラグビーは out of date になってしまう」。松尾さんは花園ラグビー場が一杯の観客で埋まったというのは，「僕のプレーを見に来ている」ことを実感していました。それは，ラグビー協会のメンバーも含め誰もが知っていたことなのです。ところが，自分がおカネが欲しいというわけではないけれども，その収入の使い道について自分に全く発言権がない。「これはおかしい」と言ったんです。明らかに自分の人気でお客さんが一杯になっている，それにスポンサーがついて放送される，ところが自分に分け前が無かったり，自分の哲学がそこに反映されないのであれば，これはやはりプロ化しなければいけないのではないか，こう考えていたようです。

筑波大学はバレーボールが昔から強くて，去年も強かったんですけれど，サッカーがプロ化したときに，電通に入った私の教え子が，「先生，次にバレーボールをプロ化するにはどうしたらいいでしょうか」ときいてきました。そこで私のところにテレビ局の人たちとか，いろんな人が来て，いかにプロ化するか，ということになったのです。大林素子さん，吉原知子さんという選手と，彼女たちを中心にしてプロ化するコンセプトを造ってくれといわれて，そのコンセプトを造ったんです。ところがそのときには，松平康隆会長に関係者が怒られて説教されて失敗しました。三浦知良さんがイタリアに行ったときの仲介をしたエージェントが私の友人で，大林さんと吉原さんを，イタリアのプロのバレーボール・チームに入れてくれたんです。ところがこの間のオリンピックに向けて彼女たちを戻すためには，日本のクラブに入っていなければならない。そのときに私たちは日本レクリエーション協会の中にプロのクラブを造ろうと思いました。いろいろなスポーツの世界で活躍している人たちがこのクラブに入って，その人たちがJリーグのようにある地域のスポーツ振興を指導したり，プレーもする。バレーに関しては何年間かにわたって出前をするという構想も考えたのです。

三鷹の市長さんが昔バレーボールの選手だったので，三鷹にマルチスポーツのクラブを造って，そこにプロスポーツクラブの選手たちが教えに行って，その中に地域のクラブとしてバレーボールのチームを持つ，それだけでなくゴルフだとか全部造って，三鷹をプロスポーツとレジャー・スポーツの交流の街にしよう，マルチスポーツのセンターにしよう，こういうことを考えたんです。

　実際にその検討に入ったのですが，市長選挙とバッティングして，大きく新聞にすっぱ抜かれ，そのアイデアは頓挫してしまいました。でもよく考えると，この考え方はまだ生きていると思います。つまり，鹿島であれ，浦和であれ，名古屋，横浜であれ，サッカー1チームだけで，サポーターと選手と地域の関係ができるというんでなくて，スポーツ種目がマルチになって，地域と一緒になった方が，はるかにリアリティがある。こういうことをまた皆さんが考えはじめてきたんです。

　そこで一番大切なのはボランティアで働く人たちです。今サッカーのボランティアのサポーターには，鬱憤晴らしみたいなところもあるんですけれども，こうしたらどうでしょうか。今，信州大学経済学部に入っている。第一専攻なわけですけれど，それは人生の7万時間の生涯労働の一割に適応するためのものです。しかし生涯自由時間21万時間の分野のためにその他に4年間にわたって，第2専攻として信州大学のレジャー・マネジメントをとる。そしてその能力でボランティア活動をする。スポーツだけでなく自分はサイトウ・キネン・フェスティバルの音楽のプロデュースや，ボランティアのNPOの活動もする。つまり，生涯自由時間の使い方はいっぱいあるわけだから，その自由時間を人のために使うということは意味のあることです。そのときに，ここ信州大学ならウィンター・スポーツの能力を間違いなく身につけることができる。

　そのことによってスポーツの中心価値が分かれば，それで十分なんです。社会的価値基準からかけ離れていたとしても，個人的なスポーツの喜びは同じなのですから。そのネットワークをどう広げていくか，スポーツの中心価値をどう供給していくか，ボランティア，NPOともいわれているわけですけれど，これからそのサポートの力がなければカルチャー領域はうまく行かないのです。

　ここのところに公益性の高い組織を造ろう。そこに寄付をした企業には税制の優遇措置を与えよう，ボランティアの人も全くタダでやるのではなくて，実

費は貰えるようにする。また可能であればビジネスにしてもよいのです。これが実は文化経済学で池上先生が提起した問題なんです。日本は，公共部門が文化振興に当たる，これだけではまずいのです。受益者負担を重視し，マーケットメカニズム，こういったことも加えて文化振興を図ることが大切なのです。さらに非営利法人を使って所得再分配する。そういう活動エリアを，インターネット時代にどう組織化していくか，スポーツだけでなく，文化諸領域全部に関わっていることなのです。

さらに，選手生活を終えてから，その人たちの能力をリカレント，再開発支援する。彼らが人生80年をハッピーに全うできるように生活設計システムを造る支援をすることも大切なことです。

ついこの間までプロ選手はプロ生活を終えると，飲み屋をやらなければならないとか，根性根性の解説者とか，テレビで恥さらしになるとかということでした。しかし彼らの選手としての体験をどう言語化していくか，そしてその道で食っていけるように支援する，こういう仕事もこれからものすごく重要になってくると思うんです。日本は伝統的に企業と学校を通じてスポーツの振興を図ってきました。しかし欧米は地域でスポーツの振興を図ってきたのです。従って欧米のスポーツマネジメントを勉強してもすぐには日本で役に立たないのです。日本は「企業と学校と地域」と協力しあってスポーツの振興を図る第三の道を探さなければならないと思います。こういうところの人材，ノウハウの開発にぜひ皆さんのような人たちにも参加していただきたいと思います。

スーパースター育成システムと生涯スポーツの振興

今ゴルフ場の会員権の値段はバブルのときの7分の1から10分の1まで下がっています。預託会員権の期間が終わって，メンバーが解約をするから預託した元金を返してくれというと取り付けのような騒ぎが起こるのです。この問題をどうするか，通産省も頭を痛めているところです。私が客観的に調べてみると，7分の1から10分の1というのは明らかに値下がりすぎなんですね。それをさらにマスコミが叩きすぎる。これをどうしたらいいか。今日本からタイガー・ウッズのような選手が一人でも出たら，会員権価格は間違いなく5分の1までは戻ります。ところが，いつまでもジャンボ尾崎1人では効果がないので

す。丸山茂樹さんも非常に魅力ある男だけれど，タイガー・ウッズみたいなああいうグローバルリーダーが育ってこないといけない。どうもプロゴルファーの世界はうまくいっていない。

　タイガー・ウッズのようにスタンフォード大学に受かるぐらいの選手でスーパースターをどうやったら育てることができるのか。私などが思うのは日本のゴルフ練習場を全部，朝5時から7時までは無料で開放する。そこで青少年がゴルフのコーチにレッスンを受けてその向上プロセスをインターネットで全国評価する。毎月性別，年齢別，学校別にランキングづけをして，その評価をインターネット・スクールに出す。次にエリア別にゴルフ場を開放して実際にプレーしたランキングをつくる。優秀な人をアメリカの夏季セミナーであるとか，向こうの高校，大学に留学させる。そうやってスーパースターを育てていく。こういうことも検討してみてはどうかと思っているのです。

　日本はゴルフ場を造ることには一生懸命だった。ところがゴルフ場というのは首都圏の外環で18ホールを造ると今200億円かかります。200億円投資して，1年間に入る収入は10億円しかありません。経済的には採算がとれない。なぜそんなことが今までビジネスになったんだろうか。ゴルフ場は18ホールあっても一日200人しか入れない。一日の1人当たりの売上は2万円で，稼動日を250日とすると，10億円にしかならない。そして，どのゴルフ場も業務提携していないから，規模の利益を出せない。ものすごく贅沢なスポーツなのです。

　なぜゴルフを取り上げたかというと，日本のレジャー産業の市場規模は80兆円あるんですけれども，そのうち30兆円がパチンコなんです。スポーツ市場は5兆円しかありません。その内2.5兆円がゴルフ産業なんです。残りの2.5兆円に日本で出来るあとの399のスポーツが入っています。テニス，サッカー，野球といったマーケット，あとはもうチョボチョボの市場規模です。今，本がとんと売れない状況で日本の出版市場はたった2兆円しかありません。公営競技全部合わせて10兆円。ですから80兆円のうち40兆円がパチンコとギャンブルです。

　現在は「たまたま」の中からスーパースターが出ることになっています。裾野を広げて全体の中からスーパースターをシステム的にどう育て上げるか，これがとても重要な時期に来ているのです。

　皆さんの中で教員の資格をとろうと思っている人がいるかも知れませんが，

教育原理というのをとると，そこで生涯教育というのを教わります。生涯教育というのは，戦後すぐできた概念ですが，これまでどう考えてきたかというと，学校教育を終えてから，公民館，運動場を中心とした社会教育につなげれば，それが生涯教育だという風に考えていたんです。

そしてそのために社会教育主事とか，社会体育主事というライセンスを与えていました。ところが，これではだめだ，時代遅れということに気付いて，文部省の筆頭局が生涯学習局ということになった。通産省の中にも生涯学習振興室というのができました。生涯学習支援を産業としてやってみよう，これがレジャー産業の本来の役割です。

それでは生涯学習とは何か。生涯学習時代の学校教育の役割は何か。どのライフステージにも自由時間がたっぷりあって，人生80年の生涯にわたって自己を学習する能力を身につけることが大切なのです。そして生涯学習の大切なカリキュラムとして生涯スポーツがあるのです。

学校教育を通じてこの能力をいかに身につけさせるか。これが体育の時間のミッションになっています。まだ体育教師というのは体育学部でみんなが嫌いだった体育の種目を教えるのが体育教師なんですけれども，学校教育で教わった種目を自分のレジャー・スポーツとして楽しんでいるのは4～5％しかいないんだそうです。学校で教わるとみんなスポーツ嫌いになる，それで学校で教わらなかったスポーツだけがレジャー・スポーツとして盛んになっているのです。それはいったいなぜか。スポーツの中心価値に動機づけることが日本の場合ものすごく下手なんです。すぐに腕立て伏せ百回，グランド十周回ってこいと，そうなるわけです。これでは動機づける教育はできず，すぐ落ちこぼれになってしまいます。スポーツを芸術文化として動機づけるということをやらないと生活の習慣化ということにはならないと思うんです。

21世紀はますますスポーツ，アウトドアライフの時代です。たとえばRV車とか，今日来ている人の4分の1はスポーツウェアです。衣・食・住・遊の生活文化産業はスポーツを離れて存在できないのです。ところが，国民平均でみると，1日にスポーツを楽しんでいるのは20分以下です。日本人全体でみると1年間8760時間の中で，全く運動していないということです。

現在，スポーツの市場性は小さいんです。一方スポーツ施設環境は巨大な予算を食います。従ってどうマーケットに乗せるかというと，税金を使ってやっ

たのではコストが高すぎるのです。その上にミスマッチが起きているのです。夜6時からやりたいのに，公共のスポーツ施設が全部終わりというのでは問題があります。また朝会社に行く前にスポーツをしようとするとそこは使えない。これをもっと民活にしたらどうか。それにはサービスをアウトソースにして中間の「準公共財」市場を造ったらよい。これにはボランティアという資源をどう活用するかも関係します。そこに文化経済学の発想が必要なのです。

大事なことは，スポーツは絶対やれば楽しい。こんな自然環境に恵まれたところで，是非皆さんはスポーツをもっと好きになってボランティアでいろんな価値をサービスできるようになってもらいたいと思います。

古代ローマでバーナード・ショーのような皮肉屋のユベリナスという人が，「健全な肉体に健全な精神が宿る，なんてことはない」といったそうですが，後世の人が大まじめに「健全な肉体に健全な精神が宿る」ということわざに作りかえたのです。古代ギリシアでは，自分の生命は永遠でありたい。それには美は永遠であるということに関連づけて，生きているときの精神と肉体が，可能な限り一番美しくなければならないと考えました。

スポーツをスポーツだけで考えないで，私たちの文化領域全体で捉えていく，そのことに気づいている人たちはいっぱいいるのです。終わりになりましたが，21世紀，スポーツはライフスタイルの中心になる，そういうことで，これから後の先生方の講義を聞いていただきたいと思います。

第3章・メディアとスポーツ

杉山茂

【略歴】1936年東京生まれ。1959年慶應義塾大学文学部卒業。同年NHK（日本放送協会）にプロデューサー・ディレクターとして入局。以来1998年5月まで39年間にわたりスポーツ番組の企画・制作・取材を担当。オリンピック（冬・夏）取材12回，1988～1992年スポーツ報道センター長，1992～1996年報道局エグゼクティブプロデューサー，1995年から長野オリンピック放送機構へマネジメントディレクター（国際映像制作総責任者）として出向。1998年5月にNHKを退局後，「スポーツプロデューサー」としてスポーツイベントのアドバイザー，コンサルタント，著述を行う一方，1998～2002年日本プロサッカーリーグ（Jリーグ）理事，2000～2002年，2002年FIFAワールドカップ日本組織委員会放送業務局長・国際メディアセンター長を歴任。現在は慶應義塾大学大学院健康マネジメント研究科客員教授（スポーツマネジメント専修），テレビ制作会社㈱エキスプレスエグゼクティブプロデューサー。

映像とスポーツビジネス

　今行われているフランス・ワールドカップのピッチを囲む一つ一つの広告板，全会場に掲出されて大体1社30億円から50億円という値段で取り引きされております。テレビが映し出すことで広告効果が十分あるのです。ワールドカップサッカーはのべ300億人がテレビ観戦するといわれています。水泳大会でもプールサイドに広告板がでているのは別に不思議なことではないんですが，ターンサイド（スタートして50mでおり返す所）だけは看板がない。なぜなら，テレビの中継でその部分は水中カメラを使うために，広告が映らないからなのですね。スポーツを取り囲んでいるスポンサーシップ，コマーシャリズムというのはすべてテレビの映像というものがあって初めてそのようなビジネスが成立するということになります。

　私自身の経験で，今から13年ほど前に水泳の中継をしたときに，ある企業と広告エージェントと，プールサイドで取っ組み合いに近い喧嘩をしたことがあるんです。当時，1985年だったか6年，初めてNHKの水泳中継で水中カメラをたくさん使って，ターンをする所は水面下に切替るために，日頃なら一番映るであろうプールサイドの看板が露出をしなくなった。当然その看板を提供している会社の宣伝部・広告部から何てことだ，我が社だけを映さないのはどういうわけだというふうなクレームがつきました。そんなこと僕らが約束しているわけじゃない，というような一悶着です。それ以来，NHKが水泳の中継をやる時には，大体ターンする15mくらい前から水面下のカメラに切り替えてしまうので，そこの看板がなくなっている。現在では，世界水泳選手権でも同様の制作手法です。スポーツとテレビの関係，日頃いわれるスポーツとコマーシャリズムという関係の一端を知って頂くことになるんではないかと思います。

スポーツとメディアの関係

　スポーツとメディアの関係というのは，近年に発生したことではなく，極めて古くから長い付き合いをしております。1880年代の後半に，アメリカの新聞が大学野球の結果を載せたんですね。アメリカというのはベースボールの発祥の地です。今の大リーグとは違いますがプロフェッショナルなチームもできて

いたわけですが，大学スポーツの結果をある新聞が載せたんですね。そして，その時からアメリカの大学ベースボールはビジネスになったというふうなことが言われております。

　つまり，そのスポーツの結果を報道することによって，それはスポーツの勝負ということと同時に，もはやそれが強いチーム弱いチーム，いい選手面白い選手がいるチーム，そういうふうなことに一般の興味が集められるようになり，大学側はいろいろと手を考えるようになったということなのです。もはやそれはビジネスになったわけです。スポーツというものがもっている同時進行的なこと，あるいはそれの決着の興味，そういった報道性というものは，マスコミ・メディアにとりましては実に素敵なソフト，素敵な付き合いができるものだということになるのではないかと思います。

　イギリスの場合は，古くからスポーツ新聞というものがあって，競馬の結果を出すということをしていた。イギリスのスポーツの場合には，いわゆるアマチュア，余暇に時間を持っている人間がたしなみとしてスポーツをやるというところで発展して参りましたから，勝負などということに対しましてはあまり大きな意味は無かった。そこへいくと，競馬は賭け事ですから，どっちが勝ったということへの興味が大きい。ある貴族が，素晴らしい馬を買った，きっとあの馬はすごく速いだろうといったような，馬に対する関心，情報とかそういうのももちろんあったかもしれません。ギャンブルを伝えていたスポーツ新聞がやがて多くの，例えばクリケットの結果を伝え，サッカーの結果を伝えるようになる。そこから，スポーツとマスコミの付き合いになってくるんですね。

日本のスポーツ

　これは何もアメリカやイギリスだけの話ではないです。日本も当然のことながら，そういうような経過をたどるわけなのです。日本のスポーツというのは，武道にベースがあって，エンジョイするとかそういったこととは縁遠かったわけですね。やはり精神修養の一角でしたから，スポーツというものが，なかなか楽しみごとの一つにはなりませんでした。スポーツの源流は「遊び」などというと今でも顔をしかめる人が少なくない。しかしながら，スポーツの持っている面白さ，体を動かすことの面白さ，そしてそこにまつわってくる様々な勝

負，優劣というものは，当然のことながら，多くの人たちが興味を抱く対象になってきました。そこが，またマスコミとの接点になってきます。

そして，この1900年代に入って，初めてメディアとスポーツの接点が生まれます。当時の日本の代表的なジャーナリズムであった時事新報が，上野の不忍池を12時間走ると何周できるかというのを後援して翌日の新聞に出した。その成果を伝え聞いた大阪の毎日新聞社が同じような企画をする。さらに日本の組織的な駅伝のはじめと言われる，1917年の読売新聞による東海道五十三次駅伝というのが開かれます。それの名残りがいま箱根駅伝とか，駅伝と名の付くスポーツに残るわけです。企画当初は「マラソンリレー」とされていたといいます。

長野県も，中央線が岡谷まで開通したときに，諏訪湖1周スケート大会というのを，南信日日という新聞が後援してやっているわけですね。1909年2月の話です。これはもちろん諏訪湖を1周するスピードというか体力を争う，時間を争うという興味と同時に，ごく一部の地域の方達だけのスケート場だったものが，そういう催しがメディアに取り上げられたことによって，それから何年もの歴史を築き，諏訪湖という場所が日本のスピードスケートあるいはスケーティングというものに対して非常に大きな位置を占めるきっかけになったというふうに思います。

野球

そういったマスコミ，当時の活字メディアとスポーツというものの関係の中で，もっとも象徴的な，全国的なことになったのは1915年大阪の朝日新聞が考案した全国中学野球ですね。現在の甲子園大会の前身がスタートするわけです。これは世の中の野球熱をあおると同時に，スポーツイベントが朝日新聞という一つのマスコミを全国的にする，非常に大きな素材になることが発見されるわけですね。それを追って先程言った読売新聞系の駅伝ができたり，あるいは毎日新聞による中学野球の選抜大会，都市対抗野球などといったようなものも作られます。大阪の毎日新聞社というのは，いわゆるアマチュアのスポーツ，一般のスポーツに対して非常に支援の手を差し伸べました。

例えば，やはりこれも大正年代（1918年）にフットボール選手権をやっているんですが，これもサッカーとラグビー，この2つの大会をプランニングする。

毎日新聞社の姿勢というのは，これからの日本にとって大きな文化の柱になっていくというものの一つにスポーツを据え置いて，そういうふうな姿勢を示したんだろうと思います。ですから当初，新聞社はスポーツを育てる視点でした。それがやがて読売や名古屋の中日がプロ野球チームを持ち，よいか悪いかは別にしてスポーツを提供するというより強い立場になる。毎日も球団を持った時代があります。

ラジオの登場とスポーツ

そういったようなことが，マスコミ，メディアとスポーツの初期，あえて1800年代終盤から1900年代の前半までを初期というふうにいえば，そういう時期だったわけですが，そこに1925年，ラジオというものが登場するわけです。そうすると，新聞というのはどんなに頑張ったところで1日遅れとか10時間遅れとか，そこに時差ができるわけですね。ラジオという無線，空中波を使うことになれば同時進行になっていくわけです。それによって東京6大学野球であるとか相撲であるとか，また，アメリカでは大リーグ，イングランドではサッカー，競馬といったようなものが，新しいファンを開拓していくことになるわけです。

そのラジオの登場の時に，アメリカも，イギリスあるいはヨーロッパでも，日本でも，ラジオの放送をやるときに必ず，主催者側は，ナマの中継，実況をやると現場にお客が来なくなってしまう，つまり，会場まで行かなくても結果がわかる，同時進行で経過が分かると行かなくてもいいじゃないかということになると心配したということです。しかしながら，アメリカでは，シンシナティのプロ野球のオーナーが，決してそうではない，アナウンサーの名文句と美文にのってベースボールが伝えられれば，新しいファンがきっとスタジアムに行く興味を持つんじゃないか，ということで，それまではラジオの中継などはいらないと言っていたニューヨークやボストンのプロ野球のオーナー達に先行して，シンシナティで初めてラジオの大リーグ中継をOKします。そして新しいお客を開拓するということになるわけです。

この時に，お客が減るといけないのなら幾ばくかの補償を払いなよ，ということでそのオーナーが放送局にお金を払う，それがいわゆる放送権料の始まりだといわれております。もっと細かく捜し求めていくとそれより古い放送権料

というのは，きっとあると思いますが，僕が聞いた範囲の中で一番古いのが，この話です。1920年くらいだったと思うんですが，シンシナティのアメリカ・プロ野球です。それが後々，今回お話し申し上げる巨大スポーツ産業へのスタートになるということになります。

　日本も，1927年夏，NHK大阪が全国中学野球を取り上げますが，この時にもやはり，ラジオがあると暑い中誰も来なくなるとの反対があったといわれます。さらに，大相撲も，ラジオで今日の結果を言ってしまったら，もうつまんないじゃないかというような新聞界の抵抗があったといわれます。それから，興行的な心配もあったかもしれません。これは僕の個人的なものの言い方ですが，もうその時から，放送メディアと活字メディアというものは若干対立があったのではないかという気がするわけです。ラジオの放送をやることによって結果が出てしまって，翌日の新聞がどれだけ面白いかというようなことになるという，これは，歴史的に，あるいは学問的に裏付けられていることではありませんが，僕が様々なスポーツイベントに絡み合った中でも，電波メディアと活字メディアというものは常にぶつかるのです。

　ただ皆さんの中には，将来，活字メディアでお仕事をなさろうという方もいらっしゃるのかもしれませんが，私は電波メディアがスポーツを取り上げることによって，活字メディアのスポーツというもののビジネスがドロップしたというふうにはちっとも思っておりません。むしろ，テレビ，あるいは電波メディアが，騒ぎ立てあおりたてることで，別の活字メディアの生きていく道，開いた道というものは非常に多いということが，むしろ言えるのではないかと思います。

スポーツ新聞

　話が外れてしまいましたけれども，日本にはスポーツ新聞というのはたくさんありますけれども，なかなかスポーツの情報だけでは売れない。今，ワールドカップでテレビも活字メディアも大きなスペースをさいていますが，スポーツ新聞が記録的に売れた日というのは，ほとんどスポーツではないわけですね。スポーツ新聞がスポーツ以外のニュースで売れるのではないかということになったのは，もう少々古くなりますが80年代前半に起きた，保険金を巡るロサン

ゼルス疑惑というのがきっかけだったように思います。

　近いところで，爆発的にスポーツ新聞が売れたのが，貴乃花と宮沢りえの婚約騒ぎです。人気力士と宮沢りえとのペアリングの面白さ，興味，そういったことでスポーツ新聞が記録的に売れた。そこから，スポーツ新聞の芸能路線というものも，ますます強くなっていくわけです。そこから，次に長嶋監督のプロ野球復帰というのも，スポーツ新聞そのものを潤す1つのきっかけにはなります。

　Jリーグの川淵氏がまいた一つの種，いわゆるサッカーによる日本列島スポーツ改造論というのは，まさしく時代に先行した新しい視点であり，スポーツ哲学であり，スポーツ理念だと私は思うんです。ベースボールの方では，日本の伝統的なベースボールの歴史はそう簡単には崩れないよ，というふうには言っておりましたが，やはりJリーグ，あるいは日本のサッカーの一つの勢いというのは，ベースボールの関係者に極めて大きなインパクト，1つの転換期を示唆するものであったことは，私は間違いないと思っております。

　長嶋茂雄氏はカムバックしたときに，私はジャイアンツに戻ってきたのではなく，ベースボールの世界に戻ってきたとセリフを吐いているわけですね。タイミングのいい，マスコミ受けをするナガシマ語というのが面白い人だけれども，ベースボールの世界に戻ってきたと言ったのは，まさしくサッカー熱というもののベースボールへの見えない侵略といいましょうか，それへの危機感があったのです。もちろん，1人の監督の力や知名度によってプロ野球が支えられたり，日本のベースボールが息を吹き返すということになれば，ベースボールの基盤というものが実は極めて低くて薄いということになりますが，この長嶋監督のジャイアンツ復帰というのは，スポーツ新聞を久々にベースボールで売れさせるきっかけになりました。その長嶋監督が，最初のドラフトで松井を抽選で引き当てるに至りましては，もはやスポーツ新聞は狂喜乱舞となりました。久々にスポーツ新聞がスポーツで売れたわけです。そのあと，スポーツ新聞が何で売れたかといいますと，ちょっと話が暗くて申し訳ありませんが，実はオウムですね。そして，松田聖子復活ということになるわけです。

　そうやって，ロサンゼルス疑惑から松田聖子まで考えますと，スポーツというものがマスコミと蜜月であるとはいいながら，なかなかスポーツというものだけでは日本の活字ジャーナリズムの上では，爆発的な興味を持たせるところ

にはいかない，ということになるかも知れません。芸能路線みたいなものにスポーツはかなわない。新聞が書き立てると，その次に映像で見たくなる，そうやって映像と活字をいったりきたりしているわけですね。それが，スポーツ報道の芸能化ということにもなっていくのかもしれません。ちなみに芸能面を大々的に持つスポーツ新聞は，日本と韓国ぐらいです。

　日本のようにこれほどスポーツ新聞があるという国も世界にはないわけで，外国に行って日刊のスポーツ新聞を買うなんてことは，よほどその知識を持たないと，新聞スタンドでは見つけられないわけですね。そのかわり外国には大衆紙というものがあるわけですが，そういったようなことと一緒に考える独特のスポーツ文化，スポーツジャーナリズムを形成しているということになります。

テレビの発達

　話を元に戻しますと，'そうした活字メディアとかラジオメディアとのスポーツの兼ね合いが更に急激な変化を致しましたのは，テレビの発達，進化といいましょうか，そこにあります。テレビは，これまた歴史的に遡っていきますと，1936年にベルリンでオリンピックが開かれているわけですが，その時既に，ヒトラーが，世界的にオリンピックを見せるということと同時に，我がドイツの文明，科学というものを示そうということで，わずか1台のカメラを陸上競技場にいれるということを成功させています。世界に先駆けて1936年，今から60年も前に，テレビというものがオリンピックを報じたということは，記録的な，歴史的なことだろうと思います。

　今日お集まりの若い皆さん方は，この世に生を受けられたときに既にテレビがあった方が大半だろうと思いますが，テレビのなかった時代というのは当然あるわけですね。日本で言えば1950年代，昭和28，9年までテレビというものはないわけですから，まだ50年たっていないわけですが，テレビの出現によりまして，何が一番ヒットしたかといいますと，これはスポーツなわけです。

　現在，テレビの世界というのは，どういう形で生き残るのかということで非常にいろいろなことが言われております。そのなかで，まず不変であろうといわれているのが，ニュース，そしてスポーツです。それから映画がありますが，

昔は映画というものがテレビのソフトの中でニュース，スポーツに続いて極めて重大なソフトだというふうにいわれておりましたが，今は若干，映画産業側がテレビを使うということに関しては，家庭における録画装置の普及や有料テレビの重視だとかで流れは変わってきています。
　スポーツに話を戻しますと，スポーツがテレビと共に生き生きとし始めたのは，互いが持っている同時性と映像性によるものです。先程申しましたように，新聞というのは翌日か翌々日ってことになりますね。ラジオというのは速報性はあるわけですけれども，そこの描写というのはアナウンサーにまかせた世界です。ところが，テレビというものは，同時にスポーツを見せ，そして，それを視覚に訴えていくという抜群の面白さがあるわけです。
　ところで長い間，スポーツ番組のプロデューサーをやっておりまして，圧倒的に世の中から私たちにクレームがくるのは，アナウンサーと解説者に対するものです。あのアナウンサー下手だの，一方に味方しているだの，解説者が何にも知らない，とかそういったたぐいのものが圧倒的に多いわけです。皆さん見てらっしゃる方が，一人一人即評論家であり，ファンであり，サポーターであり，愛好者であるというようなことです。テレビが一層スポーツを"大衆化"させ，"家庭化"させました。スポーツのもっている同時性，映像性，これほど見事にマッチングしたソフトというものはテレビ側にもないわけです。それが，スポーツというものを広める，あるいはスポーツというものが家庭に入り込むということになっていくわけです。
　どちらかというと，日本のスポーツというのは，男性上位，男性優位であったと私は思います。あの川淵三郎氏をもってしても，チェアマンと名乗るわけですね。今日もたくさん女性がいますが，いずれ彼にもチェアパーソンと言って欲しいと思っています。そのように，男性優位できたスポーツが，テレビによりまして女性もスポーツに興味を持つということになります。アメリカのABCというネットワークは，女性をスポーツ場に誘い込む手段というのを，非常に考えたテレビ局です。ファッショナブルで，食事が美味しそうで，楽しそうで，スタジアムが綺麗だ，この４つを，ベースボールやフットボールの試合の合間に映し出すわけです。一説には，女性を誘い出すためにモデルをスタンドの中に入れて，楽しそうじゃないかと思わせたという話さえあります。そのように，テレビのスポーツというものは，ラジオ時代，新聞時代と違いまし

て，スポーツというものを皆様方の生活の中に身近に溶け込ませるための手段としても非常に有効だったわけです。

メディアがスポーツを変える

　ここまでは実はバラ色の話です。スポーツとテレビメディアというものが，極めて仲良く互いに寄添いながら健全に発達したように思うわけですが，これが，だんだんと様相を変えております。それは，テレビの持っている媒体手段，伝達手段というものが，スポーツというものの名を借りて別の様々なメリットを打ち出すということなのです。それが，冒頭申しましたワールドカップのスポンサー料が1社30億円とも50億円ともいわれることです。

　その間に入りました広告代理店あるいはエージェントが，確実にテレビの画像でカウントして，その"成果"をスポンサーの宣伝部に伝えるわけです。お宅様に50億円出して頂きましたが，昨日あなたの社の看板は8分映りましたよ，しかも昨日の試合はおそらく世界中で5億人見てますよ，という言い方をする。スポーツとテレビというものが蜜月になればなるほど，そのようなことになっていくわけです。

　先程申上げました，私が必死になって水泳を中継しておりました頃は，そこにかかってくる反響・関心はやはり全て勝負でした。ですから，水泳の中継が終わると，20年くらい前までは，彼や彼女の泳ぎがどうのこうのって解説者が言っているけれども，といった技術的な反応が多かった。それが，だんだん様相を変えていく。昨日の4コースを泳いだあの子が着ていた水着はどこで売ってましょうかってことになるわけですね。つまり，スポーツが，テレビというものに進出したことによって，アクセサリーの部分に目が移り始めていくということです。

　同時にそのファッションを，スポーツの中で宣伝していくという別の狙いが出てまいりました。それと一番密接につながっているのは愛好型スポーツです。大型のラケットというのが売り出されたときに，トッププレーヤーが使ったことによって，デカラケという品がいっぺんに広がるわけですね。そうすると，なかなかボールに当てることができなかったミセスが，ああいうふうに大きいんだからひょっとしたら私も当たるかもしれないと言って，デカラケを求める

ということになるわけです。デカラケそのものを使うのは，ウィンブルドンであり，全米オープンであり，超一流プレーヤーであっても，テレビによってそれが大衆商品化し人気商品になるのです。テレビ画面はメーカーの戦場とも化しました。

　今をときめくナイキもそうですね。トップクラスはナイキ時代の先鋭みたいなことになっています。昔ナイキのシューズは二足買うことが流行だったんですね。1足はいて，1足家に置いておいて，箱の中に1足土のついていないナイキを持ってるといった非常にマニアックなシューズでした。レインボーカラーのナイキ産は，アメリカでしか売っていないというので，アメリカまで買いに行くというようなそういうクレイジーなマニアもいた。それが，一流選手の常用を媒体にして一般的になってきた。いまやナイキの上陸ぶりはすさまじいですね。

　一方，伝統的なアディダスというシューズがあります。今はヨーロッパのアディダス，アメリカのナイキに日本のミズノなどがからむ展開です。今回の長野オリンピックのアイスホッケーのユニフォームは全てナイキですね。模様と国のカラーだけ違う。全てはナイキが用意をする。ですから，あのプロフェッショナルのアイスホッケーの連中は，自分のスケート靴だけを持って長野へ来たわけです，ユニフォームはナイキが作って置いてあるわけです。今はそういう時代ですね。

　日本でもバドミントンなどがそうです。バドミントンは，インターハイにでるくらい強いチームだとユニフォームはメーカーが用意します。ですから全チーム同じムードで，カラーが違うだけです。このような傾向は全てと申上げてもいいと思うほど，テレビとスポーツが関わり合ってから，できたんだろうと思います。つまり，スポーツ自体の持っている映像性，同時性という機能を持ったテレビというもの以上にスポーツと上手く合うものはないわけですね。それによって，テレビ映りがいいかどうか，テレビのお気に召すことがいいかどうかがそのスポーツの消長を握るということになるわけです。テレビがルールを変えるといわれるのは，このあたりを指すものです。

　イングランド系のスポーツは，ラグビーをやるにしても，サッカーをやるにしても，今日はあなたの家のボールでやろうよ，明日は私の家からボールを持ってくるよというのが，原点でした。ですから，ヨーロッパのスポーツという

のはボールは1つでした。ファウルボールがスタンドに入ってすぐ次の新しいボールが出てくるというのは，アメリカの物量文化の象徴かもしれません。イングランドのスポーツは，そういう発生がありますから，ワンボールの精神というのがありました。ところが，そんなことでは競技をやっている時間が短いじゃないか，ということになる。45分のサッカーのうちプレーは何分やっているんだ，遠くに蹴り出されていったボールが戻ってくるまでに，他のチャンネルに切り替えられちゃうじゃないか，ということになる。ですから今は，マルチボールですよね。これはテレビというものを意識した，新たなルールの"精神"です。

カラーテレビになって，純白というものを売り物にしたテニスでも色付きがすべてOKになりました。今は黄色のボールで，コスチュームも白ではなくていいということになりましたね。選手そのものを媒体にしようということから，その選手のユニフォームに広告をいれて良いということにもなるわけです。ジミー・コナーズがウィンブルドンに初めて右袖と左袖にマクドナルドのMという字を付けて出てきたときには，さすがのプロテニス界もびっくりしたそうです。純白からカラフルな広告塔になっていくということなのですね。

そのユニフォームというものも広告スペースだと考えたものに，実はサッカーがあるわけで，Jリーグはそれを適用しているわけです。球団経営ではなくて，ユニフォームというところが企業の参加できる広告スペースだというふうな考え方です。企業も自社にスポーツチームを持つより，スポーツ界や大会を支援する時代なのです。

スポーツがメディアそのものとなった時代

そのようにマスコミとあるいはメディアとスポーツというものが，いろいろなかたちでつなぎあわされて現在まできているわけです。メディアと通常言いますのは，新聞雑誌であり写真であり，ラジオ，テレビであったわけですが，今やスポーツそのものが私はメディアだというふうに思っています。スポーツそのものが持っている媒体能力ですね。気の利いた水着を着たシンクロナイズドのスイマーがいれば，あの水着を買いたい，こういうテニスのラケットを使いたい，ああいうホッケーのユニフォームを着たい，というようなことです。

長野のオリンピックで日本選手団の着たブルゾンが，爆発的な人気を得たというふうに言われますね。センスが良かったのか，そこらあたりは，若い皆さん方の感覚の問題ですけれども，少なくとも，清水宏保や里谷多恵がモデルの役を務めたことは間違いないと思います。彼ら彼女らが，テレビに着て登場しなければ，あのブルゾンが格好いいということにはならなかったように思います。
　もちろん，その他にも媒体・露出というものはたくさんあるわけですけれども，そういったテレビとスポーツというものが深まりあえば深まりあうほど，スポーツというものにも大きな変化がでてくる，これは，時事新報が不忍池の１周駅伝をやったり，南信日日が諏訪湖の１周スケートをやった頃の，マスコミとスポーツということからすれば，全く想像を絶する時代に突入しているということになります。それが，スポーツというものが単なる体育・スポーツ・遊戯といったようなものから，今やスポーツそのものが極めて大きな産業の中に位置づけられているということにつながってくると思います。
　ところが日本のスポーツというのは，スポーツをマーケティングとして考える，スポーツをビジネスにしようなどということは，全くなかった。むしろ，日本におけるスポーツというものを武道的に捉え，スポーツをやっている子は礼儀が正しいであるとか，スポーツをやっている人間はきちんとしているとか，そういうようなことでアピールしました。もちろん，それもあるかもしれません。アントラーズを鹿島に持ったために，暴走族が鹿島にはいなくなったという話がまことしやかに伝わってきます。若者というのはオートバイであろうがサッカーであろうが，何か自分のやりたいときに注ぎ込んで爆発するものを絶えず捜し求めるもので，本来スポーツというのは，そういう楽しくて爆発的な，エネルギッシュなもので，それを教育というようなものの範疇に，あるいは礼儀というものの中に入れ込みすぎた。僕は入れちゃいけないとは申し上げませんが，入れ込みすぎたということは，日本のスポーツというものを非常に狭くした。まして，娯楽視したりスポーツをビジネスとして考えるとか，スポーツをマーケティングするなどということに対しては，日本は全く不毛のままで来てしまったというふうに思うわけです。
　それでいながら，高校野球というのは大人の世界です。1997年からついに開会式を高校生がアナウンスするようになって，高校野球というのが，高校生の

手に戻ってきたというふうに思います。飛躍した言い方かもしれませんが，野球に限らず高校生が汗を滴らし，青春をかけるというものは，本当はテレビスポーツのビジネスにはなり得ない，若者達が若者同士で試合をやっているということが最善でビジネスにしてはならないと私は思うんです。

　エンターテインメント性が強く，皆さん方の余暇を楽しませる，そういう内容こそ私は「テレビスポーツ」だと思います。高校野球への関心の高さが，教育的な部分が強調されての，あるいは強調されすぎての支持であるということが日本のスポーツの脆弱さであると私は思うんです。日本のスポーツはまだ完全な娯楽産業になっていないということです。若手のミュージシャンやグループに日本のスポーツマンが束になっても，かなわないということですね。

　もっとも，娯楽産業としてスポーツというものを高めるのに一体どうするかということになると，これまた様々な問題があります。トップレベルの質の向上とともに川淵氏が言うようにこれからのサッカー場というのは，プレーには豊かな芝生を整え，見る側は楽しくなければいけない，美味しいものも売るようにする。朝からファミリーで行って楽しめるようなスポーツ場，そこでひいきのチームが勝ってくれたら，これは言うこと無いわけですから，そういったアダルトなムードのスポーツ産業というものに行くべきだと私も思っております。そうなれば，スポーツ産業の前途といいましょうか，これからますます販路が開けてくるということになります。

　あるスポーツメーカーの人の話ですが，スポーツメーカーはこぞってニュータイプを出していくわけですね，スポーツシューズ，ラケット，バット，グラブであるとか用具，そして，それを誰が一番買うかといったら，これは，7，8年前のデータですが，中学生なのです。親が，全国大会に出られたら買ってあげるよというようなご褒美に非常に高級なスポーツ用品があるということなのですね。ですからナショナルプレイヤー，日本を代表するようなプレイヤーが使っているものを，中学生が使っている。大学生や社会人は，親というスポンサーから離れてくるからもう使っていられないわけです。申しあげたいのは，そういうようなことではなくて，大人の世界の中でスポーツというものが，ほかの音楽などの文化と並んで人々の生活に大きく組みこまれ，もっともっと身近になるということになれば，私はスポーツというものは日本でもビジネスになっていくというふうにいえると思います。

スポーツ産業と称するものは，ラケット屋さん，ボールメーカーとか，シューズメーカーといったようなものだけのものではないと私は思います。先程言いましたように，そのスポーツという場を借りまして，様々な展開がある。例えばフィルム会社の競争というものは大変なものがあります。富士フィルムとコダックというのは，あらゆるスーパーイベントで衝突をしています。それは，スポーツでの宣伝に巨額をいとわないということになります。清涼飲料水の世界では，圧倒的にコカコーラがスポーツ界を制しておりますが，ペプシコーラのこの面でのファイティング・スピリットは，ほとんど衰えていませんね。そういったように，家庭に入り込むもの，皆様方の一般のものの中に入り込むものの競争というのは，スポーツの場を通しても火花を散らしています。

　長野のオリンピックの間に，長野市内にいらした方もたくさんあろうかと思いますが，市内のバスはほとんどスポンサーによって借りきられましたね。全部，車体がスポンサーの宣伝であったことがご記憶に新しいかと思います。VISAカードというバスが走ってきて，お婆さんが私はあんなバスに乗るんじゃないよ，違うバスだって待ち続けたという話が面白おかしく伝えられましたが，そのように，様相が一変致しました。ミズノというスポーツメーカーは，巨額を出して長野駅のパチンコ屋さんを，1ヶ月間借り切りました。パチンコ屋さんの売上げをしのぐお金で，あそこでショップをだしたわけですが，その翌日からミズノが売れたわけではありません。ミズノというものをそのようなかたちで，印象づけるということですね。VISAもミズノもオリンピックスポンサーとしての特権でそうしたことができるのも現代です。スポーツ産業界はスポーツだけをターゲットにせずスポーツを通じてもっと巨大な展開を試みているのです。

テレビがスポーツに果たした功罪とは

　スポーツというものは，メディアを通して様々な発達をし，ついにテレビという同時進行の映像型のメディアを掴んだことによって，爆発的なものになりましたが，スポーツ自体もいつのまにかメディアになり，スポーツそのものの媒体ということが極めて貴重な存在になってきたということをお分かりいただけたでしょうか。

そうやって考えますと，当然のことながら，競技者たちに旧タイプのアマチュアリズムというものはなくなります。アマチュアリズムという言葉は，オリンピックの規約・憲章からは1974年に姿を消しております。日本ではこの言葉を非常に長く使いましたが，今やトップレベルにもはやアマチュアは存在しないわけですね。存在しないというより，アマチュアではやっていけないということになるわけです。

　長野のオリンピックで言えば，男子滑降というものは，氷河の上を走るというのが，いまやそのセッティングですよね。雪の上を滑っていくなんて面白くない，氷の上，氷結させた上で競うようなスポーツになってきた。あれでは，スノースポーツではなくアイススポーツになりかねませんね。そういうふうに，スポーツというのはどんどん研ぎ澄まされていくわけです。

　100m競走で10秒0などといったようなことでレースが終わると，ほとんどの方がため息をつく。何だ今日は9秒台出なかったのか，となります。でも考えてください，10mを1秒足らずで走るなんてことは人間業じゃないわけですよ。9秒8で走るなんてことは，考えられないわけですね。しかし，求められるレベルというものは，そういうふうになってきた。そしたら，そこに何が発生するか。人体を改造してまで，9秒8に挑むか9秒7に挑むか，ドーピングという問題が起きるのもそこに遠因があります。

　ドーピングの歴史というのは戦前から始まっていますから，もう既に上位のスポーツマンと薬の関係というのは前からあるわけですけれども，それが近年はごくごく当たり前になってきている。私は薬に頼った方が体の治りが早いとかそういったようなことに対しては，あまり別に罪悪ではないと思いますし，競技中に水を飲むのも，今や常識的な風景です。テーピングの発達も目覚ましいですね。

　ドーピングは，Aという薬の効果があったら，そのAを消す薬があるわけですね。ソウルオリンピックのジョンソンは金メダルを取り上げられましたが，消去の処方の失敗だとさえいわれました。検査した日に反応しなければいいわけですから，追っかけごっこです。そして，次第に肉体を食いばむことになり，フェアであるべきスポーツを邪道に誘いました。ドーピングはスポーツのルール違反というより社会の倫理へ背くものです。私はテレビで育った人間ですから，その全てがテレビ側のスポーツに犯した罪だとはなかなか言いにくいこと

ですが，やはりスポーツがテレビというものでどんどんレベルアップして超高度化させた，求めるものが次々と極まっていったということが一因になったのは否めないと思います。

つい先日，アメリカのスポーツ業界のレポートで，今はテニスにしても，ゴルフにしても極めて飛ぶクラブというのが非常に売れているといいますね。少々力がなくても飛んでいく。飛んでいく面白さの次に，嗜みというか楽しみでやっていたゴルフが勝負というものに流れていくのは当たり前ですよね。昨日まではもう飛ばないと思っていたのが，飛ぶクラブを使うことによって，今度はアイツに勝とうということになってくるわけです。

それを薬ということに結びつけたり，プロフェッショナリズムということに結びつけていくのは，少々無理があるにせよ，スポーツがテレビとの蜜月ということで様相を変えてきたということは，お分かりいただけたと思います。

ルパート・マードックのメディア戦略

テレビというのは現在，NHKから民放各局そしてローカル放送局，衛星放送などになるわけですが，長野の場合には山岳地帯を抱えていることからケーブルテレビというのが非常に発達が早かったというふうに聞いております。通信衛星を使ったテレビというのが，今後の非常に大きなテレビ界の勢力になってくるというふうに言われております。それが，いわゆる100とか200チャンネル構想を飛び越えて，場合によっては500チャンネルなどというふうに言われる，新しい時代のテレビメディアの話として伝えられるし，これを放送界のビッグバンというふうに言われるケースもあります。

なぜかといいますと，これまで日本の放送界，テレビ・ラジオ界というのは，そこに資本投下している人たちがほとんどジャーナリズム，例えば，地元の新聞社であるとか全国的な新聞社ということでした。日本のキーステーションと新聞社の系列関係というのは皆様方既にご承知だと思いますが，それが，そういったことではなく，一般の企業もテレビ放送会社というものを経営できるという時代になってきているわけです。プログラム（番組）をジャンル別にした供給会社も次々と発足しています。

アメリカでは長く，ABCとNBCとCBSという3大ネットワークの時代と

言われておりました。CBS というのは，長野のオリンピックで善光寺にスタジオを建てたので，一躍皆様方にも身近になったというか，度肝を抜かれたという存在でしょう，その3大ネットワークは，ABC がディズニーに買収されるということになり，その他の2つのネットワークも NBC は10年以上も前にゼネラルモーターズに，CBS も親会社はウェスティングハウスという電気会社に買収されるようなことにもうなってるわけですね。そして，1986年新たな勢力として，20世紀 FOX を買収した FOX というテレビができておりまして，いまやその4大ネットワーク全てが，売り物をニュースとスポーツにおいております。

アメリカのスポーツ市場では，プロフットボールの放映権料が8年契約とはいえ2兆円を越すなどと凄まじいことになっています。オーストラリアで生まれたルパート・マードックというメディア王がいます。彼は，オーストラリアで新聞社を経営した後，イギリスの新聞を片っ端から買収して一躍有名になるわけですが，その人が FOX テレビを作ったわけです。そしてまず真っ先に，アメリカンフットボールの放映権を自分のテレビ会社に，まさしく略奪という言葉がふさわしいような買い方をして手に入れたのが暴騰のきっかけです。

今申し上げたアメリカのプロフットボールの放映権というのは，ABC と CBS と FOX だけが持っている。そうすると，残った NBC は何をやるかというと，2000年代に新しいプロフットボールリーグを作るということを打ち出したわけです。もうちょっと分かりやすくすると，セ・リーグ，パ・リーグというものをどこかのテレビ局が完全に押さえ込む，どうしても自分の会社でプロ野球の放送をしたい時に，新しいニュージャパンリーグというのを作ってしまうということですね。

では，アメリカだけかといいますと，このマードック氏が最初に手をつけたのが，イングランドのサッカーなのですね。イングランドのサッカーというのは，サッカーファンの方ならご承知かもしれませんが，100くらい，正式には98クラブが1部から4部までを形成しているわけですが，人気チームだけで別のリーグを作っちゃおうじゃないかという動きが起きた。あわてた協会がプレミアリーグというのを作るのですが，マードック氏がそこに乗り込む。そのテレビ会社が B Sky B というんですが，最初の B がブリテッシュ，Sky が空，そして最後が放送衛星という意味ですね。そして，イギリスのプレミアリーグ

は，今，国際的なサッカーファンの圧倒的な支持を得る人気リーグになりました。それがヨーロッパサッカービジネスを巨大化させ，ワールドカップの放送権料高騰の引き金にもなっています。

　ルパート・マードック氏が，ロサンゼルス・ドジャースを買って野茂を放出してしまったのは，皆さん方も御存知ですよね。やはり，彼はドジャースを買ったことによって，西海岸でワールドシリーズを制覇しようという。それには30歳に近くなってきた日本人のピッチャーに頼っていられないというドライなものの考え方です。野茂のすごさ，健気さとか，野茂のやった功績とかは，全然別です。そういうプロスポーツビジネスの冷たさ非情さ，あるいはドライさ厳しさというものは，まだ日本にはないといってよいですね。同時に，ルパート・マードックは，ロサンゼルスに本拠を持ちますアイスホッケーとバスケットボールのチームも買収致しました。ロサンゼルスのスポーツというのはマードック色1色になるということになろうかと思います。

　マードック氏は日本のスポーツには買収の方向を示しておりませんが，──これは冗談ですから聞き逃してください──二子山部屋買っちゃう，マードック部屋にしてしまおう，そういう発想ですね。話はそれますが，日本の放送界は長野でもそうでしたが，高騰への対策としてオリンピックの放送権を民放全局とNHKで合同した組織（コンソーシアム）をつくり，そこが購入します。マードックや外国人にこの考え方が理解されない時がある。「カルテル」とか「地下協定」とかいわれます。

　私がここで申し上げたいのは，放送とスポーツの関係は凄まじいものです，放送の中でスポーツが無かったら見ないよということではなく，メディアのなかで放送，テレビというものの中でスポーツというものが，投資価値があり媒体価値があるということです。

　マードック氏の進出によりまして変革した一番顕著な例が，アマチュアリズムの権化と言われておりましたラグビー選手のプロ化です。ラグビーというのは，もともとアマチュアリズムに浸りたい人だけがやっているのが15人制ラグビーで，ラグビーで稼ぎたいという人は13人制のラグビーでやっていたということの知識はお持ちのことと思います。マードック氏は15人制のスターを13人制に引き抜きまして，15人制ラグビー側もプロ化に進むわけですね。日本のラグビーのチームにぞくぞくとトップスターが来て，オールジャパンの中に7人

外国人が入ったというような新しい流れができております，これはプロ化と関係なくラグビーの伝統的な発想ですね。他のスポーツは，その国の国籍を持たなければその国の代表になれませんが，ラグビーだけは，その国の協会に登録していればその国の代表になることができます。したがいまして，15人全部が外国人でもいっこうに構わないわけですね。過去と違うのはコマーシャリズムのカラーがそれを後押ししていることです。

　イギリスのスポーツというのは，常に開放的です。プロとアマと一緒にして世界一のテニスの選手を決めようといったのは，アメリカではありません。1968年のウィンブルドンですね。アマチュアリズムを最初につくって，アマチュアリズムというものを最初に崩したのは，クリケット，これもイギリスですね。そのように，イギリスというのは，ビートルズの発生でもお分かりのように，常に新しく堂々と勇気ある突破をやるわけです。イギリスに限らず，日本も含めて現代はプロとアマが混在しているとか，その境界がなくなったといわれますが，それはあまり正しい見方ではありません。アマがプロ化したのではなく，アマチュアリズムにコマーシャリズムが乗り入れて，形の違うものにしてしまったのです。一方でプロはプロとして依然確立されているのです。

テレビとスポーツが探る新しい接点

　さて，スポーツというものそのものが，既成のテレビの時代というもので変えられているうちに，今度は放送界・テレビ界というものがそのような様変わりをして，テレビ会社というのが必ずしもジャーナリズムではなくなったと，これはちょっと私としては勇気のいる発言なんで，こう言い切っちゃうのは非常に難しいことなのですが，当然ジャーナリズムとして君臨するという一面は持ち合わせるにしても，今後のテレビというのはエンターテインメント系のプログラムが多くなっていくというふうに思います。スポーツもその一角でエンターテインメントとして高品質が求められ，国内のソフトで不充分となれば，ためらわず外国のスポーツが迎え入れられるでしょう。

　その一方でより専門化，細分化したチャンネルも増えそうです。囲碁，将棋チャンネル，競馬，競艇チャンネル，などがスタートしている前述の多チャンネル化です。ソフトテニスが，日本ソフトテニスチャンネルというソフトテニ

スだけのチャンネルをつくり出そうとしています。同じような方向として，既にサムライという格闘技系のチャンネルがありますね。プロレスリングと格闘技系のチャンネルです。これは，まあ，トップレスラーがまだ日本テレビの枠とテレビ朝日の枠にありますので，なかなかトップスターが出てきませんし，サムライというチャンネルが，小橋と橋本の試合を組んだら，さぞかし格闘技チャンネルがペイパービューとして成功するだろうと思いますが，なかなかそうはいかない。しかしながら，そういう時代は必ず来るというふうに思いますね。よい内容，高い内容でなければ契約してまで見てはもらえなくなるからです。

既に，プロレスの世界というのは，自分達のグループだけではなくなってきていますね。インディーズと称する他のグループのレスラーをどんどん使っています。アメリカでもバスケットボールのデニス・ロッドマンがプロレスリングのリングにあがる，タイソンがリングにあがるというのも，いささかキワモノ的ですけれども，格闘技という中でも，レスリングだとか，ボクシングだとかといっている時代ではなくなったということを，テレビが示したものではないかと思います。

フジテレビが売り出したK―1というのがありますね。立ち技系格闘技のNo.1を決めるスポーツです。フジテレビはF1というのを持っていて，競馬のG1というのをしょっちゅうやっていて，じゃ格闘技はK―1にしようということだったのでしょうか。テレビがスポーツを作る時代として，日本もそうした時代が来たこととしてこれは興味深い例です。

大会を作っちゃう。オリンピックを作っちゃう人はいないかもしれませんが，既に1981年に，アメリカのメディア王テッド・ターナー氏は，グッドウィルゲームズというイベントを作っております。総合国際競技会ですね。これは，モスクワオリンピックを西側がボイコットしたために，ソビエトや当時の東ドイツなどだけでオリンピックをやった，そんなのはスポーツじゃない，西側も呼ぼうと。それで，グッドウィル。いささか飛躍かもしれませんが，朝日が中学野球を考え，読売が駅伝を考えた，あの発想が現代ではテレビがとって代わり，規模が国際化したものと，私はそういうような気がするわけです。

これから後も，私自身はテレビとスポーツというものはますますその蜜月の度を加えていくと思うんです。ただそこのところに，今度は見る側，選別する

側がただ流し込まれたものを見ていくという時代から，ご自分たちの好きなものにより深くという形でスポーツというものをテレビに求める変化が目立つようになるでしょう。アメリカやヨーロッパでスポーツの有料テレビ局が多発しているのはその風に乗ってのものです。

　日本は既成局のスポーツ番組が充実しているので有料テレビはなかなか難しそうですが，このままずるずるいってしまうのかというとそうは言い切れません。相変わらず野球といえばセントラルリーグだけで，Jリーグも上，下位差がはっきりしすぎる不安があり人気が偏りかねません。本当にスポーツ側が，自分達のスポーツというものが産業視され，あるいは，そういった非常に大きな流れの中で捉えられているところに目覚めエンターテインメントとしての腕を上げるならば欧米に近づくでしょう。

　スポーツに求めるものや皆様方の目というものも厳しくなっていくことも必要です。もしバスケットボールをやっていらっしゃる方がいたら大変申し訳ないけれども，NBAというあの凄まじいばかりのスポーツを見てしまうと，なかなか日本のバスケットボールには食指が動かないというふうになりますね。日本のバスケットボールが一つのチャンネルを掴んだとするならば，よりプロ的になっていく。コートの上に外国人は3人しかいけないとか，2人しかいけないとか言っていますが，そんな発想はもう国際的でなく時代遅れになる。トヨタ自動車がスポンサーして，NBAの選手を5人連れてきて，名古屋グランパスファイブを作る。この方がよっぽど企業チームより良いというふうにさえ私は思うわけですね。これからはそういう発想でいかないと，テレビとの間の接点はできないし，有料テレビで収益をあげることもできないというふうに思うわけです。

見る価値，見せる努力，見せられる自信

　スポーツというのは，今高度化と大衆化と二極に真っ二つに分かれています。メディアはその中間に立っていっそう力を発揮するでしょう。産業視して，スポーツをビジネスとして考えていく上には，より高度なスポーツが求められるということだと思います。信州大学のこのキャンパスの中にいくつのスポーツ部があるかわかりませんが，日本の大学や企業のように，幾つも幾つもスポー

ツを持ってるなんてことは，私はナンセンスだと思うんですね。学生スポーツの半分以上は同好会で結構だろうという，そういうような大学側のスポーツに対する考え方も必要だろうというふうに思います。話は飛びますが，国体も，競技用馬が１頭もないところは馬術をやらなくてもいいというような，そういった考え方が必要でしょう。日本のスポーツもどこかで劇的に変化させないと，アメリカやヨーロッパから流れ込んでくる輸入ビデオやライブの中継だけで満足してしまって，スポーツというものはそういうものだというふうになってしまうのではないかと思います。

　アメリカやヨーロッパのトップスポーツは限られています。そして，そのスポーツはビジネスとして確立されている。そうでなければ観客は来ないし，テレビも寄りつかない。テレビが敬遠すれば，広告，スポンサーも集まりにくい。日本のスポーツもビジネスというものへの対応をかなりきちんとしていかなければならないだろうと思います。基本的には見る価値，見せる努力，見せられる自信です。

　もちろん，ヨーロッパもアメリカも全てバラ色ではありません。多くの選手達が，コマーシャリズム・アマ，これは私の勝手な表現ですが，それとプロフェッショナリズムの間にはさまってしまいました。トップの選手達を動かすにはお金が必要です。そのために，イギリスの陸上競技連盟など，いっぺん破産をしております。フランスのフィギュアスケート連盟もいっぺん破産を覚悟しました。日本のバレーボール協会は，昨年度（98年），２億円を超す赤字をだしております。スポーツ団体で２億円の赤字をだすということは，大変なことです。キチッとしたマネージメント，マーケティングといった部分が整備されなければ，すぐにピンチに立たされます。経済状況次第ではスポンサーはあっさり手を引きます。ゴルフ，テニスなどその兆しは見えますね。

　最後に長野オリンピックについて少しだけ付け加えておきましょう。長野は，結果的には内外の評価も高いイベントで終ったと思いますが，カウントダウンがあと100日というイベントを長野市内で見ておりまして，私，去年の秋から長野に住んでいたんですが，この時この大会は成功しないんじゃないかと思うくらい関心が薄かったですね。それはやっぱりオリンピックそのものに対して余りにも，特に長野の場合には，マイナスの情報が流れすぎた。ボートではミズスマシのようにという表現を平気で使うわけなのに，知事さんが，スピード

スケートをミズスマシと言ったことで，それが面白おかしく伝えられてしまうし…。ところが，そのスピードスケートの2人のスターによって，長野は盛り上がった。これはミズスマシどころじゃないですね，コガネムシってとこなのですが。

やはり，オリンピック，スポーツは今やビジネスだとかなんとか申上げましたが，やはりスポーツというものは主役が選手だということですね。そして，その選手自身の持っている雰囲気や個性が，現代ほど多くの人のハートをつかむ時代はない。

もう一つは，商業主義という言葉が非常に使われて，商業主義に侵されたというふうに言われます。確かに，そういうものが進出している部分がありますが，これはテレビ側からいうと，こんなに魅力のあるソフトはないんですよ。ワールドカップの日本・アルゼンチン戦が60％なんて考えられない。あの時は，60％のうち半分くらいが日本が勝つと思っていたわけですからね。それほど甘いもんじゃないとサッカーの愛好者は知っていたわけですが，国家的ムードがそれを押しのけた。あれがサッカー愛好者だけの世界だったら，60％にいかないですね。15％くらいですよ。

長野オリンピックは，清水君というスターが出てきて，岡崎さんというスターが出てきて，里谷さんというスターが出てきた。そこへうまい具合に日本人の一番好きな形で，原田君が勝てたということですね。ワールドカップ予選と一緒ですね。いっぺんどん底から這い上がってくるという物語が，日本人は一番好きなわけですよ。テレビドラマの水戸黄門的な決着ですね。そういうようなことで長野は盛り返しましたし，まあ，オリンピックは良かった。それは長野のため，長野で生活してらっしゃる皆さん方のために大変良かったと思っています。

スポーツの仕事をやってきた人間としては，オリンピックがそれだけで終って欲しくない。東京オリンピックで何を残したかというと，東京に高速道路ができただけ，札幌に何ができたか，地下街ができただけ。そういってしまうと誤解される面があるかもしれませんが，やはり長野であれだけ素晴らしいスポーツイベントに接することができて，世界の人間に接することができて，ボランティアで参加した人たちが何かを掴まれたんだとしたら，それはスポーツという部分でも何かの遺産，文化を残して欲しいということです。やはりスポー

ツというものが長野の人たちの生活の中に根づいてほしいというふうに思って，僕はそれが一番大きな期待ですね。「ティーム・ナガノ1998」などという名の地域密着のウインタースポーツ総合クラブなど，いかがでしょう。

　オリンピックの開催で，今時風にいえば，地球というものを身近にされたわけですから，そういったものが何とか残って欲しいというふうに思います。

　まあ様々な浮き沈みがありましたが，組織委員会はどうやら若干ゆったりとしたお金を金庫に残して解散しそうだというふうに聞いております。それも，まあ結構な話だろうと思います。ただ，やはりそれは，選手たちが描いた様々なドラマの成果であり，選手たちがそのドラマの面白さというものを，スポーツあるいはこれからの活気につなげてほしい。すぐに経済効果だというのが流行で，2002年のワールドカップサッカーもそればかりが伝えられますが，これは残念です。やはり長野の方たちがオリンピックを開いた街としてその地方の市民生活の励みみたいなものにして活気づければ，お金で買えないものがあったんではないかというふうに僕自身は思います。どろどろした話をしろと言うんであったら，まだ1時間くらいできるんですけれども，信州大学の皆さんも沢山ボランティアに参加して頂いて，お互いにそれは喜び合う結果でですね，本当に良かったんだろうというふうに思っています。

　メディアとスポーツ，とりわけテレビとスポーツは，これからも濃い関係がつづくことになります。

　デジタル化による多チャンネル時代は，ますますスポーツを必要とするわけですが，それは同時に，品質の優れたスポーツイベントでなければなりません。

　品質が高ければ，値段（放映権料）も高くなる。収支バランスを取るためには，多くの人に見てもらう必要がある。視聴率のこだわりがエスカレートしそうです。番組への関心を煽るため，スポーツ自体の魅力，面白さだけで満足せず，余分なアクセサリーをつけて，かえって程度の悪い内容にしてしまう愚は避けねばなりません。

　アメリカやヨーロッパのスポーツ番組（中継）は，実にシンプルです。それで充分だからです。シンプルのなかに，人間性，娯楽性，創造性，意外性など多くのドラマ的要素が，台本も無く盛りこまれています。それがスポーツであり，人々のハートをつかむのです。ですから，メディアが群がり，スポンサーが集まり，世界中が熱狂するのです。

メディアのスポーツに向ける視線が，一方で厳しく求められることにもなります。一つ間違うと，メディアがスポーツを育て，メディアがスポーツを滅ぼしかねません。スポーツの高度化，大衆化の2極化が進むほど，メディアの姿勢が大きな影響を持ちます。

　スポーツを取り巻く状況は，目まぐるしく変わり，巨大化もしています。長野でかいま見たコマーシャリズムも，それはそれで現代のオリンピックです。スポーツビジネスです。それを抜きにして今やスポーツは成立しません。しっかりとしたスポーツへのビジネス的な視線，産業としての確立が望まれるところでもあります。それは余暇が増えつつある人々の暮らしに潤いをもたらすことへつながるとも思うのです——。

第4章・スポーツ用品の製造・販売

小池憲治

【略歴】1938年神奈川県横浜市生まれ。1960年天理大学体育学部体育学科卒業後，株式会社波多製作所に入社。以来，株式会社ジーベックスポーツ商会（設立），株式会社エバニューを経て，1977年チロリアの日本総販売元となる株式会社エントリーズ・ワールドを設立し，代表取締役に就任。その後，チロリア・ジャパン株式会社代表取締役，ヘッドスポーツウェアジャパン株式会社代表取締役，ヘッドジャパン株式会社代表取締役を経て，現在エイチ・ティ・エム　スポーツジャパン株式会社取締役会長。また，日本スポーツ用品輸入協会理事長をはじめ，スポーツ用品公正取引協議会会長，全国運動用品商工団体連合会理事，社団法人スポーツ産業団体連合会理事といった要職を務める。

はじめに

　今日は私どもの分野でありますスキーの用品についてお話しさせていただきたいと思います。全国には小さい町営や村営のものまで含めてスキー場が450個所ほどありますが、長野県というのはスキー場の数が日本全国の中で一番多いということで、皆さん方の中で、スキーあるいはスノーボードをおやりになっているという方もおられると思います。今日は前半の方はおもにスキーを含めたスポーツ全体の用品別売上、またスポーツ店の店数あるいは売場面積が実際最近数年間どのように変わっているか、またスキー人口がどういった変遷をしているかを含めてデータに基づいて話をいたします。後半の方は昨シーズンから登場した画期的なスキーといわれる、カービングスキーをご紹介させていただきたいと思います。

　この長野県では今年（98年）の2月に冬季オリンピックが開催され、皆さん方の中にもボランティアとしてお手伝いをされた方、またテレビや実際にレース等を観戦に行かれた方もおいでになると思います。日本の選手もいろいろと活躍いたしました。特にアイススケート、スキージャンプ陣の活躍が目立ちましたが、アルペンスキーでは期待されていた木村選手が最終日の志賀高原の回転で入賞ができませんでした。私も何回となく観戦に足を運びましたが残念な結果に終わりました。いずれにせよこのオリンピックは日本国中の多くの人に大変な感動を与えてくれた、そういう意味ではすばらしいオリンピックであったというふうに思っています。

　私は、いまご紹介いただきましたように、学生時代は格闘技をやっておりまして柔道出身です。今でこそ柔道というのは体重別になっておりますけれども、私が柔道をやっていたころ、東京オリンピックまでは体重制というものがなく無差別体重でやっておりました。私の父親が柔道家で、私は3つの頃から三度の食事をするのと同じような習慣的なことで柔道をやらされていました。小中高ととにかく柔道に一生懸命でありました。父親は私に人生の目標として、お前は柔道で将来日本一になって世界に行って柔道を広めてこいということを与えて、好むと好まざるにかかわらず、そういう道を歩みました。その父親も2年前に86歳で他界しましたけれども柔道8段でありました。

　そういった環境の中で中学高校はあんまり勉強しませんで、天理大学の体育

学部に入りましたが，本当なら今の仕事を考えますと，外国語学部あたりにいって英語・中国語を勉強すればよかったと後悔もしております。しかし残念ながら大学2年の時に左膝を複雑骨折してしまいました。当時は今の様な整形外科というようなものがありませんから，接骨医にギブスをしてもらい時間をかけてリハビリ，筋力トレーニングをやりましたけれども，大変に残念なことですが現役復帰は果たせませんでした。ただ，そのおかげでスキーに出会いました。

　大学は体育学部で実技の講習に参加しないと単位が取れないということで，大学4年の時，水泳かスキーかの選択がありました。私はスキーを選んでこの向こう側にあります菅平スキー場で，研修を受けました。とにかく今までは柔道という勝つか負けるかのそういった競技ばかりやっておりまして，スキーとの出会いは未知なる世界でありました。そういうことでスキーにのめり込み，卒業してからもスキーをやりたいが一心で，スキーバスの添乗員となりまして，お客さんを集めてはいろんな所にスキーに行きました。スキーを始めて2シーズン目でバッチテストを受け1級を取り，ますますのめり込んでしまいました。

　皆さんご存知かと思いますけれど，三浦雄一郎さんというプロスキーヤーで冒険家がおられます。息子さんが二人おられまして，豪太君という子が長野オリンピックのモーグルのチームのキャプテンを務め，チームワークで里谷選手が金メダルを獲ったということで大変な注目を浴びました。三浦雄一郎さんという人は北大スキー部の出身でしたが，あまり学生時代はスキーの成績は良くなかった。ところが社会人になってからは誰も滑らないところを滑るということで，今から32年前，富士山の頂上からパラシュートをしょって直滑降で滑って，無事大成功をおさめました。その時に使用したスキーがハタスキーというブランドで，富山県の福光町にある波多製作所という工場で造られたものでした。私自身は三浦さんに紹介され，今から33年前にその波多製作所，ハタスキーに入社したのが，この業界に入るきっかけになりました。

　驚くことに三浦さんのお父さんの三浦敬三先生は今94歳なんですけれども，今だにホームグラウンドである札幌郊外の手稲のスキー場で毎日スキーをされています。またシーズンオフはヨーロッパに行きましてアルプスの氷河を滑っておられるというスキーの仙人のような人で，聞くところによりますとギネスブックの世界最年長スキーヤーにも登録されているということです。私は三浦

敬三先生にもついてスキーの製造とか，開発とか，設計とかいろいろなことを勉強いたしました。

ハタスキーに入社した当時，スキー場と同じようにスキーのメーカーも長野県に一番多くありました。現在も業界団体として日本スキー工業組合がありますが，当時その組合加盟80数社の半数近くが長野県にありました。当時は大きなメーカーがありましたが，今は残念ですが，小賀坂スキー，スワロースキーががんばっていらっしゃいますけれども，加盟企業は数社になってしまいました。またヤマハという大きなメーカーがありますが，昨年スキーとかスポーツ用品は経営にならないということで撤退ということになり，ほとんどが輸入品ブランド中心となっているのが現状でございます。

私は，その後ハタスキーからＫ２スキーに入りました。今から20年程前，初めてアメリカにも行きました。Ｋ２という名前は，今はスキーとスノーボードでかなり知名度を上げております。Ｋ２スキーはアメリカのシアトルの沖合いにあるバション島の真ん中に本社工場を持っていて，大変すばらしいところでありました。

私はこのようにスキーの業界に入ってから30年以上，海外とのスキーの技術交流は20年以上になり，現在社長をしております HTM スポーツジャパン本社がオーストリアのウイーンにございます。そんな関係でこの20年間くらいの間に，海外に100回近く行っております。いろいろまたアメリカ・ヨーロッパのスキー場には時間があると自分も好きですから行っているわけです。そんなことで業界歴が古いものですから，日本スポーツ用品輸入協会の理事長をやれということで，1991年から引き受けて現在に至っております。

日本のスポーツ市場概要

今日は，まずスポーツ用品の全般的なデータ等についてお話を申し上げたいと思います。表１-１はスポーツ用品の各カテゴリーによって売上が分かれております。この中でみていただくと分かるようにやはりゴルフが一番売上が大きい。ゴルフ人口は日本のスポーツ人口の中でも一番多く３千万人といわれています。先程スキー場が450と申し上げましたけれども，ゴルフ場は現在２千数百あり，やはりゴルフが一番大きい。ゴルフは92年の5570億円をピークに，

表1-1　スポーツ用品国内小売市場規模推移　　　単位：百万円，％　上段：構成比　下段：前年比

	92年	%	93年	%	94年	%	95年	%	96年（見込）	%	97年（予測）	%
ゴルフ	557,000	24.1	472,500	21.4 84.8	425,800	19.9 90.1	414,000	19.2 97.2	409,500	18.7 98.9	407,000	18.5 99.4
スキー	421,950	18.2	394,283	17.9 93.4	359,676	16.8 91.2	324,733	15.1 90.3	315,316	14.4 97.1	301,500	13.7 95.6
釣り	231,546	10.0	238,460	10.8 103.0	246,590	11.5 103.4	261,320	12.1 106.0	279,460	12.7 106.9	283,200	12.9 101.3
アスレチックウェア	217,200	9.4	227,500	10.3 104.7	227,300	10.6 99.9	227,400	10.6 100.0	226,900	10.3 99.8	228,500	10.4 100.7
アウトドア	133,500	5.8	157,060	7.1 117.6	170,200	7.9 108.4	178,060	8.3 104.6	186,720	8.5 104.9	192,900	8.8 103.3
スポーツシューズ	114,050	4.9	121,500	5.5 106.5	122,800	5.7 101.1	123,090	5.7 100.2	124,630	5.7 101.3	125,000	5.7 100.3
テニス	152,900	6.6	128,500	5.8 84.0	116,470	5.4 90.6	106,700	5.0 91.6	102,680	4.7 96.2	102,400	4.6 99.7
スイムウェア	93,960	4.1	88,379	4.0 94.1	90,780	4.2 102.7	91,955	4.3 101.3	92,820	4.2 100.9	95,070	4.3 102.4
野球	87,500	3.8	80,200	3.6 91.7	72,200	3.4 90.0	73,100	3.4 101.2	73,780	3.4 100.9	75,700	3.4 102.6
マリンスポーツ	84,900	3.7	68,400	3.1 80.6	73,800	3.4 107.9	73,100	3.4 99.1	75,600	3.4 103.4	72,700	3.3 96.2
スノーボード	13,500	0.6	21,100	1.0 156.3	39,500	1.8 187.2	81,000	3.8 205.1	110,600	5.0 136.5	121,200	5.5 109.6
サイクルスポーツ	54,700	2.4	48,100	2.2 87.9	41,000	1.9 85.2	38,300	1.8 93.4	35,400	1.6 92.4	34,000	1.5 96.0
バドミントン	18,500	0.8	18,760	0.9 101.4	18,080	0.8 96.4	18,200	0.8 100.7	18,000	0.8 98.9	17,560	0.8 97.6
武道	23,450	1.0	22,700	1.0 96.8	21,000	1.0 92.5	19,000	0.9 90.5	18,000	0.8 94.7	17,100	0.8 95.0
卓球	14,870	0.6	15,800	0.7 106.3	15,100	0.7 95.6	14,300	0.7 94.7	13,700	0.6 95.8	13,200	0.6 96.4
その他	93,500	4.0	100,100	4.5 107.1	102,900	4.8 102.8	109,000	5.1 105.9	112,200	5.1 102.9	116,700	5.3 104.0
合計	2,313,026	100.0	2,203,342	100.0 95.3	2,143,196	100.0 97.3	2,153,258	100.0 100.5	2,195,306	100.0 102.0	2,203,730	100.0 100.4

（矢野経済研究所調べ）

バブルの崩壊以後売上が下降気味でありまして4000億円という数字であります。

　その次が私どものスキーでございますけれども，スキーも92年の4210億円から年々下がってきて，現在97年この3月末の終わったシーズンで3000億円くらいの小売売上がございます。三番目に私どものスポーツ業界というよりも，釣り具業界があります。釣りはずっと伸びてきておりますが，実際にスポーツ業界の中での売上げ貢献度というのはあまりございません。アスレチックウェア・アウトドアが増えております。この増加の要因については後で説明いたしますが，ニュースポーツといわれる部分で増えてきております。

　ずっとみていきますと，野球・マリンスポーツの次にスノーボードがあります。このスノーボードが，非常な伸び率を示しています。97年では1200億円ということで95年から3倍近く伸びています。スノーボードの97年の売上とスキーの97年の売上の3000億を足していただくと92年のスキーの売上とほぼ合う。ウインタースポーツの中でスノーボードとスキーを合せた括りでいいますと，94年の売上とほぼ同じになり，横ばいといえるのではないかと思います。

表1-2　スポーツ用品国内出荷市場規模推移　　単位：百万円, %　上段：構成比　下段：前年比

	92年	%	93年	%	94年	%	95年	%	96年(見込)	%	97年(予測)	%
ゴルフ	386,686	26.0	335,231	23.4	308,952	22.0 / 92.2	298,054	21.1 / 96.5	294,755	20.4 / 98.9	294,250	20.3 / 99.8
スキー	262,795	17.5	246,914	86.0	224,939	16.0 / 91.1	203,345	14.4 / 90.4	197,448	13.7 / 97.1	190,830	13.2 / 96.6
釣り	144,590	9.6	148,260	17.2 / 94.0	152,800	10.9 / 103.1	161,800	11.5 / 105.9	173,000	12.0 / 106.9	175,910	12.1 / 101.7
アスレチックウェア	139,000	9.3	145,600	10.3 / 102.5	145,500	10.4 / 99.9	147,190	10.4 / 101.2	147,970	10.3 / 100.5	148,350	10.2 / 100.3
アウトドア	80,483	5.4	95,482	10.2 / 104.7	105,950	7.6 / 111.0	112,756	8.0 / 106.4	121,176	8.4 / 107.5	125,265	8.6 / 103.4
スポーツシューズ	75,897	5.1	82,052	6.7 / 118.6	83,950	6.0 / 102.3	84,600	6.0 / 100.8	85,950	6.0 / 101.6	86,120	5.9 / 100.2
テニス	104,530	7.0	90,800	5.7 / 108.1	83,534	6.0 / 92.0	79,815	5.7 / 95.5	79,675	5.5 / 99.8	79,410	5.5 / 99.7
スイムウェア	59,400	4.0	52,144	6.3 / 86.9	53,562	3.8 / 102.7	53,796	3.8 / 100.4	54,302	3.8 / 100.9	55,620	3.8 / 102.4
野球	56,178	3.7	55,310	3.6 / 87.8	50,500	3.6 / 91.3	50,930	3.6 / 100.9	51,510	3.6 / 101.1	52,600	3.6 / 102.1
マリンスポーツ	56,178	3.7	45,340	3.9 / 98.5	48,942	3.5 / 107.9	48,447	3.4 / 99.0	50,150	3.5 / 103.5	48,250	3.3 / 96.2
スノーボード	8,000	0.5	12,500	3.8 / 80.7	23,400	1.7 / 187.2	48,280	3.4 / 206.3	65,860	4.6 / 136.4	72,290	5.0 / 109.8
サイクルスポーツ	33,700	2.2	30,230	0.9 / 156.3	26,450	1.9 / 87.5	24,800	1.8 / 93.8	23,100	1.6 / 98.9	20,600	1.4 / 89.2
バドミントン	11,918	0.8	12,344	2.1 / 89.7	12,050	0.9 / 97.6	12,085	0.9 / 100.3	11,950	0.8 / 98.9	11,690	0.8 / 97.8
武道	12,840	0.9	11,858	0.9 / 103.6	11,016	0.8 / 92.9	10,250	0.7 / 93.0	10,030	0.7 / 97.9	9,815	0.7 / 97.9
卓球	8,820	0.6	9,217	0.8 / 92.4	9,024	0.6 / 97.9	8,810	0.6 / 97.6	8,525	0.6 / 96.8	8,325	0.6 / 97.7
その他	55,200	3.7	59,268	0.6 / 104.5	60,937	4.3 / 102.8	64,519	4.6 / 105.9	66,428	4.6 / 103.0	69,870	4.8 / 105.2
合計	1,499,215	100.0	1,432,550	4.1 / 107.4	1,401,506	100.0 / 97.8	1,409,477	100.0 / 100.6	1,441,829	100.0 / 102.3	1,449,195	100.0 / 100.5

（矢野経済研究所調べ）

　次の表1-2は我々メーカーが出荷をした金額ですが，これも大体売上と連動しております。特にスキーだけを取上げるとやはり97年のスキーの売上1900億とスノーボードの720億を足しますと大体92年のスキーの2620億になってくるということで，出荷ベースでも全く同じような傾向をみせております。このデータなどでみていきますと従来型のスポーツ，いわゆるトラディショナル・スポーツと呼んでおりますけれど，ゴルフ・スキー等はどちらかというと下降気味で，ニュースポーツであるスノーボードが増えてきております。

　ニュースポーツの中にアウトドアというものが含まれております。ニュースポーツは若い人がスノーボードを中心として，夏のボディーボード，あるいはスケートボードなど横に乗るスポーツ，いわゆるアクション系と呼んでおりますのがニュースポーツではないかと思っていますが，今日の説明の中では売上が上がってきているアウトドアをニュースポーツの部類に入れております。アウトドアの平均を押し上げているのは中高年層でございます。ニュースポーツは15～25歳くらいまでの若い人によって売り上げのマーケットができあがってきていますが，アウトドアは中高年のハイキング，軽登山，キャンプなどの売上で伸びてきております。

表1-3 スポーツ用品小売業の概況

	97年	94年	91年
店　　舗　　数	19,299	20,073	20,632
年　間　販　売　額	1,843,497百万	1,883,325	1,828,220
手　持　ち　商　品　額	435,167百万円	431,124	387,513
売　り　場　面　積	2,445,901平米	2,256,896	1,930,321

	94／97年比	91／94年比
店　　舗　　数	▲ 774／▲4.0％	▲ 549／▲2.7％
年　間　販　売　数	▲39,828／▲2.1％	55,105／ 3.0％
手　持　ち　商　品　額	4,043／0.9％	43,611／11.3％
売　り　場　面　積	189,005／8.4％	326,575／16.9％

（通商産業省商業統計より）

　ちょっと話がそれますが，これから21世紀に渡って少子化の時代になる。若い人がなかなか結婚をしませんし，なかなか子供もできない。逆に平均寿命が伸びて高齢化していくと言われています。総理府の発表によると15歳以下が15.2％で65歳以上の人よりも全体人口の比率が下回る。65歳以上の年齢層が16％ということで，私が政治家だったら，若い人には子供のある家庭の税金を安くして，中高年の人には大いに山を歩いたりスキーをしたりして長生きをしてもらう。そうすれば日本の国の生産性も良くなるのではないか，ということを考えますけれど，これから21世紀に向かって日本の国は大きく様変わりするのではないかと思っています。

　次はスポーツ店の売場面積がどういうふうになっているかということについて，表1-3で説明させていただきます。まず店舗数は91年と94年と97年とを比較すると少なくなっていますが，売場面積は逆に増えています。この要因というのは，ご存知かと思いますが，アルペン・ヴィクトリア・ゼビオなどの大きな販売店がどんどん大きな店を出してくる。出されてくると，地元の小さなお店は商売にならなくなり店をたたむ，といった一つの傾向があります。もう一つ，アメリカのスポーツオーソリティーとかスポーツマートなど外資系のス

ポーツチエーン店がどんどん日本に入ってきて500坪，1000坪という店を造っていく。外資系に日本の販売店が対抗してまた改装する。そういうことで売場面積は増えますが，当然売場に商品がないとこれはお店ではありません。手持商品在庫というものも同じように増えてくる。経済的にいいますと，やはり投下資本効率の低下につながります。従って日本全般の景気の情勢が良くない状況の中で，各大型店も当初の計画の出店はちょっと見合わせている。今とても厳しいというのがスポーツ全般の状況です。

日本のスキー市場

次にいよいよ，私の専門の日本のスキー市場というところに入らせて頂きます。実は，私どもスポーツ業界の中ではスキー，ゴルフなどの全部のブランドがトータルで何台そのシーズン市場に供給され，小売屋さんが何台売ったのか，それとも売り切れなくて何台の在庫を持っていたかというようなデータというものがありませんでした。表2-1を見ていただきますと，一番上の点線は，全ブランド，国産・輸入も含めて市場に投入した数量です。2番目の実線は，その年の全国の店から消費者に売られたセールアウトされた数量です。一番下

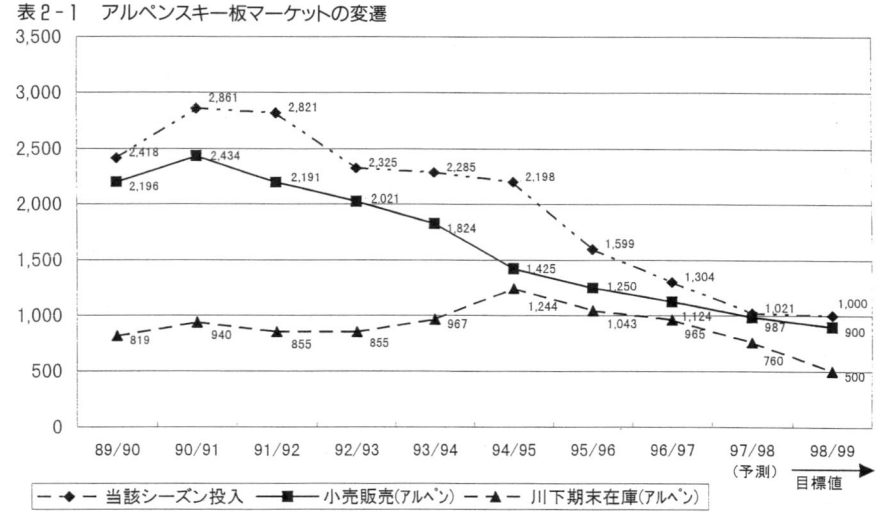

表2-1　アルペンスキー板マーケットの変遷

年度	当該シーズン投入	小売販売(アルペン)	川下期末在庫(アルペン)
89/90	2,418	2,196	819
90/91	2,861	2,434	940
91/92	2,821	2,191	855
92/93	2,325	2,021	855
93/94	2,285	1,824	967
94/95	2,198	1,425	1,244
95/96	1,599	1,250	1,043
96/97	1,304	1,124	965
97/98(予測)	1,021	987	760
98/99 目標値	1,000	900	500

（矢野経済研究所調べ）

の線が小売屋さんの在庫も含んだスキー業界全体の流通在庫であります。スキーのビジネスは，その年の10月から入って終わるのが翌年の3月末，毎年こういう形になっておりますが，ここでいったい今までで一番スキーが売れたシーズンはいつだったかを見ますと1990／91年が240万台，この年がピークでございます。それからだんだん下降線となりマーケットが縮小されてきます。97／98シーズンは，約100万台と予測をしております。ですから240万台が140万台減って100万台となり，マーケット規模が50％以上縮小されてきた，とこういうことになっています。

　私はこのピークであった91／92年に理事長になりました。それまではスポーツ業界の中で実際のデータはありませんでした。小売屋もどんどんお店を出して，店の中にはスキーを沢山並べ，そして皆様ユーザーの反応が鈍いと価格競争をします。これは買う方にとっては大変いいことですけれど，ビジネスをする方にとってはあまり良くない。決して売る側もいい加減に小売価格をつけているのではありません。新しい商品を造るには投資をしていかなければなりませんし，また新しい商品・素材等を開発していかないといけない。適正価格で売って，はじめて次にまた良い商品を市場に出すことができる。

　ところが売れないとすぐ価格競争ということで，公正取引委員会から呼ばれて，メーカーは何を考えて小売価格を付けているのか，実際にマーケットで売られている価格と大分違うじゃないか，これは価格乖離というもので消費者を欺瞞するものである，そうであれば小売価格を付けるな，というようなことでお叱りを受けました。また一方，小売店さん，販売店は価格は付けてもらわないと困る。そうしないと何割引ということでお客さんに対して値頃感がでてこないなどいろいろな協議がなされました。

　その後，正確に何台出して何台売れて何台残っているかを測るものさしを作ろうではないかということで，国産・輸入メーカーの方々に集まっていただきまして，合同市場調査委員会というプロジェクトを発足しました。そこで出ましたデータが表2－1で，こうしてみると1枚の表ですが，これには大変な時間と労力とお金がかかりました。このデータを持って，昨年の2月と夏にヨーロッパに行き，スポーツ関係，スキー関係の業界紙に集まってもらいまして，日本のスキー市場について説明をしてまいりました。日本はまだ100万台というマーケットは世界の中では一番スキーが売れている，ヨーロッパのスキーメ

ーカーの人達は日本はまだまだバブルが弾けたとはいえ売れている，もっと買えもっと買えというプレッシャーをかけてきます。そこで私の方は記者発表して日本の市場についてよく理解して欲しいと説明してきました。そういう経過の中からできあがったデータでございます。

　ちなみに世界のスキー市場のマーケットサイズとはどのくらいなのかという疑問があると思います。日本が一番売れた240万台の頃，世界市場は550万台ぐらいのマーケットでした。アメリカも随分頑張っていた。ところが世界的にだんだんマーケットが縮小されてきまして現在はだいたい330～350万台ぐらい。日本が100万台前後といたしますとアメリカは60～70万くらい，ヨーロッパでは一番スキーの盛んなのは我々の本社がありますオーストリア，それからフランス，イタリア，ドイツ，スイスなどで160～180万台。ただこれから将来的に期待できるマーケットとしては旧ユーゴなど東ヨーロッパがあります。スロヴェニアにはアルペンのいい選手がおりますね。そして近い将来，中国が日本の人口の10倍そして雄大な国土を持っているということでスキーのマーケットとできるのではないか。それともう一つ，お隣の韓国には5個所ほどのスキー場があります。急激に伸びてきて2シーズン前くらいまでは20万台くらいの市場がありました。しかしこれも韓国は非常に景気が低迷していて現在はだいたい5万台くらいの市場になっている。やはり日本の100万台というのは，世界の国別レベルでいきますと一番大きなマーケットであると考えられます。

　表2-2を見てください，最初の欄は国民総人口に対しての参加率，そして年間の平均回数，特に日帰りでも1週間でも一回という区切りにしてデータが出ております。ここでの一番のポイントは，年間平均費用が大体10万円前後ということになりますけれども，これは用具を含めた，あるいはスキー場に行く交通費，またはホテル代・リフト代・食事代を含めて10万円ということです。

　次に表2-3では95年だけですが，平均費用10万円の内訳が出ています。用具に対して37200円，それからホテル代等が63200円，左側の一番端の参加人口というのが1670万人になります。1670万人かける10万円とすると全般的なスキー産業の規模は1兆6千万円になります。そうなりますと，用具にかける費用というのが3200億円ですから全体の20％くらいになる。その他のスポーツ業界以外でいろいろ買い物された，たとえば車を買ったとか，スキーウェアもスポーツ店でなく一般の店で買ったものなども含まれております。従ってこの辺が

表2-2　スキーにおける参加率・回数・費用の推移

	'87	'88	'89	'90	'91	'92	'93	'94	'95
参加率%	12.1	12.5	15.2	13.6	16.6	17.0	17.0	15.9	15.8
年間平均回数(回)	5.5	6.1	6.1	4.9	6.5	5.8	6.5	4.7	5.6
年間平均費用(千円)	96.7	94.3	114.1	103.4	116.8	109.5	111.7	101.3	100.3

（レジャー白書'96から抜粋）

表2-3　'95年に見るスキーの参加人口・参加率・費用等

参加人口 (万人)	参加率 %	年間活動回数 回	年間平均費用(千円)			参加希望率 %
			用具等	会費等	合計	
1,670	15.8	5.6	37.2	63.2	100.3	23.4

（レジャー白書'96から抜粋）

表2-4　'95年に見るスキーの性・年代別参加率の特徴

	全体	10代	20代	30代	40代	50代	60代以上
男性(%)	19.1	27.4	36.0	26.7	21.2	7.3	2.2
女性(%)	12.6	18.6	32.9	16.3	10.9	2.0	0.6

（レジャー白書'96から抜粋）

1兆6700万円というのが，95年のレジャー白書からの抜粋でございます。

次に，表2-4の参加率の年齢別内訳では，やはり多いのは男性では10代から30代，中でも20代が多くなっていますね。女性では20代が32.9％になっています。ちょうど1980年代，今でいうと30～35歳くらいの方はご存知かと思いますが〝私をスキーに連れてって″という映画があってこれが若い女性の参加率を増やしました。若い25歳くらいまでの女性の参加率の内訳はこのデータには出しておりませんけれども，1993年以後1997年まで400万人くらい少なくなっている。これは若い女性にとって，もうスキーそのものがそれ程トレンドではないということで少なくなってきている。

またもう一方スノーボードは15～25歳の人達に支持され80％を占めている。スキーというのがダサい，スノーボードの方は横乗りでカッコイイじゃないか，スキー学校に入っても先生が中年のおじさんばかりで魅力がなく指導も面白く

表2-5 スキー場利用客の年齢と，未既婚別構成の変化

		～24歳	～29歳	～39歳	40歳～	平均（歳）
男性	'92	35.2%	32.4%	22.7%	9.7%	28.39
	'93	33.6	31.1	24.7	10.5	28.77
	'94	33.2	30.5	24.2	12.1	29.01
	'95	32.3	31.1	24.6	12.0	29.24
	'96	28.8	31.5	25.9	13.7	28.37
女性	'92	61.2	24.8	9.5	4.5	25.15
	'93	57.0	26.9	11.3	4.8	25.47
	'94	55.0	28.9	11.9	4.2	25.45
	'95	54.4	28.1	12.0	5.6	25.86
	'96	49.9	31.1	12.9	6.0	29.81

		学生	未婚社会人	既婚
'92	男	5.8%	38.7%	17.4%
	女	3.9%	28.1%	6.2%
'93	男	5.6%	37.3%	18.6%
	女	3.9%	27.0%	7.6%
'94	男	7.0%	35.5%	18.3%
	女	4.6%	27.4%	7.3%
'95	男	6.0%	35.8%	18.4%
	女	3.8%	27.8%	8.3%
'96	男	5.8%	34.5%	19.3%
	女	4.3%	27.3%	8.8%

（ウィンターレジャー白書）

ない，エッジを立てろとかこう滑れとかうるさくてしょうがない（笑）。だったら自分達で自由に遊びながらに滑った方が良いのではないか。そういうこともありスノーボードの方が若者に人気がございます。

　ただ気を付けなくてはいけないのが，このデータには出ておりませんし私も正確なデータはとっておりませんけれど，スキー場における傷害事故の死亡率ということではスキーに比べスノーボードの方が非常に高い。スキーの事故での死亡率はシーズンでほんとに1～2人くらい。リフトに衝突して亡くなったとかですね。スノーボードの場合はどちらかというと，その場ではないですが二日くらいして亡くなってしまう。頭を打ちますから脳内出血を起こして死亡

するケースが多く，現在業界でも安全基準ということで，ヘルメットみたいなものを着用した方がいいんじゃないかと，いろいろなことがいわれています。この中にもスノーボードをおやりになる方がおいでになると思いますが十分気をつけて楽しんでいただきたいと思います。

　表2-5で男性のスキー場利用客の年齢平均は28〜29歳で92〜96年はほぼ横ばい，女性は25歳が平均でしたが，96年の様子では30歳近くになっている，これは先ほど説明した，映画を観てスキーを始めた方が結婚され一時やめていたのがもう一度スキーに戻ってきた，というような見方をしても良いのではないかと思っています。その下の表が未既婚という内訳で数字が出ていますけれども，これを見ると女性も30歳前後の参加率が増えてきたということとつながっているのではないかと思います。

　次はスノーボードで，スノーボーダーの年齢構成比ということですね（P108，表2-6）。スノーボーダーというのは一般的ボーダーでありまして，ベテランになるとライダーといわれるそうですね。この表でみていきますと，一番参加の多いのは3年ぐらいまで，4，5年経つとだんだん減ってきております。女性で見ると15〜25歳までで約80％弱が，スノーボードの中の一番多い年齢であるというようにこのデータからは言えるんではないかと思います。25歳過ぎてからスキーの方に戻ってこられる方，または辞めてしまう方もいるでしょう。いろいろあると思います。

　スノーボードは自分自身でもやってみましたが，私はスキーを永いことやっておりましたが，スキーの縦乗りに対してボードは横に乗っていく，この体のバランスがとりづらい。若い時の敏捷性がスノーボードに対応できるのではないかなというような感じを持っております。スノーボードをやられる方は，先ほども申しましたようにくれぐれも事故に気をつけて，25歳までは頑張っていただきたい。体の敏捷性が無くなってきたら次にまたスキーをやっていただきたい（笑）。かように思います。

スキー用具の革新──カービングスキー

　スキーも，カービングスキーというのは，今までにないスノーボードに近い滑りができるということで，スキー用具の革新についてお話したいと思います。

表2-6　スノーボーダーの年齢構成比

男性	（経験）	1年未満	1年～2年	3年～4年	5年以上	合　計
	14歳以下	-	0.5%	0.5%	-	1.0%
	15～18	2.2%	1.6%	1.0%	0.5%	5.3%
	19～22	13.6%	10.9%	7.1%	1.6%	33.2%
	23～25	9.2%	15.8%	6.0%	3.3%	34.3%
	26～29	4.3%	6.0%	6.0%	0.5%	16.8%
	30～35	2.2%	0.5%	2.2%	1.0%	5.9%
	36歳以上	1.6%	0.5%	-	0.5%	2.6%
	比　率	33.1%	35.8%	22.8%	7.4%	99.1%

女性	（経験）	1年未満	1年～2年	3年～4年	5年以上	合　計
	14歳以下	-	0.9%	-	-	0.9%
	15～18	4.3%	4.3%	1.7%	0.9%	11.2%
	19～22	17.2%	19.0%	1.7%	0.9%	38.8%
	23～25	12.9%	16.4%	5.2%	1.7%	36.2%
	26～29	2.6%	6.0%	0.9%	-	9.5%
	30～35	-	2.5%	-	-	2.5%
	36歳以上	-	0.9%	-	-	0.9%
	比　率	37.0%	50.0%	9.5%	3.5%	100.0%

全体	（経験）	1年未満	1年～2年	3年～4年	5年以上	合　計
	14歳以下	-	0.7%	0.3%	-	1.0%
	15～18	3.0%	2.7%	1.3%	0.7%	7.7%
	19～22	15.0%	14.0%	5.0%	1.3%	35.3%
	23～25	10.7%	16.0%	5.1%	2.7%	34.5%
	26～29	3.7%	6.0%	4.0%	0.7%	14.4%
	30～35	1.3%	1.3%	1.3%	0.7%	4.6%
	36歳以上	1.0%	0.7%	-	0.3%	2.0%
	比　率	34.7%	41.4%	17.0%	6.4%	99.5%

（'98スポーツフォーラム実態調査報告書より作成）

　カービングスキーは従来のスキーと違ってスキーの初心者でも，あるいは上級者，レースを目指す人でも，それぞれがいわゆるカービングテクニックで滑れる。ではカービングテクニックとはどういうところから出てきたかというと，スキーの滑る技術の変化で出てまいりました。

　スキーをやる方はよくご存じかと思いますが，一言でいうとスキーは回転する際にずれて，それからエッジングして回って行くのが今までの一般的な滑り方です。しかしワールドカップなどのアルペンのレーサーになるとタイムを競いますからスキーが横にずれてしまうとタイムロスしてしまいます。そのためいかにずれないスキーをするかというのがカービングテクニックです。自転車

のロードレースのようにタイヤがずれたりなんかせず，道を決めたらその通りに向かって行く。スキーもそのようなテクニックを使っていきますとロスをしないでタイムを縮めることができる。

　トップクラスの選手が，特に大回転，あるいはスーパー大回転等でテクニックを酷使してタイムを縮める。その代表的な選手がイタリアのトンバで，長野のオリンピックでは私も見ていましたけれども，1本目には10位に入れず，2本目は棄権してお辞儀をして帰ってしまいましたが，トンバはカービングテクニックでワールドカップで活躍しました。

　トップクラスの選手は従来のノーマルの競技スキーで，自分の強靱な体力と技術でカービングテクニックを酷使しながらタイムを縮め，ずれのないスキーをやっている。我々メーカーは技術ではなくてスキーでなんとかカービングテクニックができるようなそういうスキーを設計できないかと，いろいろなスキーを作って研究いたしました。その結果，できあがりましたのがカービングスキーです。

　それではどう違うのかというと従来のスキーは非常にスマートな形をしていますが，カービングの場合はトップ，テール部分が広く真ん中がくびれている，こういうスキーですね。従来のスキーというものは，スキーのサイドカーブの回転半径が大体50M以上ですが，14M～30Mのものをカービングスキーといいます。滑りはどう違うかというと，このようにサイドカーブが緩やかなものは回転半径が長いですからスキーというものをいったんずらしながら回って行く。ある意味では回転が直線なのでエッジングしエッジをたてて回っていくわけです。ところがサイドカーブがとても急で，スキーをやられる方はお分かりになられると思いますけれど，ストックを持たない滑りはスノーボードに近い滑りになります。トップとテールの幅が広い，これによってスキーがずれなくてもエッジがたち，すぐ滑れる道を作ってくれるという特徴があります。

　カービングスキーは回転半径，ラディウスと呼んでいますが，14～30Mの間にいろいろな目的によってスキーが設計されています。これが業界各社がバラバラにいろいろなカービングスキーを出してしまうと消費者が混乱してしまうので，ある程度統一して消費者にご理解いただいたほうがいいのではないかといったことから統一いたしまして4種類に分けました。

　まず1つ目はレースカーブ。これはむしろ競技用，レースでも大回転とかス

ーパー大回転ですね。オリンピックで活躍したメイヤーとかトップクラスのレーサーは，ほとんど横滑りをせずエッジを立ててそのまま滑る道をつくってタイムを縮めています。次にピュアカーブ。これは上級者あるいはデモンストレーター用で，大回転あるいは回転用のスキー。タイムを競うよりも滑る形にこだわる様な，トップデモあるいは上級者用ということです。それから次は，初心者でも今までのノーマルなスキーに近い，多少ずれるということでイージーカーブ。簡単に曲がれますよというもの。ここまでは今までのスキーのノーマルなものの延長でサイドカーブを変えていったものですが，それを大きく変えたのが，最後にエキストリームというトップとテールの幅が広い，回転半径も14Mということで，ストックを持たなくてむしろスノーボードに近い形で滑る，新しいタイプのスキーです。この四種以外に，最近よく売れていますのは，もっと短いファンカーブというものがありますね。これは90〜60cmで，私見ですとこれからスキーを始めるという初心者の方に一番いいんじゃないかと思います。

　従来のスキーと違っている特徴として，サイズもレースカーブを除きますと非常に短くなっている，従来ノーマルなスキーでたとえば190cmを履いていた人は10〜15cm短くなります，十分それでスキーが対応してくれるということですから，まず目方が軽くなる。またスキーの操作そのものも短いですから扱いやすくなる。カービングスキーというのはノーマルなスキーと違って，より初心者でも上級者でもあるいは選手でも，見た目も従来のものと違い，滑った感じ，使った感じも快適性がある。ということで，我々業界側も一所懸命消費者にそういったことをアピールしています。

　それから技術もやっと指導書というものが全日本スキー連盟から去年の12月中旬にカービングスキーのスキー指導ということで，カービングスキーはこのように指導しなさいというものを指導員に対して作りました。ですから日本ではスキーを教える人がやっとカービングテクニックとはどういうものか理解してきた。次のシーズンがいよいよ本番であるわけですが，アメリカあたりでは10年前くらいからアスレチック・スキーヤーという本がでてきています。今までの普通のスキーで，カービングテクニックはこう滑るんですよということをとりあげている本です。アメリカあたりはそういうのが早い，日本はちょっと遅れている。これは日本体育協会というのは文部省が管轄している，従ってス

キー連盟も文部省の管轄ということになり，どうも教科書に近いような感じで(笑)見て楽しいなという感じではありません。そういった面でもアメリカに遅れているところじゃないか，と思います。アメリカに見習って指導する方も変えていってもらいたいなと考えております。

　スキーというものは，ビンディングとブーツとの三点が一体となってはじめて快適なスキーができるわけです。エキストリームというのはこういうふうにスキーの上にプレートをのせています。プレートを乗るポジションが高いほど早くエッジングができる，加圧効果がでてくるということで，これは私どもの商品ですが，次のシーズンではプレートが23ミリ，従ってスキーブレーキも特殊なもの，ドラゴンブレーキと名付けております。特にストックを持たないエキストリームのスキーではプレートを高くしたものを使用したものの方がエッジの加圧が強くできますよということです。ちなみにこのワールドカップのFISではプレートの高さが決まっておりまして54mm以上は高くしてはいけないということが言われていますけれど，一般に滑る分にはいくら高くしても構いません。もっと10センチくらいに高くしてもいいんじゃないか。業界ではそういったことも今開発研究しております。それとスキーブーツもずれがないので内側が加圧してきますから，内側の部分が強くできています。これも私どもの商品ですが内側にフレームがついていてラテラルフレームサポートという。そして強化されカーボン素材などを使用して，スキーブーツの中が左右非対象になっている，こういうような変化があります。

　これはカービングとは関係ありませんけれども，ビンディングというのは今まではスキー板とブーツをつなぐだけのものであったが，今のビンディングは高いものになりますとスキーのアーチベンドをビンディングで調整しています。アイスバーンの時はベンドを強くし，新雪の時は逆にスキーのアーチを落とす。1台で3通りの乗り方ができる。このようなビンディングも出てきております。

　いずれにしてもスキーというものは，スキーとビンディングとブーツ，そしてさらにプレートを入れて高さ調整をして，それによっていろいろな楽しみ方が出てきます。次のシーズン，業界として販売店に対して三点のチューンナップをきちんとして，それぞれのお客様の目的にあった対応をして下さいとやっております。実際に話の中ではカービングスキーは大して変わらないじゃない

かと感じられるかもしれませんが，実際に滑って頂ければ快適さなどを理解して頂けると思います。なかなか口や絵では説明できない部分があります。いずれにしましてもカービングスキーは新しく登場しまして，皆さんの滑る目的にあったスキーを楽しんでいただくようになると思います。

　ちなみにカービングスキーを国別でみるとどうかというと，日本の昨シーズンは97，98年終わったシーズンでカービングスキーの全体の割合は甘く見て20％，せいぜい15％くらいですね。ヨーロッパの場合が55～65％くらい，アメリカが一番進んでおりまして先ほどみたように10年前からテクニックの方が先行しておりますから，80～85％でカービングスキーのシェア，使用率が高くなっております。日本においても来シーズンは50％くらいはカービングスキーというようになってくるのではないかと思います。

　いずれにしましても，スポーツ用品の中で消費者に認知されるというものはやはり形でまず訴え，実際に使用してみてさらに快適性のあるものが大きなポイントではないかと思います。例えばテニスラケットをみましても，フレームが木からスチール，スチールからカーボン，現在はチタンなどを使っております。形もデカラケ，アツラケ，あるいは最近は長尺という形で長くなってきている。ゴルフについても，ウッドからステンレス，そしてカーボン，チタン。またクラブヘッドは大きくなり，シャフトも長くなってきて，年を取っても距離が落ちない。このクラブは飛びますよ，快適性がある，といった条件などがそろわないと大勢のユーザーに認知してもらえません。

　こういった意味でも，カービングスキーというものは，見た目の好みもありますけれど，トップとテールが広い，さらに短くなってきている，というように形でみると今までのスキーと大部違ってきている。また実際に滑ってみると非常に快適性がある，ということなどがこれからのスキーの大きなポイントとなってくるのではないか，と思います。

第5章・フィットネス産業とは何か

白井省三

【略歴】1950年生まれ。1974年一橋大学経済学部卒業，同年サントリー㈱入社。人事部を経て新規事業を企画立案し，事業化を推進する事業開発部に異動。同部でいくつかの事業化案件に携わった後，フィットネスクラブ事業を企画し，㈱ティップネスを設立した。1987年4月に第一号店となる渋谷店を開設と同時に同社に出向，1989年に同社代表取締役となる。現在はサントリー㈱取締役調達開発部長。

スポーツは，高校で柔道，大学ではラグビー部に所属していたが，高校時代「初めて予選を突破して出場した都大会団体戦では1回戦で0対5で敗退」し，しかも，相手の高校が2回戦で0対5で敗退する程度の実力。現在は，スキー・スクーバダイビングを時々楽しむことと，幅広いジャンルのスポーツ観戦と素人評論が中心。

ティップネスの白井でございます。よろしくお願いします。今回私どもの業界からこういうお話をする機会をいただきまして、今まで十数年こういうことをやってまいりましたが、大変に漠然とみてましてこのビジネスはどういうことなんだろうかと考えたことがなかったんですが、お話をいただきましてから過去のデータなどをひっくりかえしてみる機会ができまして、個人的に大変ありがたいなと思っています。

今日のお話の内容ですが、平たくいいましてフィットネスとは何か、今までどのようになってきたのか、そして今はどうなっているのか、最後にこれからどうなるのか、そういった流れでお話しをさせていただきたいと思います。

フィットネス産業の捉え方

ちょっと皆さんに質問というか教えていただきたいのですが、民間のフィットネスクラブでもスポーツクラブでもいいんですけれども、自分が会員であるという人はいらっしゃいますか。あ、いらっしゃいますね、3名。だいたい日本の大人のこの業界への参加率というのが2％といわれています。フィットネスクラブというのは、まあ平たくいって運動しながら健康管理するような場所ということなのですが、僕らは東京・大阪を中心に16店舗営業しておりまして、売上規模的には130億円くらい。業界では、中堅の上の方というか、売上高でいえば3，4位とかの規模です。16の店舗の会員が約8万人、7万9千人いらっしゃいまして、1日に15,800人が利用している。松本市の人口が約20万人、JR松本駅の乗降客が1日約4万人といわれていますので、その半数が我々の施設に毎日お見えになります。年間500万人ですから、東京ディズニーランドの入場者がいま年間1000万人といわれていますので、その半分くらいの方が私どもの施設にお越しになることになります。

フィットネスとは何か

一度大きな辞書でfitまたはfitnessを調べていただくとありがたいのですが、フィットネスという言葉には元々は適合するとか適応するという概念があります。人間の体には本来の機能として、自分の体を最もいい状態にする能力

が備わっているといわれています。例えば風邪を引いて病原菌が入ってきたときに、もともと人間本来の力で元の体に回復できる能力があるそうです。そういうニュアンスをフィットネスという言葉は表わしているというふうに、この業界の人間はいっています。

言葉としてはメンタル・フィットネスですとか、ソーシャル・フィットネスという表現もあります。例えば、皆さんが卒業して会社に勤めると、今までとは全く違った世界に入られるわけです。そうしたときに異文化の中でうまく自分がやっていける力といいますか、相手を認めて自分の主張も認めてもらいながら、その場としてうまくやっていく力、ソーシャル・フィットネスという概念をいう人もいらっしゃいます。そういう中で私たちはフィジカルなフィットネスということを土俵にしてビジネスをやっています。

それではフィットネスはスポーツかといわれますと、業界の人間としては基本的にはノーという立場を表明しています。それはどういう意味かというと、スポーツというようなものを道具にして健康管理をしていくという意味においては、スポーツと土俵が一致しているんだけれども、競技性とかを目的にしているスポーツとは異なる、と私どもは位置付けています。

フィットネスという感覚はどういったニュアンスかといいますと、医学的に

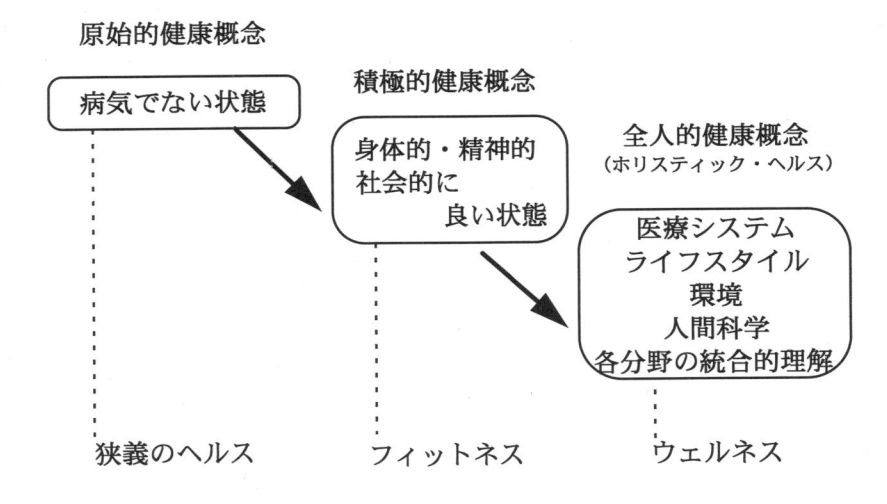

図1　健康概念の変遷　　　　　　　　　　　　　　　　　(資料)ニッセイ基礎研究所

みて病気ではない、という状態が一つありまして、それからもう一歩進んで積極的に健康である、肉体的にも精神的にも社会的にも健康である、という概念があります。さらにもう少し進んで、もっと深い意味での健康という概念とに三段階に分けて考えれば（図1）、今私たちは、積極的に健康維持し増進していくというような真ん中の分野にいる、そういう業をしていくということがフィットネス産業のフィールドです。

フィットネス産業の特徴

実際に僕らがやっているフィットネス産業がどんな特徴があるか、3つほどあげますと、1つ目は業務内容からいうと、ある種美容的な産業にも近いですし、スポーツではないといいましたけれどもスポーツにも近く、エアロビクスのような遊び的要素もあります。2つ目にいわゆるハコ物産業で、ある程度の規模のスポーツ施設を造って、そこに来ればいいことがありますよ、という産業として今は成り立っています。それから3つ目に、運営形態としては会員制ビジネスである。会員制か否かの違いというのは、お客様を固有名詞で理解するということです。つまり、会員制とパブリックの違いは、相手がお客さんAなのか、相手が白井さんなのか山田さんなのか、その差ですね。

もう少し別の切り口からいくとハコ物産業なので、場所が非常に重要です。それは皆さんが来やすい所とか使いやすい所でなくてはいけないし、またかなり施設集約型で、そこそこの規模のものを事前に作らなければしょうがないという特色があります。会員ビジネス、というのは正しいんですが、クラブ・ライフ重視といっているのは、現状においてそれは正しくありません。後で歴史的なことはお話ししますけれども、この業界はごくごく最近出来まして、そういう意味ではきわめて未成熟な産業です。どうしてもハコから入る傾向がありまして、本当は中身のソフトなどが重要だということなのですが、どうしてもハコからビジネスとしては入っています。

業界では、いかに「美人」に生んでいかに「気立て良く」育てるかという虫のいい話をしていますが、事実その通りでありまして、極めて典型的なハコ物産業であり立地産業なのだが、会員ビジネスというところから、いかに中身にお金を払ってもらい評価をもらい続けることが出来るかということがこのビジ

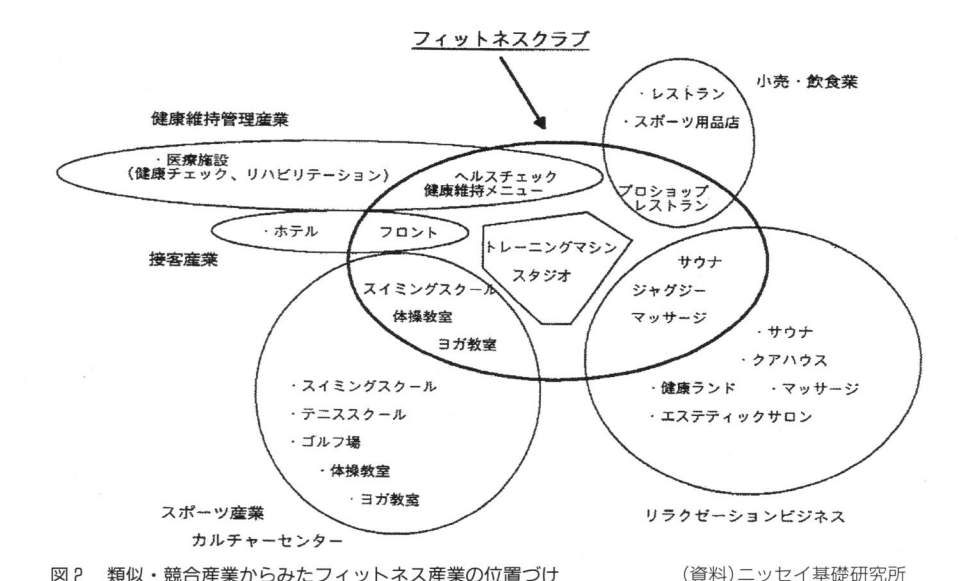

図2 類似・競合産業からみたフィットネス産業の位置づけ　　　　（資料）ニッセイ基礎研究所

ネスの大きな切り口です。

　フィットネスクラブはいろいろな要素が入り交じっているビジネスで，思いつくことをあげてみたんですが（図2），この他にプロショップ的要素も大きくて，おそらく，私どものクラブで売上の一割くらいをものを売るということで上げています。四季を通じてレオタードを売っている店というのはフィットネスクラブ以外にない。また水着にしても，春夏秋冬水着を売っている所を探そうと思えばスポーツクラブに行くしかありません。いまプロテインという栄養補助飲料だったり健康食品的なものなどを一番売っているのもフィットネスクラブで，物を売るということもかなり大きな要素と考えています。ただメインはハードを作り，そのハードの使い方をお客様に提供して，それを通じてお客様自身の健康管理に寄与する，そういった主たる内容でビジネスを構築するのがフィットネスクラブ業ですね。

　今までの話で現状におけるフィットネス産業はこうです，ということを申し上げました。アメリカはフィットネス産業の先進国ですが，必ずしもそういった業だけではありません，そういう機器自体を家庭に売るといった産業もかなり大きいです。日本でもそういった分野は本当は結構大きいのです。皆さんの

お家の押し入れの中には，ぶら下り健康機やらルームランナーやら自転車こぎのようなものが必ずあると思います（笑）。そういう意味では家庭用運動器具も実は隠れた大きなマーケットですが，データがありませんのでここではお話は省略します。

　先程，施設を造るから来て欲しいといいましたけれども，逆に施設はなくてもお客様のところにこちらから行きますよといったビジネスも当然存在していて，アメリカでは一つのジャンルを確立しつつありますが，まだそれもデータに出るほどではありません。将来においてはそういったこともありえますけれども，現状のフィットネス産業はかなり純粋に，ある運動施設を造って，そこに会員として施設を利用してもらい，お金をいただく，そういったビジネスが主として構築されています。

フィットネス産業の歴史

　グラフによって歴史的に少し説明させていただきますと，80年代にはテニスがあがっています。私どもの業界ではフィットネスといわれるラインとスイミングがメインになっていますが，スイミングというのは主としてお子様のスイミングスクールと理解していただいて結構です。80年代半ば過ぎ頃からフィットネスクラブとスイミングの増減がクロスするようになってきています。そのクロスしている部分というのは，要するにフィットネスクラブにもプールはあるのですが，ただ子どもを意識せずに造られたのでそこで子どものスイミングスクールをやればいいということで，プールが減ってきたというよりもフィットネスとスイミング系統が融合してしまい，スイミングだけの単体で出店するというのが減っていると理解していただいて結構です。

　80年代の半ばから主として大人を対象としたフィットネスクラブが出てまいりまして，80年代から90年代前後に相当の数が増えました。この表では92年までしかありませんが，それ以降は年間少ない時で30，40，多い時は70，80できているということで現状も推移しています。

　ここでの特徴としては，80年代に入りまして当初は子どもさんのスイミングスクールを主体にやっていた会社が大人のフィットネスもやり始めたということで多くなり，80年代末位から新規参入が大変に増えました。元々専業でやっ

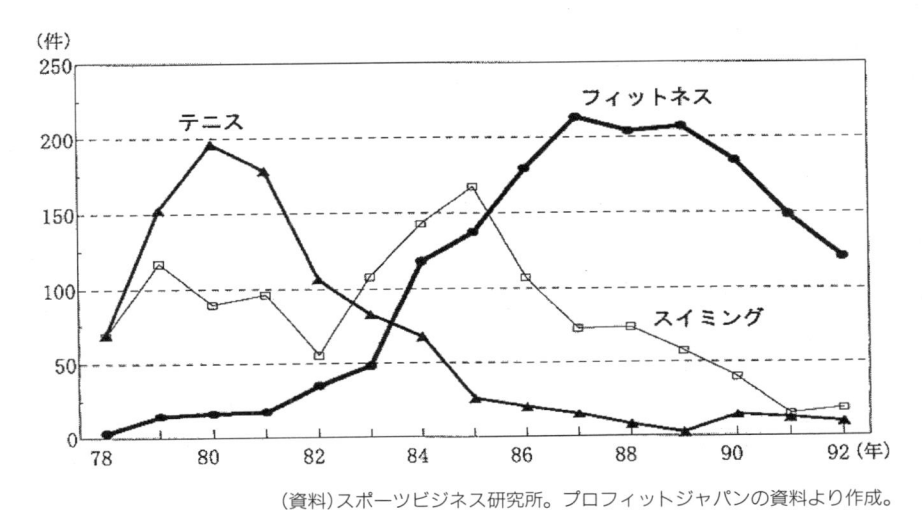

グラフ1　主なスポーツクラブ新設数の推移
（資料）スポーツビジネス研究所。プロフィットジャパンの資料より作成。

ているところががんばって伸ばしていると，おいしそうな分野だとお金を持っているところに新規の大手の資本が出てくる。これは産業の常でありまして私どももその一社なんですが（笑），80年代後半からこうした大手企業の新規参入が相次ぎました。どんな会社かといいますと，ほとんどの電鉄会社はやっておられます。長野電鉄さんはスイミングクラブを持っていらっしゃいます。松本電鉄さんはどうか存じませんが，ほとんどの大手の流通業がやっておられますし，幾つかのメーカーが同じ時期に新規参入しています。

　これらのパターンを整理しますと，1つは自社所有地活用型，電鉄系は皆さんそうですね。立地産業ですからいい場所はどこかというと，これを掴んでいるのは電鉄会社さんですからそういうところに出店されている。もう1つが自分の会社の本業をやる時に付帯して出てくる，流通系はそういう会社が多いです。これは当時，商業活動調整協議会というのがあって，大規模小売店舗法に基づいて，売場面積を1万坪造りたいといったんだけれど地元の商店街との協議でたとえば3割位カットされるわけですね。しかしハコは造りたいわけですので，3割カット分はどうしよう，そこでその中にプールを造りスイミングスクールをやればお子さんに母親もついてくるでしょう，という流れで当時大手の流通業はかなり出店をされました。3つ目のグループは全く異分野からの進

（百万円）

順位	会社名	系列・親会社	売上高
1	ピープル	ニチイ	33,484
2	セントラルスポーツ		27,200
3	日本体育施設運営		12,736
4	ティップネス	サントリー	11,730
5	ディックルネサンス	大日本インキ	10,300
6	ジェイエスエス		9,400
7	ダイエーレジャーランド	ダイエー	8,326
8	ジャスコ		5,360
9	レヴァン	丸紅	5,248
10	東京急行電鉄		4,129

(資料)日経流通新聞 1997.10.14より作成。

表1　フィットネス業界の売上ランキング

出で，私どももその一環で出てきました。

　だいたいこの業界の大きい所はどういう所かといいますと，売り上げベストテン表1の1～3位は比較的歴史のある，昔からあるスイミングスクールから出発したところ，業界ではこの三社を御三家といいます。4，5，9位は，この10年くらいで新規参入してきた会社です。その三社を業界では新御三家(笑)といいます。規模をみていただくとせいぜいトップ企業で330億円，一位のピープルさん，今年の決算は良くて390億円くらいの決算をされていますが，それくらいの業界です。我々の会社にしても12年くらいやっていますけれども，まったくゼロからのスタートで，12年頑張ればベストフォーに入る程度の未熟な業界であるということです。

　先程トレンドのようなものを示しましたけれども，業界の人間としては大きな流れをいまいくつか感じています。一つは，業界ではジム・スタジオ・プールを三種の神器といいましてこれが必ずセットになっていて，その三つを造ろうと思うと700～800坪が必要となります。渋谷店は私どもが12年前に造ったときはジム・スタジオ・プールがあって420坪でした。当時，大変な大型の施設といわれましたが，今ではぜんぜん大型とはいいません。その頃から比べると施設が大きくなってきているという流れがあります。

一方では，ジム・スタジオ・プールを乗り超えた新しいアイテムを入れている施設もあります。業界一位のピープルさんという会社が試みているのは，健康ランドというようなものをつけ加えたり，またテニスコートを何面か付けたりしてかなり施設を大きくしている所もあります。全く逆にプールなどを造らずにコンパクトな施設でやるといったところもあり，今はこういった2つの流れがあります。

　低価格化・大衆化が大手クラブチェーン主導の店舗展開とセットで出てきましたが，先程80年代半ばから新規参入といいましたけれども，その時期にはもう一つの特色として高級化・高額化の流れがありました。私自身はたまたま，このビジネスをサントリーの中で提案して，まあやってみようかという話になりまして，じゃお前持って出ていけ，ということになって今に至るわけですが，大手の会社の社長さんなどとお話をする機会があると，彼らは自分達が使える所を造って欲しいと思いますから，どうしても高級路線に流れるんです。たまたま僕らはそういう路線を選ばず大衆路線でいったんですが，その当時非常に多くの企業がこのビジネスに出まして，大半は入会金・保証金100万円というようなビジネスを始めましたが，いまほとんどがうまくいっていません。

　そういった会社はどうしてもうまく立ち行かないので，フィットネス専業の会社に経営を委ねるといった流れがこの3年くらい大変多くなっています。私どもも16店舗やっていますが，3店舗がこういった肩代わりで引き受けた案件です。ほとんどがかつて300万円単位くらいの入会時のお金をいただいていましたが，今はそういった高額路線はほとんどありませんので，大衆的な価格設定でやられている大手のチェーン店にほぼ集約されつつあるというのがこの業界の流れです。

　それから先程スイミングが少し減ってきたと説明しましたが，子どもの人口が少なくなってきたということもありますが，子どもの参加から大人の参加へとどんどんシフトしています。お客様そのものも，高齢化しているというとちょっと言い過ぎになりますけれども，比較的マチュアな方が増えてきているということですね。ちょうど渋谷店を開店しまして12年目になりますが，ほとんど毎年，会員さんの平均年齢が0.3〜0.5歳くらい高くなっています。ですから10年間で3〜5歳高くなります。ある店で調べましたところ1年間で平均年齢が1.2歳くらい高くなっているんですね。そういうことが本当にあるのか，と

思ったら，若い人の入会よりもお年を召した方の入会の方が多かった。また若い人は辞めていかれるケースも多く，お年を召した方が比較的お続けになりますので，そうすると平均年齢が1歳以上上がっている，というような事実もあります。

　これは業界としてはとても重要なポイントでして，なぜかといいますと，ハード先行の業なのに，お客が大人か子どもかでハード作りが全く違うわけです。たとえば施設内のスイッチの高さ一つとっても子どもさんのスイミングスクールのスイッチの位置は，子どもの手の届かない位置にあります。大人の施設で造るときはそういうことはほとんどケアしないですよね。ハード作りが全然違ってきて相当程度のリニューアルコストがかかりますので，我々としては業を推進していく上での大きなテーマではあります。

　僕らの平均的なお客様はせいぜい20代後半から30代前半です。クラブによっては40代の方がメインというところもあります。お客様がお年を召した方が多いということがどういうことかというと，そのクラブに勤めている人間よりも社会経験がある方々がお客様だということです。そのときにどういうしゃべり方をしたらいいか，というのは全然違うわけですよね。学生さんくらいの方がお客様ということだと，きわめてフレンドリーにした方がいいかもしれない。40代くらいの方が来られるということは接し方そのものが違うし，施設の維持管理の見方も全然違うということですね。客層が違うということは大変なインパクトで，僕らの経営にとってもテーマの一つです。

フィットネス産業の現状

　こういう流れがあって現在に至っていますが，この業界はできてから10年ちょいですので，統計データ，まともな調査をしたものもありません。といってばかりもいられないので，（表2）はこの業界の主要な団体が，日本健康スポーツ連盟というのと日本フィットネス産業協会と2つ，実は他にもあるのですが，その二つが共同でデータを作ろうということで出しましたデータです。

　売上規模が3600億円というのはどの程度かというと想像しにくいんですが，例えばチョコレートの総市場が3000億円といわれていますので皆さんがよくお食べになるチョコレート市場よりはちょっと大きい。

施設数	2,308施設
年間売上	3,591億円
参加率（全国）	3.10％ （全体） 1.80％ （15歳以上個人・家族会員） 9.99％ （14歳以下個人会員）

(資料)フィットネス産業基礎データ資料'98より作成。

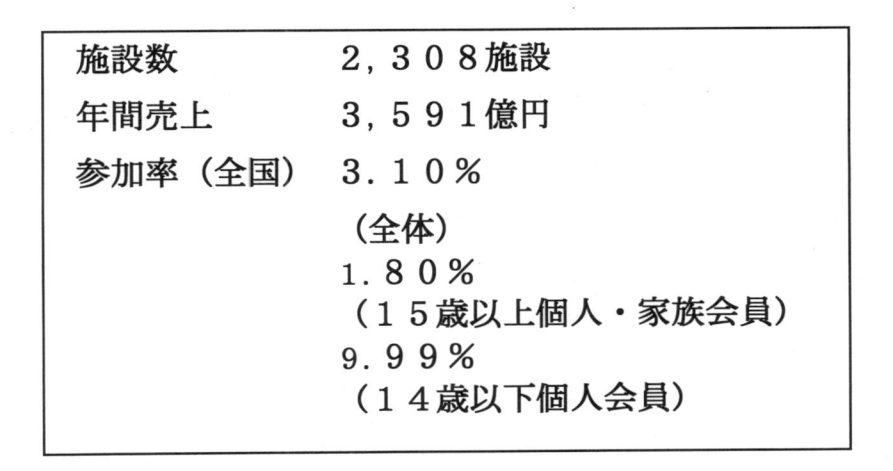

表2　フィットネス産業の市場規模

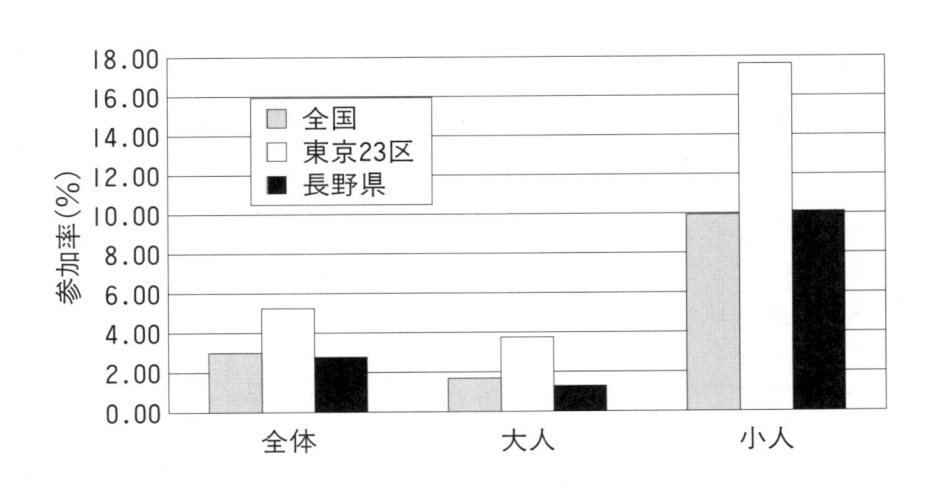

グラフ2　全国・東京23区・長野県参加率比較

(資料)フィットネス産業基礎データ資料'98より作成。

業界では参加率ということを非常に重視していますが、いま3.1％しかない。これは総人口に対して会員として登録している人の割合です。ただし日本の場合は、子どものスイミングスクールが先行しましたので15歳以上の大人の人口と15歳以上の大人の会員でいけば1.8％、15歳以下の子どもの総人口と15歳以下の子ども会員だと約10％、それを足して平均すると3.1％、子どものマーケットは小さくなったとはいえ大きなウェートを占めています。

　今のは全国の話ですが地域別の特色というのはかなりありまして、たとえば東京でいくと4.5％、大阪でも4.3％。では絶対出てくると思っていた長野県はどうかといいますとほぼ全国平均並みです。グラフ2は、全国と東京23区と長野県を比べたものですが、どうしても人口集中型の業態ですので、東京23区でいきますと大人の参加率が4％にせまり、子どもの参加率はなぜか18％で、ちょっと本当かなと思うのですが統計ではそう出ている。全体でも5.28％というふうに出ていまして、大変に人口が多い場所でビジネスとして成り立つ。

　今申し上げたのはすべて民間の商業施設でのデータで、公共施設についてはデータが実はありません。一時期さきほど申し上げた業界団体で探してみたんですが、公共のデータをどこに聞いたらいいのか分からないんですね。なぜかといいますと、市町村がやっているのは自治省に聞く、学校の施設がありますがこれは文部省に聞く、健康保険、簡保なども施設を持っていらっしゃいますがこれは厚生省、郵政省。各々がはっきりデータを持っていないので、公共施設については全くわからない。おそらく表2の2308よりは全部合わせると多いだろうと見ていますがよくはわかりません。

　ではなぜフィットネス産業が大きくなったのかという話をちょっとだけしますが、この話はあまり面白くないです（笑）。要するにサービス業を述べるときには必ず出てくる定番で、労働時間の減少と余暇時間の増大。年間労働時間の推移で自由時間が増えた、自由になる時間ができたというのが一つの要素です。

　二番目は疾病構造の変化、生活習慣病への注目。今は成人病とはいわないんですね。なかなかいい表現だと思いますが、これは皆さんよくご存知です。国民医療費がこれだけ増えてきて、流れとして減る要素も全くありません。僕らは、医療にお金を費やすのか、それとも医療に費やさない様にその前に費やすのか、そういうことをまさに問いかけようとしているわけですね。医療費の自

	２０歳台	３０歳台	４０歳台	５０歳台
1位	海外旅行	住宅	将来の備え	将来の備え
2位	将来の備え	将来の備え	住宅	国内旅行
3位	国内旅行	海外旅行	国内旅行	健康
4位	乗用車	子供の教育	健康	住宅
5位	住宅	国内旅行	海外旅行	海外旅行
6位	家具・インテリア	資格取得・学習	子供の教育	人との付き合い
7位	資格取得・学習	スポーツ	おいしいものを食べる	おいしいものを食べる
8位	スポーツ	健康	資格取得・学習	家具・インテリア
9位	映画・演劇	人との付き合い	人との付き合い	乗用車
10位	本・書籍	映画・演劇	乗用車	映画・演劇

(資料)日経流通新聞1995年8月29日より作成。

表3　これからお金をかけたいこと

己負担が1割から2割になりましたが，このままいけば必ず3割にならざるをえない。これは目に見えていますね。それに対して個人としてどうするのか，そういう話です。あとは健康意識が増大した，それから死亡率が変わってきた，これもよく見る表です。むかしトップだった結核が減少している。一番高いのは悪性腫瘍，つまり癌ですが，運動することによって防げる種類の癌もあります。大腸癌の系統はかなり効果がある，というようなことで伸びてきました。

表3は2年ぐらい前に，新聞に載っていた記事ですけれども，これからお金をかけたいものはなんですかと聞きまして，それを年代別にまとめたものです。スポーツと健康のところが赤くなっていて，40～50代がこれからお金をかけたいと思っているのか，お金をかけざるを得ないと思っているのか，ということはありますが，こういうようなことも大きなバックグラウンドになっています。

話は変わりますが，私の父は，今87歳で医学的に見たら病気ではありません。加齢による体力減退ということで，私も何十年後にか必ずそうなるし，皆さんもそれよりは遅いけれどそうなるわけですが，寝たきりではありませんで，医者にいくと薬はたくさんもらってきますが病気ではないです。

どういう状態かというと，動くと肉体的につらいので，トイレにもいかないようにするんですね。できるだけ体を動かさないようになるためますます体力

が弱るという，健康のデフレスパイラル現象が起こっています。マジメな話として心配なんですが，親父なんかと話しをしていますと，何歳になっても自分の体を自分の自由にできる，そういう体力が欲しいんだということをよくいいます。こういったところにフィットネス業の本質があるんですよね。40代，50代になってくるとかなり健康への意識が強くなり，そういう人たちの参加も増えているというのが今の業界の状態であります。

フィットネスという業

　現状の説明はここまでにしまして，フィットネスクラブという業の出来上がり方について話してみたいと思います。先程いくつか特徴など述べましたのでちょっと重なるかもしれませんが，事業構造的にみてどうなのかという話です。1つ目は，施設集約型で相当規模の初期投資がいる産業であるということです。だいたいいま，ジム・スタジオ・プールを少しゆったり造ると700坪から1000坪くらいの床が必要になります。この大教室10個か15個分くらいですね。一個つくろうとすると10億単位のお金がどうしても必要になりますので，それをどう調達するかという問題だとか，初期投資をしているのでそれをどう回収するか，ということがコスト構造上大きなテーマとなります。

　それと2つ目は固定客ということですが，会員制ビジネスをしているのですから固定客に決まっていますね。固定客の多数回・複数来場型ということですが，これは，たまにくるということは想定していないということです。これはビジター産業というのか，パブリックとの差，レジャーとの差でもあります。月一回いけば気晴らしにいいよ，というのではなくて，月一回の運動では健康になりません。毎日来ていただいて構いません，同じ人がしょっちゅう来るということによって成り立っている業です。

　一説には，お金を払って全然来ないお客様が一番いい会員だという人もありますが，これは100％間違いです。一番いいお客様は，しょっちゅう来てお友達をたくさん連れてきてくれる会員さんです。使ってもらわないと，結局効果が出ないのですぐやめてしまう，それを繰り返すわけです。

　ただ，同じ方がしょっちゅう来ている，というのはどういう意味かというと客単価が安いということです。サッカー見にいくんだったら，S席には五千円

払って年に何回かは見ますが、毎日毎日いくんだったら、風呂屋程度の金額でないと行かない。その都度いい店か悪い店かということをお客様が評価する、ということです。特徴的なのは、同じ人が何度も来たときに、いつもいつも違った商品を提供される、ということで、これは非常にレアな業態です。たとえば、この携帯電話が昨日かかったけれど今日はかからない、そんなことはなくて一定水準の品質が保障されているわけですが、フィットネスはそんなことはない。だから同じ人がしょっちゅう来るということは、業の特色としては大変大きなことです。

　収入は極めてシンプルで、会員数×月会費で90％を占めています。ですからこの業はお客さんが何人入会されるかでほとんど決まってしまいます。だから何人以上いないと赤字という損益分岐点というのは当然あるわけで、そのラインを下回ると相当の経営努力をしても浮上しません。

　先ほど非常に大きな先行投資をする、といいましたけれども、10億円規模の建物を造ってしまえば、造った後で8億円にしてくれ、とはいえないわけですね。減価償却費をまけてくれとは言えない。誰かが造ってしまえば後は賃料としてはねかえってきます。あとから考えたらもっと簡単な内装で良かったのに先輩が大理石を張ってしまったものだから（笑）、減価償却費が重くのしかかっているんだよね、というのがそこらじゅうにあるんです。この業界では賃料、人件費、水道光熱費が三大コストで、総費用の80％くらいを占めてしまいます。売上げが大きくなるにつれて費用が多くなるといった意味での変動費的な発想があまりないという意味で、極めて固定的な費用です。ですからこの業界では会員さんをどれだけ確保できるか、コスト・コントロールをいかにするのか、この辺が事業構造としては大変大きい問題です。

　同じ会員制といわれるゴルフ場がありますが、たいへん大きな違いがあります。フィットネスクラブが10億ならゴルフ場は100億というように1桁違いますけれども、多額の開発投資がかかるのは同じですが、ゴルフ場の場合は開発投資を会員権で賄い、オペレーションコスト、運営経費をビジター・フィーで賄っている。この二本立てでゴルフ場ビジネスは大ざっぱにいえば成り立っています。

　ではフィットネスの場合はどうかというと、多額の投資は高額の会員権で賄えるかというと、それで賄おうとした高額クラブはいまうまくいっていない。

今入会金はあるかないかでやっていますから投資は賄えません。毎年毎年の利益の中で投資を回収しているということです。では運営経費をビジター・フィーで賄えるかというとこれもまた駄目で，なぜかというと，もともとフィットネスクラブというのは日常の健康管理のためにしょっちゅう行くということを前提にしているわけですね。ビジターとして月に一回来ましたというような，そういう頻度で使うという使い方はありません。同じような会員制といっても，フィットネスクラブにはゴルフ場ビジネスを成り立たせる二つの要素はなくて，大変大きな違いがあります。

ティップネスのマーケティング戦略

　そういう中で私どもはどうやってここまできたかというと，ティップネスという会社はサントリーの100％子会社で，ある時期，この分野はいいということで進出しました。サントリーという会社は，社風としては新しいことは何でもやるというような会社で，新規事業をたくさんやっています。それも大きく２つに分かれていまして一つは収益事業，もう一つは本業を補完するものです。

　後の本業補完型の方から説明しますと，サントリーホールというコンサートホールがありますが，あれは儲かりません。ただ会社のアピールとしては大変いいわけです。また，サントリーオープンですとか，昔はテニスなどのスポーツイベントを協賛し，今はJリーグのヴェルディ川崎のユニホームにも胸にモルツと入っています。本業のビジネスを補完しているというスタンスの，ある意味での新規分野で，この分野は儲けろとはいいません。

　もう一つは収益事業型で，私どもの会社もここに含まれています。これはどういうことかというと，カネも出すし人も出すしリスクも負うけれども儲けて配当しろ，と平たくいうとそういうことですね。ハーゲンダッツのアイスクリーム，サブウェイというサンドイッチ屋とか，TBSブリタニカという本屋，そういうのは100％ないし過半数をサントリーが出資している会社ですが，ぜんぶ本業とは違うが新規の事業として始めようという分野です。

　どういうところに出るのかというと，これは会社というよりは私自身としてこう思っているということですが，一つはマーケットの裾野が広いということです。フィットネスも健康産業として捉えると先ほど言った3600億円というこ

とはないわけですね。1兆円かも10兆円かもしれない。マーケットの裾野が広い。

それから、後発でも一定のポジションが得られる。さきほどの新御三家といわれる会社は歴史としてはどれも十年から十五年の間で、後発組でも努力すればそれなりのポジションに入れる可能性がある分野です。

もう一つは仕組みを作れる。人の3倍働けば上手くいくんだよね、というビジネスは、大手の資本の場合はやらないわけですね。それはいわゆる家業の世界でありまして、システムにはならないんです。こういう事業として構築すれば、一定のハードルを越えさえすれば、システムとして広げたり機能させたりできる仕組みが造れるか造れないか。私自身はこの事業をやる前は、一定のポジションは売上100億円だと思っていました。ある一定の年限で100億になるということで始めてきました。その仕組みとして考えられるのは一つはフランチャイズですね。大手資本は何を考えるかというと、フランチャイザーになろうと思いますが、フランチャイジーになろうと思いません。フランチャイザーの業というのは仕組みだからです。フランチャイジーの業はどちらかというと家業に近い。まあ資本の論理からいうと、良し悪しは別にしまして、そういう割切りをするわけです。

というようなことで始めてきまして、そのとき私どもがどういうことを考えたかということをいくつかお話しします。一つは一点突破。新規で入ってくる時はあらゆることに手を出すことはしないのが常道だと思いました。たとえばアサヒビールの場合にしても一時期大変苦労しました。もう少しでサントリービールはアサヒビールに追いつくはずだったんですが（笑）、そこからあれよあれよと引き離されてしまってアサヒは今はもう破竹の勢いです。その時にアサヒさんはスーパードライ以外わき目も振らなかった。シェアの小さい企業は何を考えるかというと、全面戦争はしないわけですね。ウイスキーを例に取ると、サントリーはウイスキーのトップブランドですから、レッドから最高級のザ・ウィスキーまで、300円くらいのものから5万円くらいのものまでの全部品揃えをするわけです。しかし後発の小さな会社は同じ土俵で勝負をしないで、要するにロバートブラウンだけというようにその製品のみで勝負します。当然ですよね。時間とお金と資源をどこに投入するかという話ですから。

ともかく一点突破でやって話題になる、私どもの場合でいえば、子どもさん

を相手にするとかいろいろなやり方があるわけですが，大人のフィットネスしかやらない，都心部で派手なところしかやらないというきわめてピュアなスタイルを考えました。

　また流行というのがありますが，12年程前はそんなに注目されていない業界でしたので，なにか火をつけなければいけないだろう，ということで，若い人に受けるようなモノを作った方がいい，ということで流行ということを意識しておりました。

　それから，先ほどちょっと出ましたけれども最初から100億円にいくにはどうしたらいいんだろうな，ということを考えていました。ハコ物産業は１つの店で格段に売上が増えるということはありません。１店造ったら稼動上の限界がありますので，大きくなるにはそのハコがいくつできるかということを考えるわけです。一店10億だとすると10店で100億だねと考えるわけで，そう考えるとお金持ち相手ではできないので，ごく普通の道を歩いている人でも行けるものにせざるをえない。そのため価格的にもそういうものを選び，最初からそういうチェーン・オペレーションをしていくことで考えました。

　あと私どものパンフレットには，サントリーという文字は一つもありません。お配りしてある会社案内にはサントリーが100％出資と書いてありますが，これは採用上の学生さん向けや，法人対法人の話をする場合のみで，パンフレット類にはサントリーといった言葉を使わない方がたくさんお客さんが集まるのではないかと当時から思っていました。関係ないですもんね。ビールとかそういうんだったらブランドをみるかも知れませんが，スポーツクラブはいい運営先だったらどこでもいいともいえるわけです。

　立地はさっき言いましたように，とにかく美人に造っていい所でしかやらない。これは社内マーケティングという，組織としてはとても重要なテーマがございまして，皆さんも会社に入ればすぐに分かると思いますが極めて厚い壁があるんです。例えば１号店を仮に松本でやりたいと僕が提案したら，当時の佐治啓三社長は，きっと「なんで松本でやるんや」と聞くわけですね。それが普通だと思います。するとそこから話が始まって，いかに松本はいい所か，事業の可能性はあるのか，人口はこれくらいあるんだとかずっと説明をしてから，「で何やんねん」「フィットネスです」という話になっていくわけですね。

　ところが，「渋谷でやります」ということだと，「なんで渋谷なんや」という

質問はないわけです。なぜないか，誰も理由は知らないけれども（笑）なんとなくないわけですね。きっと人がたくさんいていいところなんだろうな，と漠然とそう思っているわけで，いきなり「何やるねん」という話に入れるわけです。社内マーケティングという，ビジネスの社会をわたり歩くにはたいへん重要な要素がございまして，これは冗談ではありませんで，きわめて本気で僕は最初から渋谷でやろうと思っていました。

あとは，施設についてのポイントは，現物を見たら思ったよりよかった，ということだと思います。実際にみてどうかというと，要求水準というのは皆さんそれぞれですから，きっとこんなものだろうな，入会金もほとんど今ないんだろ，しょうもない施設じゃないか，と思って行ってみたら意外と良かった，という程度の施設をつくる。多分これがポイントだと思います。

最後に，習慣化ということについてはフィットネスとしてはキーワードでありまして，さきほど言いましたように同じ人が毎日来るという業なので，当時「フィットネス歯磨き論」というものを出しまして，ちょっとしたことで健康にいいことを毎日続けませんかという提案をしました。よく考えたら，フィットネスでやっていることは走ったり泳いだりすることですから，走るにしてもいくらでも走る場所があるし，泳ぐにしても市営のプールでもいいし，川へ行っても泳げるわけです。トレーニングしようと思えば自分の家で腕立て伏せ，腹筋だってやればいいんです。もう身近にあるわけですね。そういった物をなんとか組み立てて業にしようと考え，たいそうなことではないんだけれどずっと続けることは難しい，そういうことを業として組み立てよう，というのでフィットネス歯磨き論というのを出しました。

毎日のことをやり易くするにはどうすればいいのか。そういう場所が行き易い所にあり，いつ行ってもできる。お店も3，4店舗できてくればどこの店でも使える。朝でも夜でも，長時間営業している。だいたいどのスポーツクラブでもそういうことを考えておられますが，そういった仕組みを組み込んできたということであります。

フィットネス産業を取り巻く環境

以上で当社の宣伝を終りまして（笑），ではこの業界は今何を考えているの

かということに話を移しますと，いくつかテーマがございまして，一つは商品，マーケットに関するもの，組織そのものに関するもの，外部環境におけるもの，となります。

　商品に関することとしては，非常に大きなテーマとして退会率というのがあります。先ほど会員数が勝負だという話をしましたが，入っては辞めといった具合になかなか続きません。(グラフ3)ですけれども，経営上の課題はなんですか，と聞くと，「退会率である」「継続してもらえず退会者が多い」というふうに言っています。事業的にみて，退会率はどうなのかというと，業界では5％が退会するといわれていて，これは先月末1000人会員がいれば今月そのうち50人が辞めるということですから，年間6割の人が入れ替わる。1％退会率が違うと毎月10人違ってくる。その数が辞めずにいれば120人増える計算になり，在籍会員が12％増えたのと同じになるわけですね。売上に占める月会費が約9割ですから，退会率が5％から4％まで下がってくれば1割売上が増える。逆に言ったら退会率が5％から6％に1％増えれば，1割減るということです。

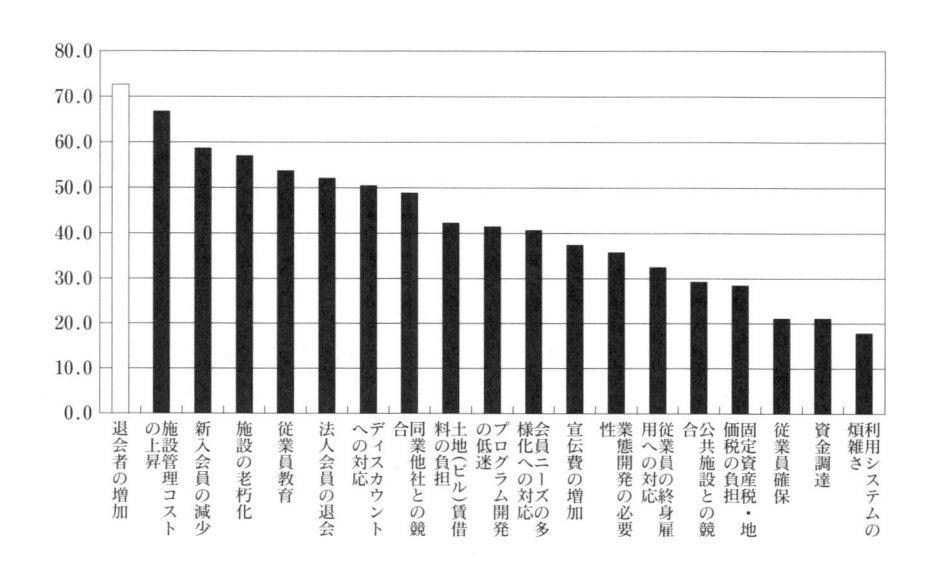

(資料)フィットネス産業基礎データ資料'98より作成。

グラフ3　フィットネス産業経営上の課題

業界の一般的退会率　　　　月間　　5％
　　　　　　　　　　　　　年間　　60％

１％の増減の持つ意味　　　在籍会員　　5,000人

　　　　　　　　　　　　　１％ ────▶ 50人
　　　　　　　　　　　　　　　　　年間600人

　　　　　　　　　　　　┃在籍会員が１２％増減と同義┃

売上に占める月会費収入　　90％前後

　　　　　　　　　　　　┃１％は、10.8％の売上の増減┃

図3　退会率の持つ意味

１割減るのはどういうことかというと，赤字になるということですね。（図３）ほとんどが固定費で，利益の方は，普通の会社の経常利益率というのは数パーセントですから，１割売上げが減るということは赤字になる，ということです。

組織に内在する話というのは，先程ランキングを出しましたがさほど強くないことです。まだできて間もない業界ですから，収益力もそれほどありません。この業界で５％以上の利益率を上げている会社は，大きな会社では２社しかありません。その１社が当然（笑），私どもです。

外部環境の影響は，最近はよくテーマになるんですが，一つは公共施設との競合です。先程の同じデータ（P134，図４）ですが，競合は厳しいかということを89,94,95年を並べて，大変だといっている率です。民間との競合はきついという会社は，数としては多いのですが最近割合としては低い。公共施設との競合というのは人口の少ないエリアに行けば行くほどかなり深刻なテーマとして受け止められています。

後は，昨今の金融・不動産市況によって店が作れないというような問題を多く抱えています。実際ちょっと，ハードができないというのはどういうことかというのを，事例をひとつ挙げてご説明しますと，埼玉県の草加市に東武伊勢崎線の草加駅というのがありますが，過去草加駅周辺にはスポーツクラブというものが１軒もありませんでした。93年に我々の店を１軒造りましたが，会員

競合意識の推移

	89年	92年	95年
（対民間）	74.2	71.4	55.9
（対公共）	13.0	20.0	25.9

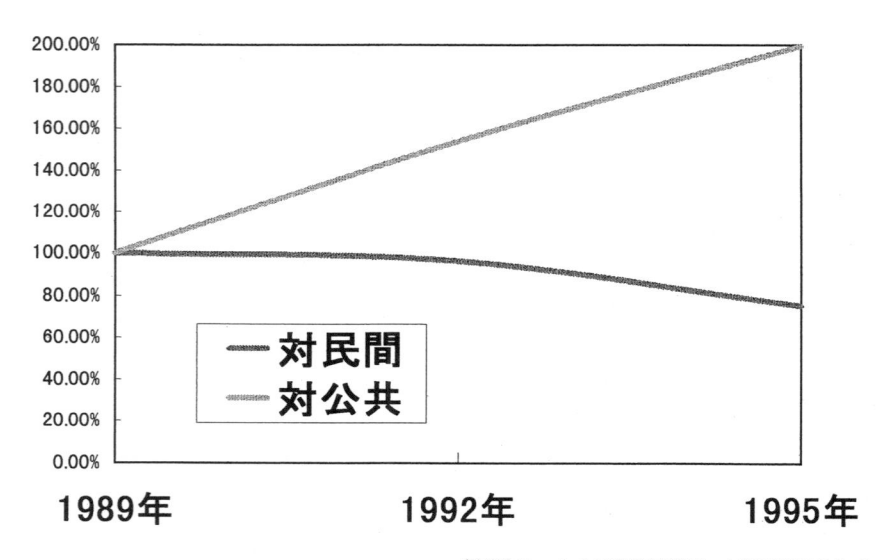

（資料）フィットネス産業基礎データ資料'98より作成。

図4　公共施設との競合

4,500人，今は4,300～4,400人くらいいらっしゃいます。95年にメガロスという大きな店が出来，7,000人の会員を集めた，これは大人，子どもを含めてです。それまでハードがなかったので，過去草加駅周辺の参加率が0だったんですね。1店出来たために2キロ圏で，まあ2キロ圏が商圏とは言い切れないんですけれども，3％くらいの参加率があり，2軒出来たら9％の参加率となった。ハコ物というのはこういう要素が非常にありまして，外部環境によるといいましたけれども，不動産市況が悪かったり，出店したいのでお金を貸して欲しいといってもなかなか貸してくれなかったりで，そのためハコが出来ずマーケットにならない一方，ハコが出来た部分は全国平均というような数字でなくて相当程度の参加が見込めるようになります。（表4，グラフ4）

埼玉県草加市

	1 km	2 km	3 km
居住人口	31,392	124,857	252,043

参加人口

	93年会員数	97年会員数
ティップネス草加 93年オープン	4400	4300
メガロス草加 95年オープン	0	7200
合計	4400	11500

表4　現実の市場の動き1

参加率の推移

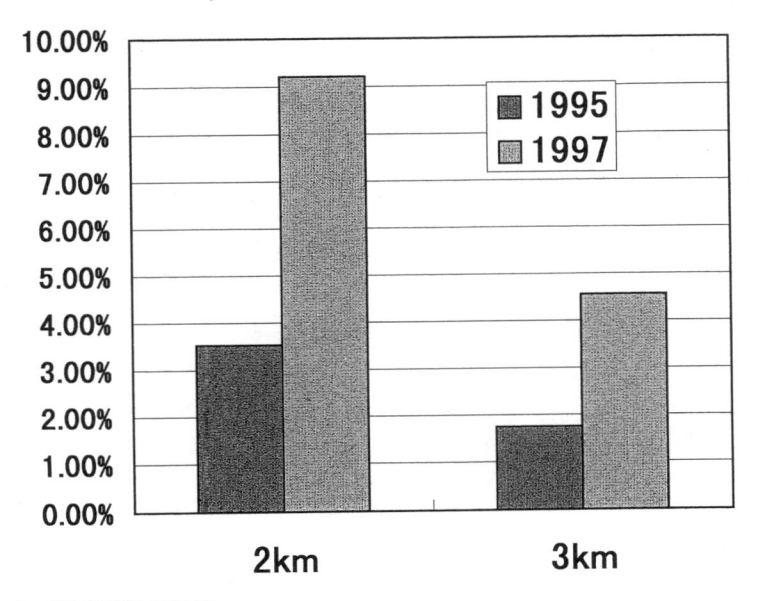

グラフ4　現実の市場の動き2

この業の将来を彷彿とさせるアメリカの事例を少し紹介して最後にしたいと思います。（グラフ5）は主要各国の参加率です。日本は2.5と出ていますが少し前のデータです。アメリカは9％にせまっていて，比較的欧米からきた業であるのでこういう流れを示しています。僕らはここまで行くだろうと思っていますが，実際アメリカでどの位参加しているのかというと，スポーツクラブの会員は2000万人。最近のトレンドレポートによると2250万人が参加している，と書いています。ほぼ9.9％を超えていて，アメリカの最近の流れとしては（グラフ6），会員の年代年齢別構成ですけれども，枠で囲んである35〜54歳の層が大変増えている。

　このトレンドレポートに書いてあったのは，アメリカのウォールストリートの投資家にインタビューしたものですが，投資先としてフィットネスビジネスはどうか，という質問をしたところ，大変に将来いいのではないか，ただ情報公開をされていないのでちょっと分からない，という。これは日本とまったく一緒ですね。

　それとどういった流れがあるのか，と質問すると，1つはチェーン化されつつあるといっています。今は，全店舗におけるチェーン企業のシェアが35％だが2000年には50〜55になる。トップテンの企業のシェアが今5％が20％になるだろうと。

　この業界を歴史的にどうみればいいのか，という質問に not mature，要するに未成熟だといっている。将来はどうか，きわめて楽観的である。ただ，データがあまり公開されていないのでもっと投資家に公開すればいいのではないかと思う。

　どういう流れがあるのか。ソーシャルから，もっとウェルネスへのシフトがある，ソーシャルクラブ的なものから健康管理を主眼としたものに移ってきていると書いてあり，日本と一緒ではないかと思うのですが，日本はアメリカの10年遅れだと言われていて，10年後にも日本が抱えているようなことをしているのか，1歩踏み出せて一段深掘りしたことが出来ているのか分かりませんが，そういうような状況にあります。

　これはこの業界では重要なレポートで surgeon general，日本でいうと厚生大臣か，その下の局長に相当すると思われる人が出したもので，過去3冊目のレポートで第1冊目のテーマが喫煙，10数年前に出ています。たばこの害につい

	日本	アメリカ	イタリア	オランダ	ドイツ	イギリス
参加率	2.5	8.7	6.7	6.0	5.1	4.8

参加率＝参加人数÷人口（％）

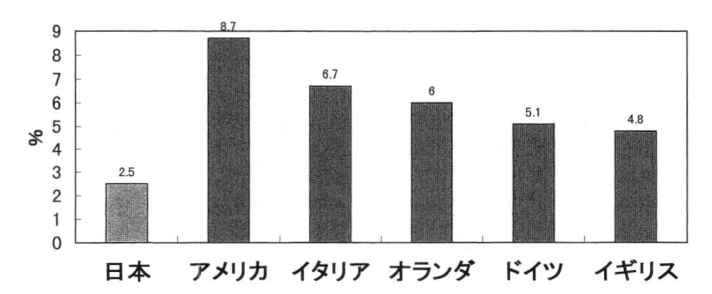

グラフ5　世界のフィットネス参加率

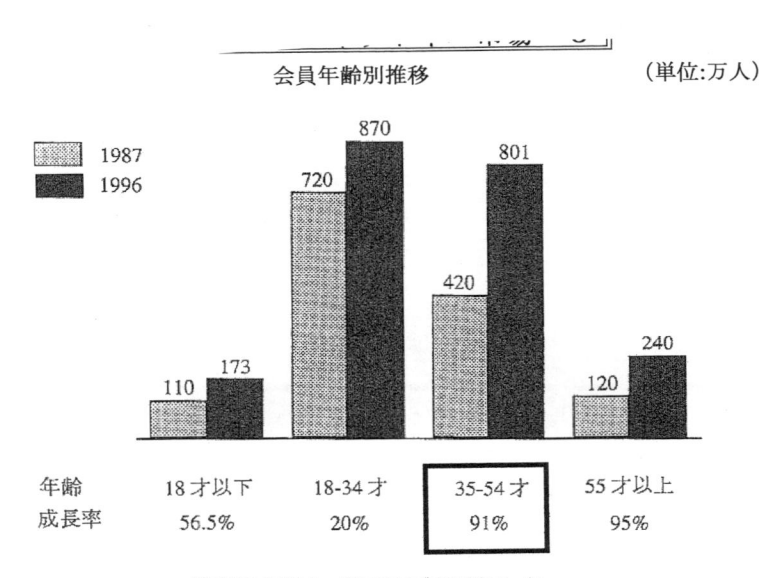

会員年齢別推移　　　　　　　　　　（単位:万人）

年齢	18才以下	18-34才	35-54才	55才以上
1987	110	720	420	120
1996	173	870	801	240
成長率	56.5%	20%	91%	95%

（資料）IHRSA　米国クラブの経営データ

グラフ6　アメリカのフィットネス市場

てその後アメリカの嫌煙運動の論理的なバックボーンとなったものです。2回目がエイズで、3回目が physical activity and health というテーマです。公衆衛生局長という方が、運動しないということはあなたの健康に害を及ぼすといっているよ、ということですね。

死亡率にも影響を与えていまして、総合的な死亡率は、運動している人としていない人では大部違う。フィットネスしていない人と、moderately fit つまり緩やかにやっている人、よくやっている人では1万人当りの死亡人数、運動している人としていない人の死亡率が明らかに違う。

老化について、age well と書いてありますが、糖尿病などあらゆる病気のもとが、「よりよく年老いる」ために運動することによって解決できる。過激なことをやる必要はないというんですね。代表的な運動として30分の芝刈りというのはいかにもアメリカ的で、日本だったら30分する方が大変ですね。15分の窓拭きなど、ずっと書いてある。週1日より3日の方がいい、3日よりも毎日の方がいいとも書いてある。ある意味で国策としてフィットネスということをやりましょうということです。

元々アメリカでフィットネスが盛んになった原因はベトナム戦争です。戦争が始まった当時、アメリカの大統領がアメリカの小学生の体力がどの程度かと各国の同じような子どもと比較したら、あんまりの結果だったそうです、それはたぶん軍事的にみたら大変なことなんですよね。で、体力をつけなけれいけないというので当時のケネディ大統領が学校教育における運動を推奨した。これがフィットネスムーブメントのはしりだといわれています。そういう意味でも国策であることは間違いない。

フィットネス産業のこれから

将来どんなふうになるんだ、ということについて three to ten、参加率を3％から10％に上げよう、これが業界の合い言葉なんですけれども、問題は山積しています。まず潜在的ニーズは山ほどあるんです。やりたいですかと聞くと、みんなやりたいというんです。また自由な時間を何に使いたいかと聞くと健康作りが一番。（表5）で見てほしいポイントは潜在需要ということです。これはレジャー白書で、自由な時間を今何に使っているかと聞いて、さらに本当は

	第1位	第2位	第3位	第4位	第5位
全体	健康作り	アウトドア	スポーツ	芸術鑑賞	稽古事
男性	健康作り	アウトドア	スポーツ	スポーツ観戦	ボランティア
女性	健康作り	アウトドア	稽古事	芸術鑑賞	スポーツ

レジャー白書98

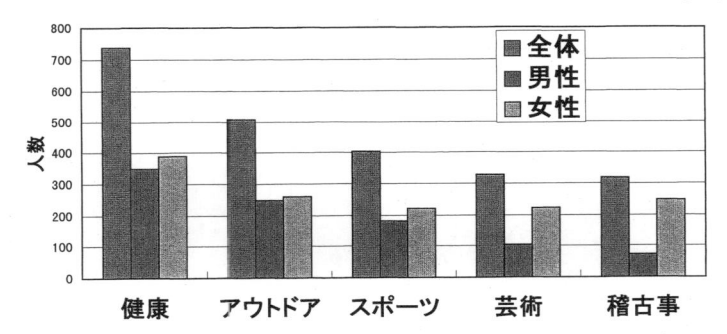

表5　自由な時間の使い方についての潜在需要

何をやりたいですかと聞いたら，その差の一番大きかったのが健康作りということだった，そういうことです。

　では今何をしていますかと聞くと，一番は休養，くつろぎ。要するにテレビをみてなにもしていない，ということで，自由時間はそれに費やしているのが一番多い。でも本当はなにをしたいかと聞くと，もっと健康づくりを積極的にやりたい，という。そういう意味ではニーズは山ほどあって，潜在需要をいかに顕在化させるかというのが僕らのテーマです。

　場をたくさん提供するのもそうですし，続けていただけるような努力をするのもそうです。そういう結果において，今通っていらっしゃるお客様がお友達を連れてきて会員になる，結果的に参加率がアメリカ並みになる，というのが私どもの描いているストーリーで，これから先どうなるかは我々の努力次第ということです。いただいた時間になりましたので，以上で私の話を終らせていただきたいと思います。ありがとうございました。

第6章・サービス業としてのテニススクール経営

中嶋康博

【略歴】1945年兵庫県宝塚市生まれ。青山学院大学時代は体育会庭球部で活躍。1969年に同大学を卒業後，1975年VIPインドアテニススクールを開設。1991年には社団法人日本プロテニス協会優秀コーチ賞を受賞した。1995～96年社団法人日本プロテニス協会理事長を歴任。1997年TOPインドアステージ亀戸，1998年TOPインドアステージ津田沼，2000年TOPインドアステージ多摩を開設。現VIP・TOPグループにおいて総支配人を務める一方，財団法人日本テニス協会普及指導本部長，社団法人日本テニス事業協会理事，研修委員長などを兼任。各種媒体において精力的に執筆活動も行っている。一般プレーヤーに対しては，「楽しく・易しく・美しく」をモットーに誰にでも出来る段階的レッスンを展開。コーチに対しては，サービス業としてのコーチのあり方を徹底的に指導している。

はじめに

　皆さんこんにちは，よろしくお願いいたします。松本には初めて来たのですが，長野，特に軽井沢にはしょっちゅう来ています。ですから，長野県に対する思いは非常に強いのですが，今回このような場でテニスのお話ができるという機会を頂き，大変喜んでおります。

　最初に簡単に自己紹介させて頂きますと，私は兵庫県出身で現在52歳です。多少若く見えるのは日ごろから，テニスをしているせいではないかなと思います。小さいときからスポーツが大好きでしたが，小学校の時はどちらかというと野球少年で，テニスを始めたのは中学2年のときです。ちょうど，第一次テニスブームとして，皇太子殿下と美智子妃殿下の御成婚という国民的な行事が縁でテニスを始めました。そして，高校，大学とテニスをやりましたので，本来そのままテニスの仕事をやりたかったのですが，その当時はまだプロの世界というのがございませんでした。プロのコーチとかプロの選手とか，そういう時代ではありませんでしたので，僕はちょっと変わった経歴で，大学を出てからホテルの調理場で調理をやっておりました。ラケットがフライパンに代わったというそういう感じですね。その後もう一つ仕事を変えまして鉄鋼関係の営業をやっておりました。30歳のときに，その1，2年前にできたプロテニス協会の方からの誘いがあり，テニスに入ったという経歴でございます。

　もともとテニスの魅力にとりつかれテニスが大好きだったので，学生の頃からのテニスが仕事にできればという希望が実現した形ですので，いまは年に2日しか休みがありませんが，本当にテニスが好きなのであちこち飛び回っています。いま，大体15ヶ所くらいのテニススクール，テニスクラブをみておりまして，400人くらいのコーチの指導をしています。趣味が仕事になっているという意味では非常に自分自身恵まれていると思っております。

　今日は最初にテニスの歴史について少しお話しした後，スポーツ経営ということで現場で何をやっているのか，皆さんにとっても身近なお話しになると思うのですが，その辺をできるだけ分かりやすく，具体的にお話ししていきたいと考えております。

テニスの歴史

　テニスというスポーツはイギリスで生まれたスポーツではないかとお思いになられる方が多いと思うのですが，実際は13世紀にフランスで生まれたスポーツです。その当時のボールは布の中に毛髪を入れて，それをいまのボールらしきものにして，それを手で打ったのが始まりです。フランスでは，ジュー・ドゥ・ポムといって，手で打ち合うところから段々発達してきて，手で打ったのでは手が痛くなってしまうので，グローブになり，短いラケットになって，段々長くなっていって今のラケットになっていったという歴史があります。王宮でスタートし，芝生の上（ローンテニス）で行われ，いい環境の中で発展してきたスポーツです。それが，16世紀にイギリスに渡り，ロイヤルテニスということで今の形が出来上がってきたという歴史があります。皆さんの中で世界史を勉強した方は，フランス革命の中に「テニスコートの誓い」というのを記憶している人がいるのではないかと思いますが，その当時からテニスコートはあったということが証明されていると思います。

4大トーナメント

　私も先日までフランスに行っておりまして，全仏オープンで日本の選手を応援してきたのですが，テニスはフランスで生まれイギリスで発達したスポーツですので，最初にトーナメントとしてスタートしたのは，ウィンブルドン，つまり全英選手権，これが1877年です。1881年に全米，1891年に全仏，そして1905年に全豪オープンと始まって，4大トーナメントといわれています。

　ウィンブルドンは，皆さん御存知かもしれませんが，芝生のコートでプレーがされています。全仏は，最近テレビでご覧になった方もいらっしゃるかもしれませんが，赤土のコートで大会が行われております。全米の場合は，ハードコートといわれ，コンクリートに近いようなコートで行われています。全豪の方はもともとは芝生でしたが，今はハードコートで行なわれています。ですから，使うサーフェイスによってボールの回転や速さが違うので，色々なコートで勝つことが非常に難しいといわれています。

　今回，全仏の男子はアメリカ勢が全然ダメで，ヨーロッパ勢が非常に活躍し

たというのは，もともとヨーロッパの場合はクレーコート，土のコートが多く，土のコートで小さい頃から練習していますので，コートに慣れているという面で強さを発揮したというように思われます。アメリカの場合は硬いコート，ハードコートでの，サーブとかボレーとか早い展開の勝負に慣れていますので，どうしても遅い展開ではなかなか勝てないといった状況があり，今回もヨーロッパ勢が大活躍したということがいえると思います。

　このように4大トーナメントが行われていまして，その中で日本の選手も随分活躍しておりますが，ここへきて，松岡修造とか伊達公子が引退して，淋しくなりました。どちらかというと男子の方は非常に低迷しておりまして，鈴木貴男選手が全日本チャンピオンですが，彼は予選の決勝まできましたけれど，結局本戦には出場できませんでした。女子の場合は，杉山愛，沢松奈生子（現在は引退）ほかの7選手が本戦に出場しております。

　4大トーナメントといいますのは，シングルスですと128ドロー，128人が出られるという枠がありまして，このうちの16人がシードになっています。今日の新聞発表ですと，杉山愛が世界の17位なのです。ですから，もう一つランクが上がりますと，16シードの中に入れて，3回戦までは強い選手にあたらない。今17位ですともしかすると第1シードのヒンギス選手にいきなりあたる可能性もあるので，非常にランキングが注目されています。上位ランクの誰か出られない選手がいると，杉山は16シードの中に入れるということになります。伊達が抜けた後も女子は何人もの選手が活躍しておりますので，女子はそんなに強いのになぜ男子が弱いのか？とよく聞かれますが，これはいろいろな問題があります。例えば，女子の場合の花形スポーツというのはやはりテニスですから，非常に素質のある選手がテニスに集まりやすい。男子の場合は，運動神経がいいと野球とかサッカーとか他の運動部にもっていかれて，割と素質のあるのが来ないといったことがあります。それと，練習相手としましても女子の場合は国内でも男子を相手に練習できるという利点があります。ところが，男子の場合はなかなか国内にいたのでは練習相手にも恵まれないというようなこともあります。それから，日本の場合は学校問題があったりとか，色々な状況でなかなか今男子の方は，ジュニアの中でもそんなに強い選手がなくて期待できない，強い選手をいま発掘しなければということで，やっきになっているところが実情です。

日本のテニス

　日本にテニスは，明治7，8年に入ってまいりましたが，当時の日本は貧しい国でしたので，今のようなボールを輸入することがなかなかできませんでした。明治の頃には，フェルトのないゴムボールを作りましてそれでテニスをすることになり，軟式テニスが非常に盛んになりました。明治の初期から大正にかけては，その軟式が盛んで技術改良もされ，全国規模で行われ，日本だけだったのですが結構高いレベルでした。その軟式の選手が世界に出ていったのがはじめでした。最近テニスがオリンピックに復活いたしましたが，昔はオリンピック種目の中にテニスがあって，日本が初めてオリンピックでメダルをとったのはテニスが最初なのです。1920年のアントワープの大会で熊谷選手が準優勝し，銀メダルをとりました。熊谷選手と柏尾選手がダブルスで同じく準優勝し，銀メダルをとっています。また，世界の国別対抗，デビスカップという大会がありまして，その大会には，国に協会が無いと参加できないということで，1921年に日本テニス協会がスタートしました。そしていきなり，そのデ杯に出場しました。昔はチャレンジカップ制といい，前年度優勝国が待っていまして，その他の国が全部予選をやりまして，そこで勝ったチームが前年度優勝国に挑戦するという制度でした。なんと，予選で日本は優勝して，チャレンジしたのです。残念ながら負けてしまいましたが，世界2位になったのです。また1934年には三木選手がウインブルドンのミックスダブルスで優勝しております。

　そういった歴史が残っていて，日本は結構戦前は強かったのですが，どういうわけか戦後はどんどん置いていかれている状況です。それでも1955年には，全米で，加茂・宮城選手がダブルスで優勝しております。1968年は，世界のテニスがオープン化され，初めてテニスのプロが誕生します。1972年に日本プロテニス協会が設立され，初代理事長として石黒修さんという方が就任しました。最近は，俳優の石黒賢君のお父さんといった方が分かりやすいみたいです。その石黒さんが理事長をされて商業化にむかっていきました。

テニスの商業化

第1次テニスブームというのが，1959年，先ほどちょっと触れましたが，皇太子さまと美智子妃殿下の御成婚という慶事で，国民的にテニスが広く行われるようになりました。そして，第2次テニスブームというのは，1975年に沢松和子選手がウィンブルドンで優勝して火が点き，もうこのときには猫も杓子も，テニスのラケットを持って歩くこと自体が格好いいという時代であったと思います。その頃に民間テニスクラブとかテニススクールといった商業ベースのテニスの場所が増えて広がっていったのです。

プロテニス協会も最初はプロの興行，プロの選手によるトーナメントを見てもらってお金を払っていただく，といった形からスタートし，その後レッスンプロが誕生してテニスを教えて料金をいただくという形に段々変わり，今はテニスを教えるプロの方がはるかに多いのです。今，プロテニス協会には，1500人以上のプロがおりますが，95％以上がレッスンプロです。ですから，トーナメントで活躍しているプロというのはほんのわずかで，松岡，伊達選手あたりの頃は，トーナメントの賞金で生活できていたと思うんですが，今は杉山選手ぐらいで，それ以外の選手というのはなかなかスポンサーがつかないと賞金だけでは食べていけないというような現状です。

テニスの経営――クラブビジネス

そろそろテニスの経営の方に入っていきたいと思いますが，テニスの経営はクラブビジネスとレンタルビジネスとそしてスクールビジネス，と大きく分けまして3つが考えられます。ただし，クラブ経営をされている中でも，レンタルやスクールの要素があったり，さまざまな要素の組み合わせがございます。

今，日本のテニスクラブといいますのは，入会金と月会費を払って会員として登録し，いつ行ってもプレーができる形式をとっているところが多いです。今，日本で一番高いテニスクラブというのは，入会金が200万で預託金が500万という所があります。これは，東京の，名前も地名もマッチングしているのですが，"ナンバーワン"というクラブでして，杉並の高井戸というところにあります。政財界とかかなり著名な方がテニスをやっておられるといったクラブ

から，安いところですと入会金5千円とか1万円で，会費月3千円とか5千円でいつ行ってもプレーができる，いわばピンからキリまであります。しかし今は経営的に非常に難しい時期にきておりまして，テニスクラブ経営の9割方は赤字，成功しているところはもう1割弱というくらい厳しい状況にあります。

これは，テニスクラブ自体が，地主さんといいますか農家をおやりになっていて，そこで土地が余っている，駐車場にするよりはテニスコートにして地域住民に喜んでもらえばいい，固定資産税が払えればいいというような形でスタートしているからです。ですから，固定資産税も上がってきていますし，それといま相続税の問題も起こってきて，オーナーさんが亡くなられて2代目に引継ぐとなると莫大な相続税を取られ，そのためにやっていけないといった問題に直面しています。

それから，テニスコートを作ったけれども，だんだん会員も贅沢になり，いいコートとかいい設備が要求されるようになりまして，そういった経費が料金から捻出できない，それをクラブ員からとるというのも，クラブ員の反発があったり，裁判になったり，なかなか上手くいかないようです。それと，フロントのマネージメントといいますか，経営者サイドの会員募集とか設備関係，ショップといった部分でのマネージメントというのは，そこそこやっていたのですが，コートマネージメントの辺は怠っていたという傾向が強かったです。ですから，最近成功している1割の中では，やはりスタッフが中心になってコートをしっかり管理して運営を行っている，そういうクラブは非常に盛んになって，会員に喜んでもらっています。従来通り会員が来て，会員証を出しコートを好きなように使って下さいということになると，どうしても派閥ができてしまい，なかなか馴染まないというのが，今のクラブの現状のようです。

レンタルコートビジネス

レンタルビジネスというのはコートを1時間，2時間単位で貸したり，それだけでは大変だというので，例えば企業に年間幾らという形で貸したり，チャリティーマッチや親睦のトーナメントなどのイベントを仕掛けてコート稼働率をあげていくビジネスです。レンタルだけでやっていけない所は，スクールをやったりしているわけですが，最近は公共の施設が増えて非常に安い料金でコ

ートを借りられますので，東京の場合ですと，公共の施設にどんどん利用者が行ってしまい，高い民間のコートにはあまりお客が集まらない状況です。ですから，民間のレンタルビジネスというのは非常に厳しい状況に陥っているということです。

テニススクールビジネス

　一方，テニススクールは，公共に比べて民間のスクールが伸びております。公共にも区や市の指導者という形でおられますが，やはりレッスン面ソフト面で十分に行きとどかないので，なかなか民間には勝てないという状況があります。唯一民間でいい形でビジネスとして成功しているのはスクールビジネスというように言われております。

　ただ，ここへ来まして，スクールビジネスも非常に厳しい状況に陥っております。スクールというのは，週1回曜日と時間を決めてそこに毎週通い，1カ月とか2カ月幾らというような料金体系をとっています。例えばいま700人の生徒がいるテニススクールがあるとします。大体，1期間を8週とか10週という単位で運営され，それが終わりますと継続してもらいます。通常どこのスクールも90％の継続率を目標としてやっておりますが，実際に，以前ですと90％を保っていれば，スクール経営としては順調だといわれていましたが，最近はこれでも厳しいといわれています。といいますのは，90％継続されても70人の方はお辞めになって新規募集でそれを埋めていくのに，最近ではこの70人がなかなか埋まりません。ですから，例えばここで，40人しか生徒が埋まっていかないようなことになりますと，マイナス30人，年間6期で単純計算しますと，180人減っていきます。そういう状況が現実に起きて，これから何年かやっていきますとどんどん生徒数が減っていき，ビジネスとして成り立たないというようなところもぽちぽち出てきています。

　そこでテニス業界に限らずスポーツクラブではいろいろな手を打って，新規の方をどうやって掴んでいこうかということを，盛んにやっております。このスポーツビジネスの中心になっていますのが，スポーツクラブ，それからスイミングスクール，ゴルフスクールです。またシーズンが限られますが，スキースクールです。皆さんスポーツビジネスに対して関心をお持ちの方は，これか

らどんどんそういった分野に入ってもらいたいと思っております。

システム

　新規獲得のためのいろいろな手を打っておりますので，その辺について少し詳しくお話を進めてまいりたいと思います。以前は，アウトドアのスクールが中心で，雨を見込んで3ヶ月で10回のレッスンが圧倒的に多かったです。そうしますと年間に4サイクルしかできない。最近の傾向としましては，2カ月で1サイクル，年間6回やるという形が増えてきています。そうしますと，入る方も料金が安いし，経営者サイドも4回が6回になるわけですから売上的にも上がっていきます。それから，1期2カ月ごとの支払ですと大変なので月払いの制度ができましたし，以前はスクールが始まる前の現金払いが多かったのですが，最近はカードでも払えるとか，自動引き落としの形をとっているところが増えてきました。その方がフロント業務も単純化されますし，経営者サイドから見ますと，休会退会する人は書類を出して下さいというような形もとれますので，書類を出してもらったときに引き止め工作もできるといった大きなメリットがあるということで最近は自動引き落としシステムがとられております。

　以前は，生徒さんの状況というのをあまり考えずに，働く側を中心に考えていました。例えば夜の時間帯ですと，6時と7時半から2度のレッスンを作ったりしていましたが，現実に6時からのスクールというのは，会社が終わってからでは間に合わない。ですから，最近は6時半ぐらいになり，会社が終わってからも十分間に合うような時間設定をして大勢の方を集めるような形になっています。

　スタッフの中にはまだまだ体育会的な考えというか，変にプロかぶりしているというか，自分はプロなんだから生徒がどれだけ集まろうが集まらなかろうがこれだけの料金を下さいとか，それから30分時間を遅らせると自分の帰る時間が9時半になって遅くなるからやらないというような，経営者サイドからみれば非常に困ったプロが大勢おりました。徐々にその辺は改善されてきておりますが，まだまだスポーツの指導者というのは，経営的な感覚を持たない人が多くて，お客さんの身にならないというところが非常に足を引っ張っている部

分でもあるわけなのです。

　レッスン時間につきましても，通常は90分を基本にしておりますが，ジュニアですと集中力がもたない。それから，年配者につきましても体力的に90分だと長いということで60分にしたり，逆にトーナメントに出たりしている方には2時間とか半日のレッスンをやったり，お客様のニーズに合わせながら，時間についても変更がなされています。

　ちなみに，リクルートのアンケート調査によると，スクールの選択についてどういう条件で選びましたかという問いに，便利さで選んだという生徒さんが1番多いのです。学校の帰り道とか会社や自宅に近いという交通の便利さによってスクールを選んだ。それから，時間帯が豊富にあるとか上手くマッチングするといったことによって選択したというのが，2番目。そして，スクールを何で知りましたかという問いに対して，友人とか知人の紹介でというのが，1番です。広告宣伝とか新聞雑誌で知ったというのが，2番目。スクールに入って良かったことの問いに対しては，我々は，技術が向上したというのが1番なのかなと思っていたんですが，そうではなくて，今の人たちは楽しく充実した時間が持てたというのが1番なのです。2番目が技術向上で，3番目が友人が増えた，などが今のスクールを受ける方の傾向です。

宣伝広告とフロント

　宣伝広告に関しましても現在は，チラシをスクールの開講に合わせて配ったり，最寄の駅周辺にスクールがありますよというような広告宣伝をうったり，またテニスの専門誌，いま5誌ありますが，そこに広告を出したり，地域のミニコミ誌や，先程のリクルートの『ケイコとマナブ』というお稽古事がいっぱい載っている雑誌に出したり，それから1軒1軒ポスティングといいましてポストに投函していったりとか，あとは，お金がかかりますけれども電車内に広告を出したり，重点的には半径3～5キロぐらいを中心にやっております。ターゲットを絞りまして，例えば主婦層を掴みたいという時期であれば，スーパーなどとの連携を持ったり，それから，OL層を掴むために，OLが読む雑誌に出したりとか出退社の時間帯に駅で配ったりとか，地域の方を獲得するためにいろいろやっております。

昔はテニスクラブとかテニススクールのフロントというのは，見学者が来られたら，はいそこにチラシがありますから持っていって下さい，好きなように見学して下さいというような形で，サービス業としてはちょっと遅れている傾向がございました。ところが最近は，せっかく時間を作って交通費を使って見学に来て頂いたのですから，できるだけ懇切丁寧に説明を行う。場合によっては，フロント越しではなくてコートまで案内して，いまはここは初心者のクラスでこういうレッスンを行っていますと，あるいはその人のテニス歴を聞いたりしてスキンシップをはかって入会に結び付ける所が増えています。フロント自体も，ホテルのフロント並みとはいかなくても，それに近いできるだけいいサービスができるようにということで，いろいろな研修を行ったりしております。

入会者をいかに増やすか

　入会のきっかけとしましても，先程も言いましたように，第2次テニスブームのときはラケットを持って歩くこと自体が格好いいという時代だったんですが，今はものを持ちたがらない。ラケットにしても靴にしても，それを会社や学校に持っていくのをあまり好まないので，最近では手ぶらで来て下さい，ラケットとかシューズはお貸しします，そして，持っている方に対しましては預かります，レンタルロッカーに置いていって下さいという形にすれば，テニスが終わってからも，食事に行ったりデートをしたりといったこともスムーズにできます。
　それから，例えばテニスを始めようと思うと，ラケットを購入しなければいけない，シューズを買わなければ，ウエアも揃えなければ，そしてさらに入会金を払って，受講料を払うとなると5，6万かかってしまいます。5，6万一気に払うとなるとなかなか抵抗があって，入会に結びつかないということがありますので，できるだけそのときに，入会金・受講料だけで入れるようにし，ラケットもシューズもレンタルを用意しておけば，持っていなくても入れるというふうにつながってきます。若い主婦向けには託児所を用意して，お子様をお連れになっても大丈夫なようにしておけば，入会しやすい等ということもスクールとして考えてやっています。

外商という言葉は百貨店で聞く言葉ですが，百貨店によっては売り場よりも外商の売上げが多いという所もございます。今までのテニスクラブやテニススクールというのは，どちらかといいますと殿様商売で相手が来るのを待っているというようなところがありました。自ら出ていって，生徒を掴むといったことがありませんでした。ですから，その辺についても積極的にやっていこうということで，例えばスポーツ店だとか美容室とか人が集まるような所にチラシを置いてもらうとか，ポスターを企業の食堂や駅に貼ってもらうとか，それから，区とか市がやっているテニスの初心者教室や学校にコーチを無償で派遣したりとか，区の指導者とか学校の先生に集まってもらってクリニックをやったりとか，ジャパンオープンだとか大きな大会のイベントの手伝いをしたり，企業や健康保険組合のテニスキャンプについていったり，団地に教えに行ったり，雑誌の取材協力をしたり，外へ向かって自分のスクールを認知してもらう行動を起こしています。

　新規入会キャンペーンといいますのは，最近スポーツクラブが行っている，入会金が無料とか50％オフ等のキャンペーンのことです。それから先程言いましたが，初心者にとってはラケットを買うというのはネックになっておりますから，初心者応援キャンペーンで，ラケットをさしあげるという思い切ったこともちょっと前に私どもでやりました。それは経営者サイドからみますと大きな負担というふうに見えるのですが，意外とそうではなくて，メーカーでも在庫としていっぱい持っているラケットを安く購入しまして，そこにガットを張ってお渡しするという形をとりますと，そんなにお金がかからずに初心者の方にプレゼントできます。

　入会するというのはきっかけだと思うのです。例えば新入社員の方とか新入学生の方には，フレッシュマンキャンペーンで割引します。フレンドキャンペーンでは，1人で入るよりも2人で入った方が安くなり，3人，4人で入るともっと安くなります。家族で入ると割引があります，等。1人よりも仲間を集めて入ってもらおうということも知恵を絞ってやっております。

　それから，紹介者があって入会した場合に，入会者に対して，あるいは紹介してくれた方に対してのサービスを行ったりする紹介者制度をやっているところもあります。これは非常に地域性がありまして，例えば東京あたりですと，そんなつもりで紹介したのではないというような方もいらっしゃいますので，

そういう方に対しましては，後からこっそりなにか品物を送ったりいたします。関西ですと，紹介してくれましたら1万円の商品券を差し上げますといった形で集めている所もあって，安売り合戦になっている所も結構あるのではないかと思います。

体験レッスンも最近はやっていますが，マンネリ化していたりとか，いい時間帯，例えば日曜日の午前中とか平日の夜なんかに体験レッスンを行っていないということで，あんまり集まっていないというような所もあります。最近の傾向としましては単発1回だけの体験レッスンよりも，2回とか3回短期的な形で試してもらってその間にコーチと親しくなって，そして入会に結び付ける，それも3回で3000円とか受けやすい料金を設定したり，あるいは，8回全部受けてもらってモニターレッスンで半額で受けられる形をとったりとか，いろいろなアイデアを出さないとなかなか生徒が集まらないという状況になっているということがいえます。

年少者と高齢者

ここにラケットを持ってきましたが，これは最近3歳から10歳くらいまでの人たち向けの短いラケットとスポンジボールです。部屋の中でやっても危なくないもので，小さいうちからテニスに馴染んでもらってテニス人口を増やして，強い選手いい素材を発掘していこう，ということもありまして，今，非常にテニスメーカーそしてテニススクールでも盛んに力を入れてやっております。ボール自体も非常に安くて大体150，160円です。ラケットもガットが張ってあって1000円ちょっとです。メーカーによって多少料金が違いますが，結構スポンジボールは部屋で一般の大人の人がやっても，良い練習になると思います。

それと，ボール自体も，大きく分けて2，3種類あって，ふつうの硬式ボールとスポンジボール，その中間のボールがあり，このボールは空気を抜いた柔らかいボールなので飛びませんから，非常にラリーがつながりやすいのです。テニスをやったがラリーが続かないでボール拾いばかりしているのが多くて，面白くないやという人もいますが，このボールですと非常にラリーがつながって面白い。子供たちにも手にやさしいのです。

以前は，ちびっこテニスという部門には，メーカーも2社くらいしか絡んで

おりませんでしたが，最近では各メーカーどこでも年少用のラケット・ボールやネットがあります．ネットとラケット2本そしてボールが2個ついて，ファミリーテニスのセットで，7000円くらいで出ていますので，小さいときからテニスを楽しませることはできるように，いろいろ工夫しております．

　もう一つは高齢者です．例えば東京の新宿区では，高齢者向けに，ラケットは通常ですが，ボールは大き目のスポンジボールにし，これですと空気抵抗があってボールがあまり速く飛ばないですから，非常にラリーがしやすい，そして高齢者でも打ちやすいので，高齢者のサークルができて，楽しんでいる人も大勢でてきています．

　先日，私も名古屋で，今年で48回目，48年間も行われている百歳トーナメントに参加したのですが，ダブルスで二人の年齢が合計100歳以上の方が出場できます．女性はハンディがありましてマイナス10歳，ですから男性と女性が組んだ場合は90歳で出られます．そして，女性同士ですと80歳でも試合に出られるので，男性も女性も入り混じってできる大会なのですが，45年間出ているという方が表彰されまして，すごいなと思いました．それから，高齢者の男性で93歳の方がその試合にでてやはり表彰されました．女性で，去年は80代の方が表彰されたらしいのですが，今年は77歳の方が試合に出ていた．このようにちびっこから高齢者まで，それも男性女性一緒になって楽しめるスポーツというのはあまり無いのではないかと思います．わりと仕事仕事でこられた，企業で働いていた方というのは，なかなか趣味を持たないで，家でごろごろされている方が多いようですので，「ぜひスポーツを！」ということで，中高年者にもターゲットを絞ってやっております．

継続してもらうための戦略

　次は継続者，現在やっている人にどのように喜んでもらえるか，という部分ですが，昔と違って最近は厳しくやりますとどんどん辞めていってしまいます．大学の運動部でも，体育会になかなか人が集まらないで同好会の方が好まれる．楽しくないと続かないということがありますので，レッスン内容も素振りばかりやらせるのではなくて，できるだけボールを沢山打ってもらって楽しくやっているうちに上達するということをモットーにレッスンを進めております．

学校の授業と同じように，テニスのレッスンというのはコーチ自体の資質がまず面白くなくてはいけない，2番目はコーチの言っていることが良く分からなければいけない。理解できる言葉で話しているかどうかという要素を持っていなければいけない。3番目はコーチの言う通りやったらできるということです。コーチの言う通りやったけれどもできなかった，これは，面白くないわけです。ですから，3つの要素を入れながらレッスンというのは進めていかなければいけないというふうに，考えながらやっています。

　また，名前を覚えるというのは，これはサービス業としての原点です。ホテルマンは一度お会いしたらその人の名前を忘れない，次に来られたときにはお名前をぱっといえるくらい努力されています。名前を覚えるというのは，結構苦手な方が多いと思いますが，私はこれは努力だと思います。

　1度こういう事がありました。アメリカのコーチでテニスの宣教師といわれているデニス・バンダーミアが初めて日本に来られたとき，日本のコーチが全国から32名集まり，テニスユニバーシティという5日間のキャンプが開催され，私も参加しました。そのときに，我々は1人4球づつサーブを打ちましたが，自分の名前を言いながら打ったのです。「中嶋です」といって，パーンと。これを4回，いって打ったんです。そのときデニスのスタッフがビデオに撮っていて，32人全員が打ち終わってから，みんな教室に入りました。教室に入ってビデオを映し，音声は消してありました。デニスはビデオを見て「中嶋さん，あなたにはこういう特徴があります」と，32人全部に対していったのです。名前は4回しかいいません。それも，デニスは初めて日本に来たのです。その画面を見た瞬間に，日本語の名前とフォームの特徴までいったのです。それにはもうびっくりしました。どうやってあんなことができるのかと，もうマジックでも見ているみたいな状況でした。どうしても疑問だったのでどうやってあんなに32人の名前をパッと覚えられるのですかと，スタッフに聞いたところ，彼は成田に着いてからキャンプの行われる埼玉の新所沢に着くまでずっと写真と名前と照らし合わせて，覚える努力をされたのです。ですから，写真と本人を確認するだけで済んだのだ，といいました。日頃から努力しているのでできるのだということを感じ取りました

　それから，私のスタッフで69歳までテニスのコーチをやってくれた方がいらっしゃいました。その方もすごく名前を覚えるのが早くて，どういう努力をさ

れていたかといいますと，1週目に必ずその方はカメラとテープを持ってこられます。そして，自分の受け持ちの生徒さん全員の写真を撮ります。それから，1人1人に，お名前とテニスを始めた動機とか以前どんなスポーツをやっていましたかという自己紹介をしてもらい，全部テープに収めておいて，後で自分でノートに清書して，その人の特徴を覚え，写真には名前を書き込んで，名前を覚えるという努力をしておりました。ですから，69歳までやっていましたが，1番その人が名前を覚えるのが早かった。やはり名前を覚えるのが早いということは何かしら努力をしていると思います。

メンバー間のコミュニケーション作り

先程も少し触れましたが，日本のテニスクラブは，まだまだどこへいっても体育会の流れが強いのです。というのは，上手い人や古い人が大事にされて，下手な人や新しい人が大事にされていないという傾向が非常に強いのです。これはテニスクラブだけではありません，スポーツクラブもテニススクールもそうです。例えば，コーチやスタッフがいつも話しているのは上手い人古い人で，新しい人下手な人との会話は少ないです。ですから，下手な人ほど馴染まないうちにやめてしまいますし，新しい人も入らなくなってしまいます。新しい人というのはなかなか自分からスタッフに声をかけるということはできません。スタッフの方から新しい人に声をかけたりして積極的にやらないと，またリーダーとしてもいろいろなバックアップ体制を作らないと，その人は馴染まないで辞めていってしまう，というケースが多いと思います。それも気をつけなくてはいけないと思います。

これはスクールによってはやっていない所もありますが，第一週目に必ず自己紹介をしてできるだけ早くコーチが生徒の名前を呼び，生徒同士も名前を覚えてもらって，早く仲間になれるようもっていくことが大事なことだと思います。スクールによってはレッスン後，生徒の帰るまではコーチは部屋に戻ってはいけない，レッスン中は技術的な話の方が多いですから終わってからしっかりとコミュニケーションをとりなさいということをやっているところもございます。

それから，テニスクラブもテニススクールでも，そこのチャンピオンを決め

るトーナメントをやっています。私はそれは目標としてはいいと思うのです。例えば，私のスクールでも2000人の生徒さんにトーナメントに出て下さいといっても，100人も出ません。全体としましては数％です。喜んでもらえないものをやるよりも，もっと大勢の方に喜んでもらえるイベントを仕掛けた方がいいのではないかということを考えています。

　ですから，練習したコートで，その最後の週はトーナメントをやっています。初心者クラスの方は，初心者の仲間だけで試合をやって楽しんでもらっています。初めてスクールに入ってくる生徒さんというのは，カップを貰ったことがなくて，小さいカップでも非常に喜んでくれますからカップをあげたりとか，オリンピックイヤーにはメダルを差し上げたりして，クラスごとにトーナメントをやるようにしています。そうすると，自分の都合のいい時間にできますから，試合に参加できます。それから，よくテレビなどでも杉山選手が130キロ台のサーブを打ったとか，ヴィーナス・ウイリアムスが男子並みのサーブを打ったということが話題になったりしますが，自分のサーブ何kmあるか興味あると思います。これは全員が参加できるのですが，サービススピードコンテストというのをやっています。全員のサーブのスピードを計ってあげて，次回までには記録をアップするようにしたりしています。

　それから，話題作りとしましては，新聞やコーチに対する情報を提供したりとか，キャンプやトーナメント，それから野球大会といったようなことをやっています。昔はよく軽井沢にバス何台も連ねて生徒さんを連れてキャンプをしましたが，最近は大人数のキャンプというものに参加したがりません。ですから，うちでは16人でコーチが2人の小人数のキャンプを，年に十数回やったりしています。延べにすると大勢の方が参加する形になります。

　先ほどもアンケートの結果についてお話ししましたけれども，生徒さんが生徒さんを引っ張ってきてくれるケースが非常に多いのです。テニススクールで，新規募集して，広告宣伝にお金をかけてやりますが，それよりも，大体，新規で入ってくる7割方は友人知人の紹介，つまり，生徒さんの紹介が多いのです。やはり，自分がテニススクールなどのお稽古事をしていますと，その状況を家に帰って喋ったり，会社で喋ってくれたり，友達に喋ってくれたりしてくれるわけです。ですから，そういう意味からすると，まさに生徒さんは営業マンなのです。大勢来ている生徒さんに，いかにいろいろな情報を提供するかが大事

なことだと思っています。

スタッフと生徒の管理

　スタッフの管理として，支配人がいて，ヘッドコーチがいて，チーフコーチがいて，アルバイトコーチがいるというような形ですが，集合研修したり個別研修したりして行っています。それから，生徒さんに関しては，生徒名簿をキチッとつけて新しい人が急に休んだりしたら「どうしたんですか」とすぐに電話連絡をとって休みグセをつけさせないようにします。休まないで来るということはもう続くということです。継続してもらえることにつながります。

　休まずに例えば8回なら8回来られた方に対しましては，皆勤賞というものを用意してあります。年間1日も休まずに来られた方には年間皆勤賞，それから，年間，ずっと続けて，5期なり6期なりやって頂いた御客さんに対しましては，年間継続賞を用意したりしております。

　また例えば冬場はちょっとスキーに行ってしまうとか，夏場はちょっと海へ行ってしまうとかいって，継続が鈍る時期には，スピードくじをやったり，いろいろなことを試みています。夏休み時期ですとお子さんがいるからお休みになってしまうという人に対しては，振替が自由にできたり，まとめてレッスンを受けることができるといった特例を設けたり，寒い冬ですと素手で握ってもカバーして手を保温してくれるハンドウォーマーというものを配ったり，寒くても暑くてもお客さんがみえなくならないような工夫をしております。

　以前やっていた生徒さんに対しましては，リターンキャンペーンという形で，今こういうような雰囲気でこういうふうに楽しくやっています，今だと戻りやすくなっていますというようなDMをうつ働きかけをしたりしております。それと，やはりオープン時や1周年2周年という切れ目の時期は，生徒さんが集まりやすい時期です。春とか秋も集まりやすい時期ですが，そういった記念の月に粗品を進呈するなどといった形の試みもやっております。

安全管理

　昔は先生に対して訴えるということはありませんでした。でも最近は，何か

事故が起きますと必ず訴えて，訴訟という問題が起きています。ですから，こういうスポーツビジネスの中では，絶対に事故を起こさないということがものすごく重要になっています。どんなに楽しくやっていても，誰かが怪我をされますと，みんな楽しくなくなって，周りの雰囲気がとたんに悪くなってしまいます。ですから，事故を起こさないよう，スタッフが率先していかなければなりません。コーチが自ら足元のボールを素早くどけるとか，注意するとか，打ち合いをやっていてもストップをかけるとか，危ない練習メニューはやらないとか，注意をはらいながらやらなければなりません。

　事故の確率について保険業界では，300対29対1という法則があります。300の微細事故，事故にならないような事故，それを防ぐことによって，29の中くらいの事故が起きなくなってきます。29の中くらいの事故が起きなくなれば1つの大きな事故に結びつかないという。ですから，例えばボールが飛んできておでこに当たった，その時おでこで済んで良かったねではなくて，おでこに当たった危ない，下手すれば目に当たったかもしれない，というふうに，微細事故を起さないことによって，29の中くらいの事故を防ぐ。あそこの足元のボールぐらいなら大丈夫だと思っていても，そのボールに乗っかって捻挫してしまうかもしれない。あのボール危ないからちょっとどけておこうということによって，捻挫をしないで済む。ですから，300の小さな事故を防ぐということを，日頃から考えていくことによって，大きな事故は生まれてこないのです。

　もし，事故が起きましたら，これはあたりまえのことですが，誠心誠意，その人のためにフォローすることが大事だと思います。そういう誠意を尽くさないとまた後で大きなもめ事になってきます。ですから保険にもきちっとはいっておきませんと，今は大きな事故になりますと1億以上の損害賠償をとられる。小さなスクールでは，それだけでつぶれてしまうということにつながってきますので，非常にそういった面では今後企業としても，きちっと対処していかないといけない部分であると思います。

ビジネスとしてのテニスの将来

　先程から申し上げましたように，クラブビジネスというものはこれからシステムを変えていきませんとなかなか生き残ってはいけません。レンタルビジネ

スについてもなかなかレンタル1本では公共におされて難しい。スクールビジネスもやはり新規をどうやって獲得していくか，現在やっている人たちにどれだけ満足を与えていくかということをもっと考えていきませんと，今みたいに安売安売で人を集めている段階では，本当にいいものが提供できていないと思います。ですから，スタッフ自体の教育ももちろんのこと，向上をはかるようにいいスタッフを集める，いい素材をテニス業界・スポーツ業界に集めていかないと本当の経営につながっていかないのではないかなと思います。

　はっきり申し上げまして，まだまだテニスビジネスに携っております人は，テニスが上手くてはいっている人がほとんどです。そういう人というのは，どちらかといいますと現場はできますが，デスクワークはできません。大体私もそうですけど，テニス馬鹿といいますか，教えることはできてもビジネスが分からないという方が非常に多いのです。10人いて1人か2人くらいが，本当にビジネス的なセンスを持っているというくらい，極端な部分があります。ですから，皆さんの中から，スポーツビジネスに関して興味のある方は，ぜひスポーツ業界に入ってきて頂き，スポーツ業界をよくしてもらいたいと思います。長時間，皆さんには一所懸命聞いて頂き本当にありがとうございました。これで，お話を終わりたいと思います。

第7章・Jリーグ・鹿島アントラーズのクラブ経営

海保宣生

【略歴】1941年生まれ。立教大学時代はバスケットボール部で活躍。東京オリンピックでは日本代表に選ばれ，10位の成績を残した。1964年立教大学卒業後住友金属工業株式会社に入社。1971年〜1974年には立教大学バスケットボール部監督，1975年〜1981年には住友金属バスケットボール部監督を務め，住友金属監督時代にはチームを2度の天皇杯優勝に導き，日本リーグも制した。1987年〜1990年日本バスケットボール協会理事。1996年〜2000年株式会社鹿島アントラーズFC常務取締役。1997年より2年間茨城県スポーツ振興審議会委員も兼任。2001年〜2003年バスケットボール女子日本リーグ機構専務理事。

はじめに

　皆さんこんにちは。ただいまご紹介に預かりました鹿島アントラーズの海保でございます。時間の許す限りよろしくお付き合い頂きたいと思います。

　今日，こちらに向かう中で，商売柄スポーツ紙を見たのですが，松田聖子さんがめでたく昨日結婚したという記事が多くを占めていました。どうも私もプロサッカーの事業に関わってきますと少し見方が斜めになってきておりまして，歌手といわば利害を共にする，まあ一般的には芸能事務所と言うんでしょうが，エージェントが仮にいるとしたら，彼女の人気が落ちないように現状を維持するために，あるいはよりグレードアップするために何かを仕掛けたのかなと，こんなふうな感じもしないでもないんです。

　何を言いたいかといいますと，プロサッカーをいろいろ事業としてとらまえていく時に，単にそのサッカーという競技をグランドの上で行っているだけでは事業として成り立たないわけで，もちろんそのグランド上でサッカーという競技をよりレベルの高いものにして，人に感動を与えるようなゲームをやるということは当然前提条件でありますけれども，それをいかに商売にして事業として成り立たせるかということがないと，サッカーで飯を食っていくことができないわけです。

　日本のスポーツビジネスというのは，まだまだ歴史が浅いようでございます。1993年からサッカーのＪリーグが始まりまして今年のシーズンで5シーズン目になります。たった6年なんですね。まだまだサッカーの各クラブの，我々のようなフロントと称して経営に関わっている人たちというのは，プロスポーツの事業にたけているわけでもなんでもございません。私のように，スポーツはやっておりましたけれども，クラブの親会社から何となくこいつが適任なんじゃないかといわれて派遣されていったような人たちが，大体関わっているわけでありまして，そういう人たちが，今，四苦八苦しながら本当に地に足がついた事業にすべく頑張っている最中だと思います。

アントラーズ設立の経緯

　アントラーズが，現在のようにお客様が毎回満員になってテレビの放映も大

変機会が多くて,あるいは親会社以外のスポンサーさんがたくさんついてくれている,こういう状況になっていることに関わりがあるものですから,アントラーズ設立の経緯を,ちょっとお話しさせてもらおうと思います。

　鹿島地区というのは昭和30年代くらいまでは大変貧しい土地柄でした。半農半漁でございまして,普通の家には畳がなくて床の上に直接ござを敷いて生活するようなところでした。新聞の購読率というのもかなり低い地域だったようですし,高校への進学率はその当時で30％くらいしかないような土地柄であったようであります。当然その鹿島町をはじめとする自治体だとか,それから茨城県も大変心配して,経済的な発展をするように考えようということで,鹿島臨海工業地帯の建設を計画しまして,ちょうど太平洋側からＹの字の逆をした掘り込みの港湾を作りまして,外海から輸出入をしやすい工業地帯として開発したわけです。昭和40年代半ばにかけて,県の思惑通り150社におよぶ企業が出てきてくれました。それできわめて経済的に発展したわけです。

　今まで貧しい生活をしていた人たちは,にわかに豊かになりましたが,遊ぶ所も何もありません。隣町の潮来に行って芸者さんと一緒に騒いだり,銚子まで行ってお酒を飲んだりということはあったようでありますけれども,周りからは鹿島様と言われるくらい,お金の使い方を知らずに使ったということがあったようです。ただ,どうも町そのものは,なかなか,生活をしていく上でゆとりとか潤いとか楽しみとか,そういったような生活をするという場にはなっていなくて,経済的な発展だけに終わっていたわけです。

　住民も,進出企業150社について来た人たちと元々そこにいた人たちの間には,ものの考え方や生活の仕方が違っているものですから,新住民・旧住民と呼んで,住民の中で隔たりのあるような雰囲気の町にしかなっていなかったわけですね。

　そこで,私たちの親会社であります住友金属なども昭和42,3年に最新鋭の製鉄所を作りました。とにかくここの稼動が会社の生命を決めるというそういう製鉄所であります。ところが,大阪の大学生を採用して最新鋭の製鉄所である鹿島に配属しようと思うと,新入社員が行くのをいやだという。なぜなら,関西の人は東京を通り越してさらに北や東の方に行くというのはものすごく抵抗があるので,会社をやめるといい出すようなそんな状況でした。

　笑い話のように聞こえますが,大阪に私どもの本社がありますが,その本社

におりました技術屋さんが、関西の女性と婚約をしまして、婚約中に鹿島製鉄所に転勤になると聞いたら、婚約者のほうから婚約を破棄するというような話が実際にあったんですね。

　当時の鹿島の町というのは、映画館が1軒もございませんで、人が集まる所が全くありませんでした。車でどこかへ行って用を足して車で帰ってくる。とにかく住友金属の従業員が、亭主は職場で仕事をして帰ってくると呑み屋ぐらいはありますが、奥さんやお子さんたちは、主人が会社に仕事に行っている間、自分たちは何もすることがないというような感じでして、従業員の家族も含めて考えると、仕事をするには決していい環境ではなかった。同様な悩みは他の進出企業にもありました。

　自治体や進出企業の幹部はこれではいけない、経済的に発展したけれども、もっと何か考えなくてはいけないという事になりまして、企業と一体になりまして「楽しい町作り懇談会」という会を作り、大学の先生を呼んで意見を聞いたりしながら、もっと住民が一緒になって楽しめる町にしていこう、そのためには何をしたらいいだろう、そんなことを話し合っていました。

　一方、時期を同じくして私どもの親会社が、ちょうど21世紀を迎えるにあたって、住友金属として21世紀のビジョンを整理してみようじゃないかということになりまして、管理職から一般の従業員まで含めて、2000年以降のあるべき姿とは何だろうか、といったようなことを各職場でいろいろと話し合いました。その中に出てきた話として、地域に貢献する企業、住友金属があって良かったと言われるような企業になろうじゃないか、それから社員とか社員の家族がその地域に住んでいて良かったと実感できるような地域の創造をしようじゃないか、とまあこういったビジョンが住友金属側に出てきたわけですね。

　そういうものと、地域の自治体とあるいは進出企業の皆さんと一緒になって、楽しい町作りはどうやったらできるんだろうといったようなことを一生懸命やる、こんなようなことがちょうど同じ時期に起こりました。そうこうしているうちに、サッカー協会がプロリーグを構想しまして、当時のサッカー日本リーグに参加している企業に、サッカーのプロリーグに参加する意志が有るや無しやということの問いかけがあったわけです。

　地域では、今のようなことでもって、何か地域を活性化するものがないかと考えていた時ですから、ちょうど渡りに船とばかりに、乗っかろうとしたわけ

ですね。自治体，住友金属，それからその他の進出企業と意見は一致したんですが，その趣旨には賛同するけれども，経営的な見通しが立たないような状態でお金の負担を一緒にしていくというところまでの決断をしたところが他にありませんでした。住友金属だけがその決断をしたということなんですが，とにかくプロリーグに手を挙げようじゃないかと，こういうことになったわけです。

　実際，Jリーグの川淵三郎チェアマンは，アントラーズがJリーグ初年度から参加するなんてことは，本当に99.9999％無理だとおっしゃっていました。住友金属は当時，日本リーグの2部のチームでありまして，成績からいいますと上から17，8番目の実力のチームだったわけです。それからプロサッカーということになると，お客さんを集めようにもあの地域でもって，住民が何人いるか。当時の鹿島町だけで大体4万人くらい。隣の神栖・波崎・潮来，こういう所を入れましてもせいぜい12，3万人の人口しかなくて，公共交通の便も非常に不便。そんな所でもって，プロサッカーに手を挙げたって，チームは弱いわ，客は集められないわ，第一，スタジアムもないじゃないか，どうやってやるんだと，こういうふうな受け止め方をされたわけです。

　いわば無理難題のようなことを押し付けられました。チーム力をどうやってつけるんだと言われて，検討しますと言って帰って検討して，結果的には当時の本田技研さんがプロに手を挙げなかったものですから，そちらから有力選手を当時の宮本監督ごと移籍させます。観客動員はどうするんだ？——帰って検討します。で，帰って自治体が中心となって署名運動をしまして，分厚い署名の束を持って，これだけ集まりました，こういう人たちの熱意があるから，公共の交通機関は良くないけれども客はきっと入ります。スタジアムは？ Jリーグでやるスタジアムの規定は15000人以上収容できる，ナイター照明付きの，最低3分の2以上屋根のあるスタジアムでないと駄目というルールがあります。もちろんそんなスタジアムはありませんから，県に陳情しました。たまたま当時の竹内知事が大変プロジェクトにたけた人で，地域の活性化のためにということで賛同してくれまして，県立のサッカースタジアムを建設しますといって持っていく。サッカー協会といたしましても，何か課題を出すとすぐに検討して答えを出してくる。するとだんだん断る理由がなくなってきたんですね。

　さらに，クラブハウスもいるんだよと。しかも，そのクラブハウスというのは，人が集まってきて，チームの練習なども見やすい環境にあり，天然芝のグ

ランドが隣接していなくちゃだめですよと。検討してきますと言って，親会社に相談して，やりますと答える。それだけじゃダメだよ，いわゆるアマチュアのユース・ジュニアユース・ジュニアという高校・中学・小学生の子どもたちの組織を作って，普及とそれから小さいうちから正しいサッカーを教えていくという，そういう面での組織化も必要だが，これもできるのか？ それも検討してやります。とうとう，サッカー協会としては，断ることができなくなってしまったわけですね。

どうもいろいろ聞きますと，最終的には，Ｊリーグのスタート時までに，サッカー専用の，しかも15000席以上の個席，ベンチではなく個席ですね，背もたれのついた椅子をつけて，全席屋根付きのスタジアムを，93年の開幕までに必ず作り上げるという念書を県知事さんが提出したのが決め手になったようで，総合的な自治体を含めた熱意があったんでしょう。結果的に20チームが手を挙げましたけれども，当初8チームに絞り込む予定だったのが，10チームになって，その中にめでたくアントラーズが入ったというような，こんな経過がございます。

地道な土台作り

ところが，Ｊリーグの最初から参加出来るということは決まったのですが，そのことでもって喜んだのは，自治体であり，住友金属であり，一部の周辺の進出企業だったわけでありまして，肝心要の住民たちがどこまでそのことについて，興味を持っていたかということになりますと，残念ながらこの段階では，まだ，ほとんど盛り上がっていない状態でした。

これではうまくないなということで，いろいろと考えたわけでありますが，先ほどの，Ｊリーグに我々が参加することが決まるまでの過程において，強化をどうするかということに対して，本田技研さんを中心に選手の獲得ができたわけですが，その時に，日本サッカー協会を通じまして，ジーコが日本に来る可能性があるという情報を入手しました。

最初はどうも別のチームに話がいったようですね。そちらでは，一回引退した選手ですし，確かにサッカー界にとっては神様みたいな人だけれども，やっぱり現役のプレイヤーとしてはいま一つ興味が湧かないということで，断った

ようなんですね．その後，アントラーズのほうに話があって，アントラーズの方は，まあとにかく，どうやって強化するんだと散々疑わしい目で見られたところもあって，こいつは何とか前向きに進めようじゃないかという話になって，採用することになったんです．

91年の確か6月頃に，そのことが決まって契約を終えて，帝国ホテルで当時の住友金属の新宮社長が出て記者会見をやったんですが，自分が社長就任の時の記者会見では，ほんの十数名の取材しか来なかったのに，100人以上の新聞記者やカメラマンが来て，びっくりしたそうです．一方，鹿島の地域では，ジーコ入団の話が伝わると住金がまた事故(ジコ)を起こしたらしいぞと，こういう噂になったんですね．サッカーの元ブラジル代表選手のジーコではなくて，住友金属の工場で事故が起こった（笑），とこういう伝わり方しかしないくらい，地元ではサッカー熱なんてものは全くなかったわけです．

そこで，そういったような強化をしながら，一方で住民に対するPR活動をしました．そこで思いついたのは，これは我々だけが熱心にやっていたのではダメなんで，とにかく自治体と進出企業以外の住民の人たちに参加してもらう住民参加型のスタイルを考えようということになりました．当時の鹿島町には文化事業団というのがありまして，古い遺跡の発掘だとかそんなことをやっていたんですが，そこに話を持ち込んで，文化だけではなくスポーツも加えてもらって，文化スポーツ事業団という形にして，アントラーズの試合の時に，何かお手伝いしてもらえるボランティアを募集してもらえないかと，こんな話を持ちかけましたところ，地域の活性化をするためにいいと思ったら何でもしていこうという姿勢だったものですから，すぐ乗っかってくれました．

ボランティアの人たちには，まずこういうサッカーのプロ事業というものをやります，その時に皆さんにはスタジアムに来たお客さんに対して，こういうお手伝いをしてもらいます，というようなことを説明しながら組織化をしていきました．この組織化をしていく過程において，ボランティアに参加した方（ジーコも知らなかった人たちですが）が家に帰って家族の方や周辺の人たちにアントラーズのプロサッカー事業というものを，事業の中身は別にして，サッカーの試合で自分たちはこんな手伝いをするんだという事を話して聞かせる．そういうことがあって，地域にアントラーズがやろうとする事が，徐々に広がっていくようになりました．

それからもう一つは，先ほども申しましたが，若者が定着しない場所柄で，残っている若者も遊びが何もなくて暴走族まがいな事をしていたんですが，そういう人たちが，サッカーの試合に興味を示して，私設応援団を作り始めていった。ここからまた，アントラーズのサッカーというものが徐々に町の中に広がっていったように思います。

　Ｊリーグの開幕当初というのは，大変な盛り上がりでした。それまでのプロスポーツ，プロ野球や大相撲が，どちらかというとマンネリ化して，ちょっと飽きられてきている感じがありました。そしてサッカーとの決定的な違いは，インターナショナルではないことです。大相撲はもう伝統芸能的な扱いすら受けているわけで，どちらかというと，若い人たちが興味を持つ対象としては，ちょっと時代が過ぎたような感じがしている。そこに，若者をターゲットにして，きわめてインターナショナルなサッカーというものに，スポーツイベントに専門的に取り組むイベント会社，具体的に言いますと博報堂さんが関わって，Ｊリーグを立ち上げました。

　これがブームに乗っかって，大変な人気になりました。で，アントラーズはというと，そのファーストステージで優勝しちゃったわけです。これはもう，本当に強化は大丈夫かなんて外からもいわれるくらいで，実際にスタートしても周りの人たちは勝つと思っていませんでした。加えてジーコが大活躍をしまして，カッパのアルシンドも活躍して（笑）ですね，はからずも優勝してしまったんです。実際は，開幕戦もその次の何試合かも，満員ではありませんでした。ところが，だんだん勝ち進んでいって優勝争いに加わって，最後に優勝なんてことになったものですから，地域の周辺にもう大変な火が点いてしまったんですね。

　その結果チケットがプラチナチケットになりました。当時，アントラーズはどんなチケットの売り方をしていたかといいますと，最初はクラブハウスで先着順で売り出しますので並んで下さい，いついつ販売開始しますからというふうにしていたんですね。そうしましたら，私どものクラブハウスの周りには，天然芝グランドが３面，その奥にもう一つ人工芝グランドがあるんですが，そこを３日前からぐるっと巻いて何重にもテントを張っていわば徹夜組が出て，グランドのすぐ横の家から苦情がくるようなことになりました。それが新聞に載ったりしたんですね。そのままではまずいので，次は電話申込みにしました。

そうしましたら，今度は，クラブハウスの全員が，チケット申込みの期間，電話鳴りっぱなし電話とりっぱなしで，他の仕事ができないという状態になってしまった。挙げ句の果てにはNTTの回線がパンクして，不通になったなんてこともありました。

それもまた，話題になるんですね。これもまずいというんで，往復はがきで申し込ませるようにしたんですが，今度は町中の郵便局から往復はがきが全部品切れになってしまった（笑）。クラブハウスの方は，来た葉書に今度は返事を出さなくてはいけない。これまた，電話どころではなくて，抽選して返事を出す，この作業をまたみんなでもって徹夜でやる。それがまた話題となって，大変だ大変だ，アントラーズのチケットが取れない取れないと。そうこうしているうちに，偽チケットをボランティアのもぎりが見つけたという話が出て，これもまた話題になりました。

すると，どうやって手に入れるのか分かりませんが，ダフ屋が当然出てきます。スタジアムの前でもってチケットを売る。はじめてプロの興業をする素人の人たちが，稚拙なチケットの売り方をしていたわけですけれども，それがまた話題になってかえって相乗効果を生んで，地域の人たちに話題を生んで，ますますアントラーズに目を向けさせることに結果的にはなったわけです。

組織と施設

さてアントラーズの今の組織と，それから施設について若干ご説明したいと思います。現在，株主は45団体あります。自治体は，鹿嶋市と隣の神栖町と，銚子に隣接した波崎町と，それから昔から歌にもあります潮来町，この1市3町で，約13％出資頂いております。残りは地元の企業ですが，この中に鹿島都市開発株式会社という県が出資している第3セクターがあります。鹿島セントラルホテルを経営したり，スタジアムもここが運営しているんですけれども，ここから約6％ほど出資頂いていますので，合わせまして18,9％ほどがいわば自治体の出資ということになります。残りが一般の企業になりますが，住友金属は子会社を含めて53％，子会社でない同系列の会社を入れますと60％を超える比率になっています。したがって実質的には住友金属が親会社で運営の責任を持つという格好になっています。

従業員の構成ですが，社長を含めてフロントの人間が29名です。現場は，テクニカル・ディレクターといっておりますけれどもジーコを筆頭に最後は通訳まで入れまして43名おりますが，そのうち選手は今年は29名であります。残り14名はコーチング・スタッフ，トレーナー，マネージャー，通訳，それからフィジオセラピストといってリハビリを専門的にやる者がおります。それから，先ほどもちょっと触れましたが，下部組織，つまりユース以下のアマチュアの組織を持っております。これの指導者が13名おりまして合計85名でやっております。

　施設は，クラブハウスと3面の芝生のグランドと1面の人工芝，ここまでいれまして，5万6千平方メートルの敷地，これは県から住友金属を経由して借りておりますけれども，今言ったような芝生のグランドと照明が6基あります。それから，一般のお客様が見に来れるスタンドですね。駐車は170台。スタンドは1200名座れるようになっています。そういったようなクラブハウス，練習場がございます。それから，カシマサッカースタジアム，これは県立でありますけれども，先ほど申しましたように15800名の個席と，試合によって異なりますが大体1000～1500の立ち見客を収容する，全席屋根付きの，サッカーしかできない専用のスタジアムを持っております。

　このグランドは，雨が降った時の排水，それから芝の栄養補給をする給水ですね。この給排水の施設を地上から40センチ下にパイプを縦横にはりめぐらしてあって，常に緑の芝生を維持するようなシステムになっています。これはヨーロッパのスイスに本社がある，セルシステムという方式で，これも先ほどの無理難題の一つなんですが，これをつけないとダメといわれたもんですから，結果的にいい施設が整ったということであります。それから，駐車スペースは，スタジアムに隣接したスペースは3400台ですけれども，その他に試合の日になりますと，民間が，空いている自分の家の庭ですとかちょっとしたスペースを駐車場に開放しまして，スタジアムの駐車場は1試合500円なんですけれども，彼らは1000円とって，私営の駐車場がゲームの時は発生するようになっています。

　この駐車場は，スタジアムからちょっと離れているものですから，ゲームが終わって一斉に観客が帰る時に，渋滞を避けて帰りやすいということで，スタジアムに隣接した駐車場よりも，むしろ来る方は便利に使っておりまして，1000

円だったら安い，こんなようなことをいわれております。

チームの強化

　アントラーズが，今，チームの強化というものをどんなふうにやっているのか，それから今後どうあるべきなのか，私なりに考えていることを述べたいと思います。チームの強化というのは，2つ入り道がありまして，1つはプロの選手としてやっていけそうな選手を，高校生，大学生からスカウトしてプロ契約を結んで強化していくのと，それから，下部組織つまり高校生であるユース，中学生であるジュニアユース，小学生であるジュニアという下部組織をもってここに素材を集めて，その年代年代に応じて正しいサッカーの技術及び姿勢を教えていくという二通りあります。

　まず，前者の有能選手をスカウトしてという部分でありますけれども，今，私どもにはスカウト専任者は2人おります。私と同じくらいの年代の者，これはもう住友金属蹴球団の時代からずっと関わってきた人間であります。もう一人は大学を出て，プロではありませんが，サッカーをやっていて選手を引退した30代の者，この2人でスカウトをしております。彼らは大体シーズンが始まる3月の春休みから，5月の連休，夏休みというところは，高校・大学の大会にずっと出ていって，試合を見てチームに必要なポジションの選手を今年で卒業する年代，来年以降卒業するであろう年代の別にそれぞれチェックして，リストアップしております。

　もう一つは，実際に今のうちのチームにもおりますが，他のクラブからの移籍です。これも重要なポイントになっております。ただ，これはなかなかいうのは簡単なんですが，難しいですね。うちの選手で移籍してきて活躍しているのは，ベルマーレ平塚からきました名良橋という選手で彼はワールドカップの日本代表にも選ばれました。それから，横浜マリノスから，いってみれば我々の意識としたら3番目か4番目のゴールキーパーとしてトレイニー的意識で採用した選手なんですが，現在正キーパーになった高桑という選手がおります。よそから入ってきて活躍しているのはこの二人だけですね。

　ただ，これも後ほど述べることになりますが，今，チームのコストの過半は現場の人件費です。そうしますと，抱える選手の数というのは自ずと限定され

てくるんです。先ほど今年は29名と申しましたが，来年は25名にします。ところが，そういうふうに抱える選手が少なくなってくると，怪我したり思わぬ出来事がおこったりした時に，短期の移籍でチーム力を維持するということが必要になってくると思うんです。そういう面で，私はこの専任の２人のスカウトには高校生や大学生ばかり見ているんじゃなくて，他のクラブで１軍の力はあるんだけれども，ポジション的に試合に出れなくて悩んでいそうな選手をしっかりとリストアップしておけと指示しているんですが，これからそういうことが活発になってくるかと思います。

　採った選手に，如何に戦術，基礎技術と戦う精神を植え付け，鍛えていくか，これはもうコーチング・スタッフを如何に充実させるかということだと思うんです。私どもは強化の為のコーチング・スタッフ編成をジーコに任せています。彼はプロとして，与えられた条件，期待された役割等，契約にうたったものについては，きわめて誠実に忠実に実行します。彼の今の役割というのは，私どもではテクニカル・ディレクター，ブラジルの代表チームではテクニカル・コーディネーターという格好になっていますが，ひとつは監督，コーチング・スタッフ，フィジオセラピスト――これは怪我をして治療を受けてリハビリをする，それをやる人間です――，それから外国人選手ですね，これについて，チームの状況を見据えながら，的確に必要に応じてスカウトするという役割をしています。

　もちろん，監督の良きアドバイザーにもなったりする。ただ，自分から監督の立場を侵す事は一切しません。やっぱりプロなんですね。チームの選手たちを指導するのは監督だということが，徹底しています。ですから，おそらく日本代表の岡田監督，なぜブラジル代表にジーコをもっていかれちゃうんだと，新聞で随分取り沙汰されましたけれども，鹿島とアントラーズと日本にはものすごく恩義を感じている人間ですから，代表チームがいち早く彼に力を貸してくれといったら，間違いなく協力したと思いますね。ただ，岡田監督はきっとジーコは大物過ぎて自分が思ったようにできなくなるのではないかと感じた，私が想像するにはそう思いますね。したがって，そういう話にならなかったわけですけれども，ジーコは監督のする仕事を侵すことは一切しません。相談があれば応ずるということです。

　それでは他のクラブは外国人の監督だとか選手をどうやって採っているかと

いうと，一般的には，エージェントを通じて採るんです。エージェントというのは，いろいろな人がいるので一概にはいえませんけれども，仕組としては株屋さんと一緒です。選手や監督が出入したら儲かるんです。したがって頻繁に出入りすると儲かるんですが，やはりそのクラブに必要な人材を的確により安く送り込んでくれたかどうかということがそのエージェントの信用に関わるわけです。もちろん彼らは，何でもかんでもクラブを食い物にして，出したり引っ込めたり何度も入れ替えさせるようなことはしてはいないと思いますけれども，そういう代理人を使って外国人を採用します。その間には，利害が一致するところと反するところがあるんですが，私どもは，ジーコが的確にそれをやってくれるので，結構高いお金を払っておりますが，他のクラブにないアントラーズの強みだと思いますね。

コーチング・スタッフと若年層の育成

それから，コーチング・スタッフに関していうと，今年は特に，日本人監督が急速に増えました。日本人監督の善し悪しについては，私もサッカーの技術的な事は分かりませんから，評価することはできませんけれども，客観的に見ますと，今監督をやっている人たちは，Ｊリーグが始まる前に日本でサッカーをやっていた人たちなんですね。もちろん，代表の岡田監督もドイツに１年間留学したり，向上心をもってサッカーの指導者として勉強もしたんだと思います。ただ，彼らがいた日本のサッカーの場というのは，はっきりいって二流のサッカーの時代でした。

ですから，私はＪリーグが始まってから，初めて日本のサッカーは，一流に近づいたと思います。ストイコヴィッチやドゥンガといった世界の一流の選手に触れたというのも，Ｊリーグが始まってからです。それから，世界の一流クラブの監督を経験した人が来て日本のクラブを指導している，そこで初めて世界の一流の指導者に触れるということになっているように思います。従いまして，そういう経緯からしても，その昔の時代の，二流のサッカーの時代の経験者というのは，解説者もまさにそうだと思いますが，まだ一流の指導者にはなりきれていないんじゃないかと思います。客観情勢からすると，Ｊリーグを体験した，そして監督になる勉強をした，そういう人が将来，日本人の監督とし

てJリーグのクラブで活躍することになるのではないかと私自身思っております。
　それから，外国人選手ですけれども，今は，試合に出られるのは3人，チーム登録するのは5人まで認められております。アントラーズは，昨年は4人登録して3人をベンチに入れるという恰好をとりましたけれども，昨年の後半から3人登録3人起用という形に変えました。クラブによっては，5人登録しているクラブもありますが，私どもはなぜ3人にしているかというと，これは4人目の外国人選手のモチベーションの問題があるからです。
　モチベーションというのは，やる気だとかいろいろ表現されていますが，一般的にはその選手がやる気をもって戦う動機づけをモチベーションといっています。3人枠で3人しか試合に出れませんから，その4人目の選手は，練習してもなかなかゲームに出られないということで，やる気がなくなっていくということになります。ところが，シーズン中には，3人の選手の中に怪我をしたり，あるいはイエローカードを3枚もらったり，レッドカードで出場停止になったりということはあるわけですから，その時のために4人目を用意しておくということになると，今度はもちろん，監督は3人枠があるから外国人選手を使いたくなるんですね。ところが，その控えの外国人選手と同じポジションにいて争っている日本人選手はどういう心境になるかというと，つい，やっぱり外国人枠が空いているんだから監督は外国人を使うんだろうと思うわけなんですね。あいつと俺と比べたら俺の方がいいじゃないかと，なのになんで監督が外国人枠を優先して外国人の選手を使うんだと，こういうことになると，今度は同じポジションにいる日本人選手のモチベーションを維持することに問題が出てくる。まあこういうことがあって，私どもは今3人登録の3人出場という格好にこだわっているわけです。
　それから強化策の一つで，外国のクラブに選手を送ってそこできわめてハングリーな厳しい環境の中に身を置かせて，なおかつ向こうで外国人選手として登録して，日本人を鍛えるということをやっております。これは，ジーコがリオデジャネイロでCFZというクラブを去年スタートさせました。リオデジャネイロのリーグで3部からスタートして，うちの選手が2人外国人登録して活躍し，今年は2部に昇格しております。ここに今，池内というディフェンダーと平瀬というフォワードを送って，向こうで活躍させております。彼らが，ブ

ラジルの厳しい環境の中でプロのクラブの一員として，ゲームをやってくるということはきっと国内でもって試合に出れずに，練習をして訓練するよりは，成果が上がるのではないかと考えています（その後平瀬は帰国後五輪代表に選ばれ，シドニー五輪予選でも活躍）。

　もう一つの柱であります下部組織ですが，これは毎年，新高校1年生，新中学1年生，それから小学生は3年生から新たに応募を受けまして，テストをしてから採用し，クラブの一員として専門の指導者をつけて訓練します。今，人数はユースの高校生は計36名。ジュニアユースの中学生64名。それから，ジュニア，これはジュニアAと呼ぶのが，5年と6年生で40名。ジュニアBが，3年生4年生で，32名。それから，ジュニアCが1年生と2年生で，1年生は61名と2年生が59名。これらは，年代別に，例えば，ジュニアCの場合は，サッカーを楽しみながら基礎的な技術を身につけるという段階で，コーチが怒るなんてことは一切しませんね，友達になって，1年生と2年生と一緒になってサッカーを遊ぶと，こんな格好です。3年生から6年生までだんだんサッカーらしくなっていくんですが，とにかく，楽しくサッカーをやるということから入っていって，徐々に競技レベルのサッカーにしていくと，こんなふうな指導をしております。これ以外に，Jリーグの理念の一つで，Jリーグのクラブはサッカーの普及にも取り組むということになっておりますので，今申し上げたクラブの育成コースとは別に，クリニックコースというのをやっております。これは，グランドの人工芝の所に小学校の3年生から6年生までそれぞれ学年別に40～50名，一学年ずつ集めて，週に1回サッカーを楽しむというものです。これと同じものを，水戸の近くの内原，それから茨城県の北の方になりますが福島県に近い高萩，それから，この5月からはひたちなか市でもはじめました。鹿嶋市から少し北のところにあります玉造町でもやっております。これは，大体3年生から6年生まで，1学年30名ぐらいずつ集めて120名くらいで，クリニックをやっているわけですが，これも楽しくサッカーと触れ合って，サッカーの基礎的な技術を身に付けるような教室を開いております。

　これは普及ということもありますが，アントラーズを支えていただける人たちを開拓していくという目的もあります。そういった下部組織の育成という部分と普及の二つに分けて今やっておりますが，この育成，チーム強化の方では，優秀な選手が，遠くの方からアントラーズのユースなりジュニアユースに来た

いという希望が随分あるんです。ところが，中学生を例えば寮に入れるとか親元を離れて生活させるというのは，きわめて精神的に不安定な成長期の時期ですからこれは止めようと。私どもは今中学生までは親元から通える子どもということを前提にしております。

高校生については，里親制度と呼んでいるんですが，住友金属の関係会社の寮とか個人的に子供が独立して空いているから面倒をみてあげましょうという市内の人たちに預かってもらってアントラーズユースに参加させるという事をやっております。本当は高校生，ユースは，もっと全国区で色々な素材を集めて，サッカー選手と高校生としての生活を送れる場所をしっかりと設けて，鍛えていきたいと私は思っておりますが，今は残念ながらお金もないものですから，そこまでできていないのが実情であります。

本来はここをしっかりとやって，アントラーズに対する忠誠心をここでしっかり養って，それでトップに上がってくるという姿が望ましいと，こんな風に思っております。以上が今のチーム強化の具体的な動きです。

収支構造

それでは，経済学部の皆さんですから大変興味があるところだと思いますけれども，Jリーグ，あるいはJクラブの収支構造でありますが，今，Jリーグのクラブの業績というのは公開されておりません。Jリーグに各クラブが報告してJリーグは把握しておりますけれども，他のクラブの実態は私どもは分かりません。私どもの業績もしたがって，今ここでもって数字を明らかにするわけにはいきません。ただ，毎試合チケットは売り切れておりますし，年間指定席は割安にするどころか定価の倍近い値段で購入して頂く様な事までしておりますが残念ながらまだ赤字であります。ということだけとりあえず申し上げておいて，収入支出の構造がどうなっているのか，ということについてこれから触れたいと思います。

まず，収入の大きな柱というのは入場料収入です。観客がいかに来てくれるか，ということなんですが，これは，スタジアムの器の大きさが一つ問題としてあります。先ほど申し上げましたが，鹿島スタジアムは個席で，15810席です。それ以外に，立ち見席と称して，後ろのほうで立って観る人たちを，1000

枚から1500枚まで売っております。で，これ以上はどうやっても客は入らないというのが，今，アントラーズの悩みです。

　Ｊリーグは，今はワールドカップのために代表が活動しているので，その期間はゲームはありません。97年はちょっと急に予選の方針が変わったものですから，代表抜きでやらざるを得なくなったんですが，基本的にリーグ戦は代表抜きではやらないということになっておりますので，ワールドカップの開催期間，それからその準備期間はリーグ戦ができない形になっております。

　Ｊリーグ18チームで２回戦総当りホーム・アンド・アウェイ方式でやりますと，１チーム34試合やるわけですね。現在ファーストステージとセカンドステージに分かれていますが，本当はファーストステージだけでもってホーム・アンド・アウェイをやりたいんです。ところが，開催できる期間とチーム数の関係もあって，それはできません。ファーストステージとセカンドステージを通じてホーム・アンド・アウェイをやる。そうすると，年間でもって34ゲームのうち，17ゲームはホームゲームです。基本的にクラブの入場料収入はホームチームが取ることになっていますから，リーグ戦では，17試合のホームゲームの入場料収入がクラブの収益になる，こういう格好になります。

　そのリーグ戦以外に，今まさにやっておりますが，ヤマザキナビスコカップ。これが１部18チームと，今JFLにいる準会員のクラブ，川崎フロンターレという富士通さんと，宮城県仙台市がバックアップしているブランメル仙台（現・ベガルタ仙台）というチームがありますが，この２チームを加えた20チームを，１組５チームの４組に分けてリーグ戦を１回戦総当たりでやっています。各組の優勝したチームが準決勝・決勝をやることになっておりますが，そうしますと，このカップ戦の予選リーグというのは，５チームで１回戦総当りですから４試合ありますね。その４試合のうちホームは２ゲームだけです。入場料収入になるのは，この２ゲームだけ。そうすると，リーグ戦と合わせると，一番最低のホームゲーム数で19ゲームになりますね。幸い１位になって，準決勝に行けば，これはホーム・アンド・アウェイ方式でやりますから，もう１試合増えます。決勝まで行くと，もう１試合増えます。こんな格好になっているんですが，これは確定したものではないんですね。ですから，勝ち進んでいくと自分のチームの入場料収入のチャンスが増えるとこういうことになっています。決勝まで行きますと，２試合増えますから21試合になりますね。この21試合のホ

ームゲームの入場料収入が，クラブの入場料収入になります。

　それから，公式戦がもう一つあります。今年の1月，元旦に決勝戦があった天皇杯ですね。天皇杯は基本的には，サッカー協会と地域の都道府県協会が主催主管します。そこに出場チームが行ってゲームをやる。賞金はありませんが，入場料収入は少し分けてもらえます。決勝・準決勝は入場料収入の30％を出場チームが分ける事になっています。準決勝は2ヶ所違う場所でやりますが，そこの入場料収入の30％を2チームで分けますから15％がチームに還元されます。したがって，例えば今年の場合は，最低で19試合。うまくいくと，21試合。さらに天皇杯でもって勝ち進んでいくと，幾ばくかの入場料収入のペイバックがあるとこういうことになっております。

　入場料収入というものは，今のような仕組みの中で決まってくるわけですが，1試合そのゲームあたりの入場者が何人来るか，そういうゲームが何回できるか，それから，いくらで入場してもらうか，この3つの要素でもって決まってしまうわけですね。

　アントラーズは，お蔭様で昨年（97年）リーグ戦ファーストステージに優勝しました。チャンピオンシップは残念ながら負けまして，優勝できませんでしたが，ファーストステージの優勝で1億円の賞金をもらいました。で，優勝したからチャンピオンシップに出る資格がある。これは，ホーム・アンド・アウェイ方式でやりますから，1試合は入場料収入の対象となりましたね。それから，カップ戦は，これも決勝までいきましたから，試合数も増えました。そこで優勝して賞金1億円貰いました。チャンピオンシップでは負けてしまいましたが，あれは勝って2千万，負けて1千万ですから，あんまり金額的な差がないんです。また天皇杯も決勝までいって優勝しましたからとにかく与えられたチャンスはすべてものにしました。それでも，まだ若干赤字なんですね。

　入場料収入を増やすためには試合数を増やしてもらうか，1試合あたりの入場者数を増やすか，単価を上げるかしかないわけなんですが，単価はメインスタンドは，指定席で5000円，バックスタンドは4000円です。私どものスタジアムはメインスタンドとバックスタンドとゴール裏が二つありますから，アウェイ側のゴール裏，SA席と称しましてこれも指定席にしています。で，アウェイチームのために，端っこのほうにアウェイチームの自由席を作っていますがアウェイチームから評判が悪いんです。アントラーズは，なんで真ん中で応援

させてくれないんだと。その理由はアウェイ側ゴール裏を自由席にした場合，アウェイのサポーターで満員にならなかった時，アントラーズのサポーターが入り込んでしまいサポーター同士でトラブルが起こることは目に見えているからです。アウェイサポーターの自由席を端っこにしているのは，値段の高いアウェイ側指定席より安い自由席の方を良い場所にする事はできないためで，これもアウェイとホームの宿命で，もうしょうが無いことと割り切って，今のような形にしています。したがって，アウェイ側のゴール裏を指定席として3000円もらっています。自由席は大人の料金で2500円です。スポーツ観戦の入場料としては決して安くありません。従って単価をこれ以上上げることはできないと考えています。したがいまして，アントラーズのこれからの収益の改善の最たるものは何かといったら，一試合当りの入場者数を増やすしかないのが現状です。ワールドカップの開催が決まったので，開催基準をクリアするスタジアムの大きさは4万人以上と決まっていますから，鹿島のスタジアムは，最終的には4万1800ぐらい，そのスタジアムを早く作ってもらって，早く満員にする。

　地元1市3町の人口は17万人ですけれども，ここをいかに満員に近づけるかということが，我々の最大の課題になっているというわけです。あと試合数を増やす方法としては，プレシーズンマッチ，いわば野球でいうオープン戦があります。これは，外国のチームが来た時にやるとか，Jリーグ同士でやるとかということがありますけれども，Jリーグ同士でお互いのホームで実施するというのは，賛否両論ありまして，今例えばサッカーどころ静岡では，名古屋のグランパスと組んで，ジュビロ磐田と清水エスパルスがダービーマッチと称して，三竦みの1回戦総当りをやっています。これは，本当にいいのかどうか。

　もちろん，公式戦よりも少し入場料を安くしているんでしょうが，本番の公式戦の時に，エスパルス・ジュビロ戦，グランパス・ジュビロ戦への影響は有るや無しやということを考えますと，安易に公式戦のカードを組むというのが本当にいいのかどうかという議論があります。私どもはあんまりこれに賛成しておりません。プレシーズンで稼ごうと思うと現場がチーム作りをしている所に無理にゲームをやらせてお金を稼ぐということになりかねませんし，後々の公式戦の入場に影響があると考えると，安易にこういうことをやっていいのかどうかを見極める必要があると思います。ただ，稼ぐ道としてはそういう道も一つあるということですね。

私どもの総収入に対する入場料収入の比率は42％で，Ｊリーグが作っているモデルは50％といっています。ですから少し足りないと思います。これも足りないとみるか，むしろそうでない，これから説明するほかのところでの収益が多いのか，微妙なところでありますが，数字としてはそういうことであります。

スポンサーとの関係

　では，入場料の次の収入の柱は何かといいますと，スポンサー収入なんです。スタジアムのスポンサー看板についてわれわれはドルナー方式でやっております。これはスペインにあるドルナー社という会社が開発して実用新案をとった，バスの行先表示の様にクルクル出てくるやつですね。それを日本ドルナーというところが日本での実施権をもってやっているんですが，Ｊリーグではアントラーズだけがあれを採用しているんです。結構，お金がかかるんですけれども，固定看板を置いたらもうそれだけのところが，クルクルスポンサーの名前を変えることによって，数倍の看板数になるわけですね。

　また，スポンサーの看板にはＪリーグに対するオフィシャルスポンサーと，クラブスポンサーがあります。これは，これからスタジアムに行かれたら分かると思いますが，メインスタンドから見える向こう側の，バックスタンド側の前にある看板は，Ｊリーグのオフィシャルスポンサーの看板です。そのオフィシャルスポンサーの看板は必ず試合の時にはメインスタンドから見える，テレビの映りが一番いいところに置くことになっています。それ以外のところにクラブが工夫して，クラブスポンサーの看板を入れるわけです。アントラーズはこのクラブスポンサーが，きわめてたくさんついております。

　ではスポンサーさんが何に価値を感じて，スポンサードするかということなんですが，これは企業名をＰＲする，それからその企業の商品をＰＲする。ＰＲ方法というのは，ユニホームにつけたり，場内の看板にしたり，クラブハウスにつけたり，クラブの専用バスに広告したりですね，そういった露出機会をもって自分の企業の名前とか商品名をＰＲする，これが一番多いですね。

　私どもの胸のマークに入っておりますTOSTEMさんは，企業をＰＲするということに加えて，もう一つ従業員の福利厚生に利用しているんです。クラブスポンサーになりますと，もちろんいろいろなレベルがありますが，入場チケ

ットを決まって何枚かお渡しします。そのチケットを従業員に順番に配って希望に応えるといったように使うわけです。それから，従業員の集まり，運動会をやったり，慰労会をやったりする時など，全社的な行事には，スケジュールの問題もありますが，アントラーズの選手なり監督なりをそこに呼んで，一緒になって和気あいあいと場を過ごすというようなこともしています。

　それから，福利厚生というのは従業員を対象にした場合ですけれども，今度はその企業のお客さんに対して，チケットを提供する。あるいは，お客さんの集まりに選手を派遣して顧客へのサービスに利用する，こういったことに，スポンサーさんはメリットを感じてスポンサードをする。業種によっては，クラブスポンサーになるとそうでないクラブのファンから敵対視されるからいやだというところもあります。そういう所は大会スポンサーになったり，オフィシャルスポンサーになったりするわけです。

　では，我々クラブはスポンサーさんに対して，どういうことをやっているかということなんですが，これは，私どものショップで9000円で売っているレプリカです。選手が直接着るものと同じ素材のもので，選手のユニフォームと一緒です。私どものゴール裏に応援しに来た人みんながこれを着ているんですよ。あれを見ると，1人9000円だと，私はほくそえんでいるんですが（笑），胸にTOSTEMと入っていて，TOSTEMさんからは数億円いただいております。それから左側袖にYellow Hatさん。これも，多くのお金をいただいております。それから残念ながら今ここ，背中が空いているんですよ。アントラーズも今ここを一生懸命セールスしているんですが，この不況の中でなかなか応えてくれるところがないんです，候補はあるんですが。

　それから，先ほどのVTRのようにスタジアム内の看板があります。テレビ放映の回数が多いと，あの看板が映る機会が増えるわけですね。また，スタジアムで見ていれば胸は分かりますけれども，袖なんか分かる人はいません。それがテレビに映ると分かるんです。背中もそうです。あるクラブなどは番号の後ろに小さく入れてあるんですが，そばに近づいて見なければわかりません。スポンサーさんがクラブを評価する時には，テレビにどれだけ出るかというのが重要なポイントになるんです。で，それは，チームを強化することと別の話ではなくて，結局一体化するんですね。それから後は，先ほど言いましたようにチケットをお配りする。それから，クラブ月刊誌，"フリークス"に，スポ

ンサーの宣伝を入れるなどということをやっています。

　Jのモデルからしますと，スポンサー収入は28％といわれていますが，アントラーズは昨年ぴったり28％です。ただし，Jがいっているモデルの中の28％のうち8％は責任企業のスポンサーだと，何の根拠でこういっているのか良く分かりませんが，そういっています。アントラーズは親会社からのスポンサー収入はゼロです。アントラーズの28％は全部外部のスポンサーなんですね。次の収入は，クラブのグッズ販売です。これは，厳密にいいますと，Jのクラブ全部が共生するために，Jリーグが作っているオフィシャルグッズというのがあって，それは，どのクラブも商品として必要なもの，例えばユニフォームレプリカなどもその一つです。Jリーグの委託を受けて各クラブのモデルを全部作っているのを，各クラブが購入してクラブハウスで売ったりショップで売ったりしているわけですが，そういうものと，それからクラブが独自でやるクラブオリジナルグッズがあります。オフィシャルグッズとなった種類の商品は，クラブが商品化することはできません。各クラブの力関係（人気の度合い）に任せてしまうと力（人気）のないクラブの生きる道をふさいでしまいかねない，との判断でJリーグ各クラブが共に生きるためのルールになっています。

　クラブオリジナルグッズの売り上げは，私どもはまだたった8％ですが，これでも他のクラブに比べて高い方です。ただヨーロッパの，例えばイギリスのマンチェスター・ユナイテッド，これはもう名門のクラブですが，ここでは全収入の31％がこのグッズの売り上げなんですね。歴史のあるイギリスでは全部がクラブのオリジナルグッズで，オフィシャルグッズという制度はないと思います。このように仕組みが違うんでありますけれども，マンチェスター・ユナイテッドは31％。これは数字をいってもいいんですが，グッズだけで年間63億円です。大変なもんですね。そういうものはやり方によって，サッカーの人気が国内に定着していけばいくほど，ビジネスのチャンスが増えていくことになると思いますね。そのためにも，今年日本代表がワールドカップに出場したということは，それだけで人気が出ると思いませんが一つの追い風にはなったと思います。努力を重ねて，こういうマーケットを作り上げるということをしなければいけないと思うんですね。

テレビ放映権料と賞金

　もうひとつ収入の柱というのはJリーグからの分配金です。この中には，テレビの放映料収入，それからもう一つは，いまのオフィシャルグッズのロイヤリティー収入があります。アントラーズのものが売れればアントラーズにロイヤリティーが入ってくると，こういう仕組みですね。もう一つは，Jリーグが受けるオフィシャルスポンサーからの収入。それから，Jリーグが取り仕切るゲームですね，オールスター戦だとか，JOMOカップといって外国人と日本人の選抜チーム同士の試合だとか，そういうものによって得た収入をJリーグが必要な経費を引いて，残りを全部クラブに均等に配分するんです。グッズのロイヤリティーだけは均等ではないんですが，あとは均等です。

　厳密にいいますと，テレビの放映料収入というのは，全部，全国ネットであろうがローカルであろうが，Jリーグが1回受けます。全国ネットは各チームの均等分けです。つまり，額が一定ですとチーム数が増えていくと配分が減ってくるわけですね。今18チーム，18分の1が我々にくるということになります。何回アントラーズがNHKの総合に出ても，配分額は一緒です。ガンバ大阪，ジェフ市原と同じなんです。そういう仕組みになっています。

　これは，共に生きるための，Jリーグとしての知恵なんですね。それがいいかどうか，いろいろと議論はあるんですが，そういう仕組になっています。それから，ローカルの場合は，8割がホームクラブにいきます。2割がJリーグにいきます。これは，理屈としては，ローカルの放送をホームチームが努力してとったということを評価してということになっているんですが，だったら，NHK総合の地上波というのは大体ワンステージでもって2回か3回ですが，全部アントラーズなんですよ。今年のファーストステージも全部アントラーズ。少しは，アントラーズの企業努力を認めてくれという気持ちもあるんですけれども，今はそういうことになっています。

　ヨーロッパのクラブなどは，この仕組はもちろん違いますが，収入の多くは入場料収入と，さっきのグッズの売り上げと，テレビの放映料収入なんです。テレビの放映料収入などは，各段にヨーロッパは高いんですね。これは，これからの課題だろうというふうに思います。で，いまの3つを含めたJリーグからの分配金の，アントラーズの収入に占める比率は11％です。Jモデルは12.5

％ですから，まあそこそこうまくいっているように見えるんですが，実はこれには裏があります。去年はＪリーグのファーストステージで優勝し，１億円貰いました。ヤマザキナビスコカップも優勝しこれも１億円貰いました。それから，シーズンの始まりにやりますゼロックススーパーカップ，これは，その前の年の，リーグ戦の優勝チームと天皇杯の優勝チームが争うわけですけれども，これも勝ったんで，3000万円貰っています。ということで，この中には賞金が入っているんです。

賞金は毎年もらえるものではありませんから，本当はもっと高くならなきゃいけないんですが，Ｊが始まったブームの頃は，分配金が今の３倍ぐらいありました。これは，チーム数が少なかったからなんですね。当初は10チーム，今は18チームですから。これだけでも半減しました。ということもあったんですが，Ｊの収入，それからグッズの売上げロイヤリティが今の３倍くらいありました。

あとの収入，これはむしろそれにかかっていく支出のほうが多いと思うんですが，ファンクラブの入会金。アントラーズは年間1000円です。フリークス会員，これは先ほどお話ししました月刊誌〝フリークス〟を毎月お渡ししている方で，毎号一部300円です。従って１年分の3600円プラス1000円の入会金を加えた4600円で運営しています。フリークスの発行部数は約４万部ですが，300円で売ったんでは，まだコストの方が高いんですよ。そういうことで，むしろ収入はいくらかあるんでありますけれども，むしろ支出の方が勝ってほとんどチャラであればいいと，こんな状況です。

チームの人件費

支出の方で，一番大きいのはさきほどいいましたようにチームの人件費です。この人件費，選手の年俸の仕組みはどうなっているかといいますと，サッカーの選手は契約金がありません。プロ契約をすると仕度金があり，これは，独身者で最大380万円，それから妻帯者が400万円，子供がいると500万円ですが，これだけなんです。したがって，拘束力というのは１年間の契約期間だけです。チームによっては複数年契約しているチーム，選手もありますけれども，原則は１年契約ですね。それでは，年俸というのはどうなっているかというと，例

えば，年俸1億円といった場合，1億の中で黙っていても貰える部分を基本給といいます。試合に出てナンボというのは，出場給といいますね。で，大体1億も貰う人は，試合に出るのは当たり前だからという事で，出場給の割合を高めて，例えば基本給を6割，出場給4割，こうしましょうか。すると1億の年俸の人は，黙っていても6千万は貰えるわけですね。4千万は試合に出ないと貰えない。試合に出てもらえる対象の試合というのは，さっきもお話ししました，公式戦ですね。リーグ戦，カップ戦，それから天皇杯，これでもう年間の試合数を40何試合なら40何試合と，最初に契約する時から決めてしまいます。そうすると，今の年俸1億の人は4,000万をその試合数でもって割りますと，例えばそれが40試合ですと，1試合100万円ということになりますね。その1試合100万円は，出ていないと貰えないんです。その試合に45分を越えて出ると，100万円100％貰える。30分から45分までの出場者は，75％というふうに，試合に出場した時間に応じて出場給というのは割り振られると，こういう格好になっています。

　それから年俸の他に特別給というのがあります。試合に勝ったらいくらと。アントラーズの場合は，いってしまいますと，勝ったら15万円なんです。これも，出場時間に応じて分けます。いまと同じように，45分を越えて出た人には，15万円あげます。ベンチ登録，ベンチに入っただけで試合に出ていない選手は，15万の25％です。それから，成果プレミアムというものがあります。これは，公式戦でもって優勝したらいくら，2位はいくら，3位はいくら，こういうふうにしています。これも，出場時間でもって配分します。すべて選手は出場したらいくらという仕組みになっています。

　それから特別に，代表に選ばれたらいくらというのがあるんですが，僕はもうこんなの止めてしまったらどうかと思うんですね。代表に選ばれるということは，その選手が自分のグレードを高めることになるんだから，次の契約更改にきっとプラスになるはずで，お金を貰うこともないと思うんですが，そういうルールがあります。以上が年俸の仕組みであります。

　アントラーズの場合，チーム人件費の総額というのは，総支出に対して57％です。これは高いんです。Ｊのモデルでいきますと，50％です。Ｊリーグ全体では52％らしいですが，アントラーズはちょっと高い外人も抱えていますから他より少し高いようです。それから，チームの運営費があります。これは，チ

ームが，アウェイに遠征した時の費用です。アウェイの場合は一銭も貰えなくて遠征した費用は自分が負担する，とこうなっていまして，アウェイの費用だとか合宿の費用だとかサテライトと称する 2 軍のゲームの費用だとか，練習場だとか芝の管理だとか，そういったような形でチームを運営するためにかかる費用ですね，こういうのがあります。これは，アントラーズの場合は 9 ％です。 J のモデルでいくと，12.5％になっていますから，J のモデルよりも少し低いということです。

　それから，試合の際の運営費ですね。つまり，ホームゲームでもって観客を入れてお金をもらう対象の試合を，運営するためにかかる費用です。これは，スタジアムの使用料，それから安全管理，これは警備会社に委託します。切符切り，ビラ配りから，席への案内，それから身障者のお手伝い，合せて250人くらいの人がいて，ボランティア100名がお手伝い，残り150名くらい警備会社の職員です。ボランティアといえどもちょっとお金がかかるんですが，そういうところでお金がかかっていて，アントラーズの支出比率は15％です。J のモデルでいきますと22.5％ですから，J のモデルからすると割安になっていますが，実際はスタジアムによって使用料に差があったりしますのでモデルとの差は事実上意味がないかもしれません。

　それから，あとはフロントそれから下部組織の経費ですね。人数的にいうと，フロント29名，下部組織13名。これらの人件費から事務所の経費ですが，これは，アントラーズでは19％です。J のモデルは15％ですから，少し高めです。私がそんなに給料貰ってるわけでもないと思うんですが（笑），これも改善の余地があるかもしれませんね。

　アントラーズが収入を増やすということ，支出を下げるということは，事業性を改善する大きな問題なんですけれども，収入を増やすというのは，先ほども触れましたが，スタジアムが大きくなった暁に，とにかく40,000人に限りなく近い人数を入れるために，色々と努力をしています。それと，背中のスポンサーを当面何とか，探すように努力中であります。

　支出の圧縮の方で，チームの人件費なんですが，これは非常に気をつけなければいけません。プロサッカーの事業というのは，いわば興行するクラブです。今，一部のクラブではリストラなんて言葉が使われていますが，これは，きわめて問題なんですね。例えば女優さんが，サイドビジネスでもって大赤字にな

っちゃったと。だから本当は私はテレビに出る時には，ブランドもののドレスを着たいんだけれども，赤字を抱えちゃったからノーブランドでいくのよって言ったら，やっぱり彼女の人気は落ちますね。そういう立場にプロのサッカーはいるわけで，リストラなんて言葉を使うのはおかしい。もちろん，経費を圧縮する努力は続けなくてはいけないけれども，世間にいわずにやったらいいんです。

　それから，チームの人件費を下げる時に客を呼ぶ選手まで外に出しちゃうと，なるほど人件費は下がるかもしれませんが，入場料収入はそれ以上に下がってしまう危険性がある。そういう傾向がもうはっきりでているチームもありますね。優秀な選手をみんな出してしまって，客が入らなくなって慌てて補強したりしようとしていますが，一度客足が遠のくと回復するのは大変なんです。アントラーズも，1回空席ができたら，それをとり返すのは，至難の業ではないかと思って，絶対に空席を作るまいと日々努力をしています。例えば，チケットの売り方も，ファーストステージ一気通貫で売ってしまうところがほとんどですが，アントラーズは，今年はヤバイなと思ったんで，4節づつチケット販売をしています。そういうことをするとコストがかかるんですが，そういう売り方をした方が，必ず買ってくれる人がついてくれると信じて，そういうことをして空席を作らないというのは，大事な事だと思っております。つまり観客を呼べる選手を放出してまで人件費の削減というのは，チーム力を維持しながら観客の興味を損なわないで，どこまでが的確なのか見きわめてやらないと，コストは下がったけれども，収入もそれ以上に下がってしまうということになりかねない。そういうことに注意しながらアントラーズも取り組んでいきたいとこんなふうに思っています。

　あと，アントラーズができて地域にどんな影響があったのかということですが，これは先ほどからお話しさせて頂いている中でもありましたように，とにかく，サッカーが共通の話題になったということで親子の会話が増えたとか，それから，今まで無かった大きなショッピングセンターができたりといったことがまずあります。そのショッピングセンターの真ん中にジーコ広場というのができて，そこは，土曜日，日曜日に行きますと，人が群がっています。そんな賑わいの場所ができたとか，アントラーズに来る人，スタジアムに来る人，潮来巡りなど近くの名所と共に必ず観光コースに入っていますが，そんなこと

で，人が随分来るようになりました。
　それから，観光協会は，2002年のワールドカップ開催を意識してホテルを作ったり，改築したり，経済的な効果も随分あがっているようであります。これらの事はあんまり私自身の口からいうと，手前味噌になりますので，この程度にしておきますが，街の中には，冒頭で申し上げました地域の賑わい，潤い，活性化といった形で，間違いなくアントラーズができてから，変化がでてきているといえるかと思います。
　時間を大幅に超過してしまいまして申しわけございませんでした。以上で終わらせていただきます。ありがとうございました。

第8章・広告代理店から見たスポーツ

米倉實

【略歴】 1939年福岡県福岡市出身。1963年慶應義塾大学哲学科卒業後，株式会社博報堂に入社。福岡県立修猷館高校時代から慶應義塾大学時代を通してラグビー部で活躍。社会人としても36歳まで現役を続けた。1991年博報堂事業本部スポーツ事業局設置とともにスポーツ事業局長に就任。サッカー事業推進局局長を兼務の後，博報堂役員待遇事業カンパニー担当。2002年退社。

フランス・ワールドカップの体験

　ご紹介いただいた米倉でございます。なにせ現場の仕事をやっておりまして皆様の前でこのように話をするというのは初めてでございますので，ご満足いただけるような話ができるか分かりませんが，しばらくお耳を貸していただきたいと思います。

　さきほどご紹介いただいたように，6月の8日から18日までフランスの方に参りましたので，サッカーワールドカップについてまずお話しすると，サンドニでの開会式でありますが，サンドニというのはパリから電車で10分くらい，パリ近郊の昔からの工業都市ということで，フランスの国王の墓がある歴史ある町なんですが，ここに立派なサッカー場ができまして，開会式と開幕戦のブラジル対スコットランド戦があったわけです。その後トゥールーズの方で日本の第1戦，対アルゼンチン戦を観たわけですけれど，トゥールーズというのはパリからTGVといいますか，新幹線で5時間ですから，東京からいいますとちょうど広島くらいの距離で，ワインで有名なボルドーよりさらに南下した所にある大変きれいな都市です。

　これに先だつこと，パリの方では前夜祭が盛大に行われるというので，ぜひこれも見たいと思いましてシャンゼリゼ通りで待っておりました。ところがいつまで経っても何も来ないというので，会社の者と一緒だったので食事をしておりますと大きな人形のようなものが通り過ぎたとのことで結局何も見なかった。最後は皆コンコルド広場に集って，大会が催されるというのでコンコルド広場に向って歩いていくわけですが，肝心な所まで行くとお巡りさんが広場に入れてくれない，次の方に大回りしていくとまただめなんですね。そうこうしているうちに地下鉄の隣の駅まで行ってしまって広場には行けないまま，観ないまま終わってしまいました。なにせ前夜祭からトゥールーズも含めまして大変な賑わいでありまして，街中がリオのカーニバルほどではないですけれど大変な盛り上がりという状況でありました。

　今回の大会では皆様すでにご存じのことと思いますけれど，例のチケット問題が起こりまして，トゥールーズでの日本の試合のときに日本からのサポーターが来るんだろうかと心配をしたわけです。前々日にトゥールーズの方に行きまして町の中を歩いていても日本人の姿が非常に少ない，やはりチケットの問

題で日本のサポーターが来ないのかと思っていましたところ，前日になりましてやっと日本のサポーターが続々集まってきたというので，初めて安心したわけです。

　チケットのことに関しては大変な不祥事だと思いますし，その一番の犠牲者は日本ではなかったかなと思います。トゥールーズの会場に行きまして，会場の手前でチケットのない人は中に入れてくれないわけですね。そこの手前に各ツーリストに連れられて来た各団体が集まっているという状況で，そんな中，各ツーリストの人達が申し訳ないということでブラックマーケットにキャッシュを持って出掛けていきまして何枚かづつ購入してくるわけですね。30人くらいの団体で5枚とかいうので，その団体全員でジャンケン大会が行われ，20万とも30万ともいわれるチケットを手にするような悲しいというか，さみしい状況を目の当たりにいたしました。非常にけしからんという気がいたしたわけです。

　開場30分前から選手の練習なんかが始まって，その間会場はいっぱいでサポーターも盛りあがり応援合戦を繰り広げているんですが，ある一角だけポッカリ空いている席があるわけです。おそらく今考えますとその空席部分がブラックマーケットに流れていった席ではないかと思いました。試合が始まる10分くらい前ですか，ブラックマーケットからようやく手に入れたチケットを手にした人達が慌てて入って来てその空席部分も埋まったという状況で，まあ席自体は日本の応援団がたくさん入っていた結果になったわけですけれど，そうやって会場も一杯になったような状況でした。

　チケットのブラックマーケットの問題もありますけれど，観客席では日本とアルゼンチンのサポーターが皆バラバラに一緒に座っているわけですね。私の後ろの席にいたイギリスの人がこの光景は珍しいというわけです。普通サポーターというのは，イングランドならイングランドで固めておかないでバラバラに座っていたりすると，大騒動になったり喧嘩になるというんです，そのアルゼンチンと日本ならばアルゼンチンが圧勝で揉める事もなかろうと舐められたのかもしれませんが，両国のサポーターが友好的に入り交じって応援している珍しい光景でありました。

　試合の結果は皆さんテレビでごらんになったと思いますけれど，事前にマスコミ報道などで日本が勝てるかもしれないなどといわれていましたが，私はサ

ッカーの素人でありますけれど，結果的にはよく日本は1点で食い止めたといっていいくらいに思っております。というくらい，外国チームの技術と馬力というものに凄いものがあった。また対クロアチア戦を見ても良く守ったなという気がいたします。世界のレベルの高さを痛感いたしました。

その後川淵チェアマンはじめJリーグ関係の方達とパリで会いまして戻ってきましたが，2002年の日本・韓国共催のことを考えますと，ああいった町の盛り上がり方，世界各国から来た人たちの治安維持の問題，そしてチケットに関しては今回のフランスのようないい加減なことはないと思いますが，例えば韓国と日本の価格差の問題，こういったものを含めて，どのようにしてやっていくのか，2002年に向け大きな課題であると思いますし，是非うまくやっていただきたいと思いました。あれだけのヨーロッパでの盛り上がりというのは2002年の日本の中で果たして出来るだろうか。たしかにパリでの場合はヨーロッパ各国から地続きですからたくさん来れるけれども，日本の場合は海なので飛行機等を利用しどれだけの人が集まるか非常に難しい問題ではないかと思っております。

試合状況その他についてはテレビを含めて観戦された通りですが，日本のサッカーというのは技術的にはたいへん上手い部類に入ると思うんですが，破壊力に欠ける。2002年までには小野選手あたりがベテランになっていて，チームそのものも強くなっているのではないかと個人としては考えています。簡単ですが今回のワールドカップの一部分をのぞいた感想は以上でございます。

広告代理店という仕事

先程紹介がありました通り私は広告代理店に勤務しております。広告代理店でスポーツをどうしてやっているのかという疑問もあるかと思いますけれど，まずは広告代理店自体が何なのかといった素朴な疑問から説明いたしましょう。そもそも代理店という名が示すように，昔，新聞・雑誌が出てきた頃からそのスペースに広告を載せるための取次業というところで明治時代から始まったわけでありまして，元々取次ぎの広告をするスペースブローカーでスタートしたわけです。それがずっと戦争を経て戦後，媒体というのは新聞・雑誌に加えましてラジオ・テレビといったような電波が加わったということ，特にテレ

ビの出現によって急激に大きくなったということです。それに伴ってスペースブローカーとしての取次業に加えて，コマーシャル，新聞・雑誌の原稿あるいはテレビのコマーシャルフィルム，あるいはラジオのCMの製作を行うようになりまして，これらが代理店のメインの業務になったわけでありますが，その後さらに一般消費者の調査，企業の調査，セールスプロモーション，PRが加わることになりました，あるいはテレビ・ラジオの番組の企画，タレントの起用，その他あらゆる関与の仕方をするということになってきています。

　日本経済の発展の規模が非常に拡大し，欧米，特に一番進んでいたアメリカに近づいてきております。広告代理店の業務を一言で説明することはできないんですが，企業のマーケティング活動全般のサービスを行うようになってきたということです。メーカーサイドは要するにプロダクトでありまして，商品の情報をたくさん持っているわけでありますが，これに対し現在の広告代理店というのは，消費者といいますか，我々は生活者と呼んでいるわけでありますけれど，生活者の情報というものをメーカーに提供するということで，マーケティングの完璧を期すという意味合いでの存在になっているわけです。

　現実にはメーカーの開発する商品に対して消費者が何を望んでいるかという商品情報を提供するという意味で，現在ではメーカーサイドの商品開発にまで関与する時代になっております。具体的に申し上げますと，アサヒビールの最近の大ヒット商品，アサヒビールの企業規模を変えたというスーパードライの開発，そのネーミングなどがあります。しかし開発といっても広告代理店がビールを作るというわけにいきませんので，味は軽い味でアルコール度は少し高めに，などのサゼスチョンを行なう，そういった部分で関与しています。

　あるいは，サッカー協会を得意先といたしまして，Jリーグのスタートまでの作業をお手伝いしました。サッカーは杉山・釜本の時代というのはたいへん人気があり強かった。しかしそれ以降は凋落の一途ということでありまして何とか強く出来ないかと，ご記憶にある方もあるかと思いますが，博報堂で釜本を裸にして「格闘技宣言」なんていうポスターを作ったりもいたしました。それ程人気が凋落していてそれをなんとか盛り上げるにはプロ化しかないということで川淵さんを中心に我々もプロジェクトチームを結成しました。Jリーグが発足して今年で6年目でございますが，それを溯ること3年前からのプロジェクトでありました。企業としての成り立ちから，特にJリーグのマークの設

定，Ｊリーグというネーミングの決定とか，あるいは細かい法規的なものまで吟味してリーグ発足までお手伝いしてきたということです。そういう意味でメーカーだけでなく各スポーツ団体のそういった展開といったものにも我々は携わっているということであります。

　現在の広告会社というのは一言でいいますと，マーケティングとコミュニケーション戦略の企画力と実施力を駆使いたしまして，企業のマーケティング活動に対応したサービスを行っていく業務，そういう状況であります。図１の日本のスポーツイベント市場の円グラフの下を見て頂くと，世界の広告会社の売上利益が書いてありますが，これは企業グループの数字で，日本で言うと電通が４位，博報堂は10位。グループではなく単体でみると電通が１位，博報堂は４位という状況であります。では広告費はどういったマーケットの中でやっているかというと97年度の日本の総広告費は５兆9,900億円，約６兆円を切るくらいの中で行っている状況であります。

なぜスポーツイベントか

　では広告代理店がなぜスポーツイベントを扱うのかということですけれど，経済の発展の結果，人々が豊かになっていて個々人の要求は多様化し細分化していく。俗にいわれるマスから個の時代に移ったという，各人の希望に応えるにはいままでの大雑把なコミュニケーションではだめで，例えばテレビで商品の告知をすると売れる，そういう時代もだんだん過ぎてきたということで，企業の伝えたいメッセージを最も有効に伝えるのがイベントである。イベントは共感のメディアといわれ，それに集まった人々の五感すべてに働きかけ，しかも共感してもらえる。だからスポーツイベントは企業の伝えたいメッセージを有効に伝える，テレビなどよりもさらに有効な媒体となったわけで共感，感動を伝えやすいということで，第５・第６のメディアとして広告代理店が手掛けるようになったということでございます。

　ちなみに博報堂が扱っているイベントを挙げるとＪリーグがございます。Ｊリーグは規模が大きくなったため社内組織的にはスポーツ局から切り離しましてサッカー事業推進局という形で独立させています。その他，男女プロゴルフトーナメントのスポンサードと運営。それからプロ野球。プロ野球というのは

日本のスポーツイベント市場（1995年）は5兆5,452億円

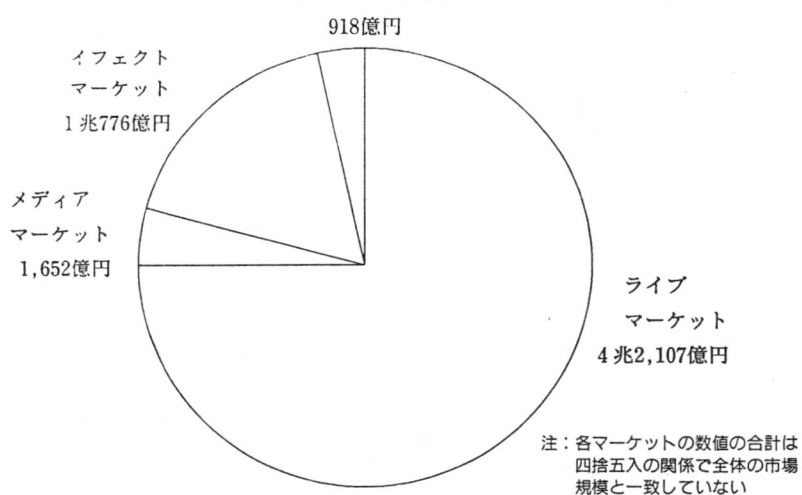

- フリンジマーケット　918億円
- イフェクトマーケット　1兆776億円
- メディアマーケット　1,652億円
- ライブマーケット　4兆2,107億円

注：各マーケットの数値の合計は四捨五入の関係で全体の市場規模と一致していない

97年世界の広告会社グループ・ランキング

順位	グループ名	売上（総利益）
1	オムニコム・グループ（米）	41543（ 10.8）
2	WPPグループ（英）	36466（ 6.3）
3	インターパブリック・グループ（米）	33845（ 11.4）
4	電通（日）	19878（ 3.0）
5	ヤング＆ルビカム（米）	14979（ 10.4）
6	トゥルー・ノース・コミュニケーションズ（米）	12115（ 21.6）
7	グレイ・アドバタイジング（米）	11430（ 11.2）
8	アバス・アドバタイジング（仏）	10331（ 6.0）
9	レオ・バーネット（米）	8780（ 1.4）
10	博報堂（日）	8480（▲ 5.5）

（注）アドバタイジング・エージ調べ、単位は10万ドル、カッコ内は前年比伸び率％、▲はマイナス

図1

なんだといわれるかもしれませんが、球場看板に始まり、7月のオールスター、今はサンヨー・オールスターというのがついているわけですね。三洋電機さんが冠に入り、仲立ちをしてプロ野球を応援しているということです。その他デヴィスカップを始めとするテニス。世界選手権、ワールドカップ日本選手権の柔道。陸上はマラソン、グランプリ陸上という世界のアスリートを集めて行う大会、駅伝は都道府県対抗駅伝というものもやっております。スキー・スノーボードのワールドカップ、オリンピックの前々年から前年の白馬でやりましたワールドカップスキー・スノーボード。その他JBL。バスケットもプロ化に向け作業に力を入れています。そしてモータースポーツ、昔でいうF3000あるいはF1のスポンサーといった、ありとあらゆるスポーツを手掛けているわけであります。

　ではスポーツとは何かというと、皆さんもご存じかと思われますけれど、ほとんどの国でスポーツという言葉で通用しており、語源は種々説がありますけれど、ラテン語のポルターレというものらしく、生活から一時的に離れる、あるいは違う場所に部屋を置くというようなのが語源ではないか、といわれています。16世紀のイギリスではディスポートといったわけですが、これは規則正しい、勝手にやるとぶつかっちゃいますから規則正しい行動を求められる港から離れて、沖に出て自由に行動するといった意味のディスポートというのがスポーツの語源ではないかと、精神的にもこの辺りがもとではないかといわれています。当時、貴族階級、騎士階級を中心に、娯楽や休養のために狩猟やあるいはボールゲームが行われたわけです。

　ことにイギリスを中心としまして産業革命によって人々の生活が潤うようになった。この時代、特に生活に余裕が出来た人達の野外での気休め、気晴らしがスポーツであったわけであります。この余裕の精神というのがサッカーを含めたゲームという感覚を作り出したのだと思いますが、その後、そのヨーロッパで、人々は、賭博性を取り入れたスポーツ見物に勤しむようになりました。しかしこの倫理感の乱れたスポーツの世界を本来のスポーツの理念に戻そうとしたのが、1890年代のクーベルタン伯爵のオリンピック構想であります。ヨーロッパを中心にアマチュアリズムの精神を広めまして、あらゆる遊びを無くしスポーツを体系づけ組織化しようとしたわけです。これがオリンピックの開始となるわけです。

日本のスポーツとプロ・アマ問題

　一方日本のスポーツはなんぞやというと、日本には武術としての柔剣道、あるいは昔からあります流鏑馬、蹴鞠などがあったわけですが、スポーツといえるものはほとんどなかったわけでございます。明治維新以後、日本の西洋化に伴い今ある日本のスポーツは100％西洋から伝わってきたものといっても過言ではないと思います。この当時、スポーツができる階級というのは余裕のある豊かな階級の人たちで、当時の数少ない最高学府、あるいは第一高等学校等の高校、中学であるといった形でスポーツそのものもその中で発達してきたわけでございます。この形でのスポーツの発達の中に日本人の武士道、義務教育みたいなものが混ざり合いまして、他の国ではみられない日本独特の「体育」というものを生み出していった。これがアマチュアスポーツとプロスポーツの棲み分けをする大きな要因になったと考えられるわけです。

　欧米のスポーツというのはそれぞれのクラブと地域で発達したわけですね。このクラブ・地域で発達したスポーツは、サッカーもあればホッケーもあり、港に近いところであればヨットなどもあるわけですが、その中で一番上手い人は当然お金をとることができる。そして尊敬されたわけです。これに反して日本のスポーツはアマチュアの中で育ったわけですので、スポーツでお金を稼ぐとは何だ、ということでスポーツはアマであるべきだ、お金を稼ぐのは卑しいという伝統を強く持つに到ったということです。

　現実にいうと、プロ野球が野球の中心でそれによって人気があるわけですけれども、当初プロ野球が出来たのは職業野球団という巨人軍が最初に作ったものですが、一番力を持っていたのはアマの6大学野球連盟であり、当時の中等学校野球連盟、今でいう高校野球であって肝心のプロ野球というものは非常に地位は低かったのです。未だに高野連が力を持っておりますけれども、そういった過程を経て日本のスポーツは育った、というよりもプロが育たなかったという状況でございます。

　ところが現在プロとアマの棲み分けというのは、欧米のプロ化の流れの中で日本のスポーツ界が一番悩んでいる問題でございます。アマチュアスポーツの祭典といわれているオリンピックもプロの選手が参加出来る時代になりました。ご存じのように長野オリンピックではNHLのプロ選手が、アトランタで

NBAのプロ選手がドリームマッチをやる時代になっておりまして，オリンピックもアマチュアスポーツの祭典といった形が崩れてきてしまっているわけですね。そのためにこれからプロとアマの棲み分けについてどうするかというのが，特に日本は未だにアマチュアの部分が強いものですから，大きな問題となってきたわけでございます。

例えば有森裕子選手がプロ宣言をして大騒ぎをしております。ロサ・モタというポルトガルのマラソン選手がいますが，入国の手続きのときオキュペーション，職業の欄にマラソンランナーと書くわけですね。ところが日本の長距離選手はみんなエスビー食品だとかカネボウと記入する。なぜかといいますと，陸連，陸上競技連盟はプロを認めていないからです。そのため有森のプロ宣言で大騒ぎをするというようなことが起こってくる。

確かに日本陸上競技連盟というのはJAAF＝Japan Amateur Athlete Federationというようにアマチュアという名前が入っているので，プロOKとはなかなかいいにくいんじゃないかという話もありますけれど，たいへん難しい問題だと思います。サッカーはFIFAという世界連盟がプロとアマの区別はしないといった見方をしていますので一緒に競技はできるし，同じプロチームの中にもアマチュアがいたりプロがいたりすることが許されるという一番すっきりした形でありまして何の問題もないわけです。テニスでも自分がプロであるといえばそれで通用するわけです。そんな中で今お話ししました陸上あるいは柔道のようにアマとプロの壁は高くて厚い団体も存在しているわけです。

オリンピックは最高のスポーツイベント

先程も触れましたが，今年ここ長野で成功裏に終了しました第18回の冬季長野オリンピックでありますが，そのオリンピックそのものは国境，人種の壁を越えて行われるスポーツイベントであり，その歴史・規模・話題性などから見まして，世界中の注目を集める最高のスポーツイベントではないかと私は考えております。また，今白熱しているワールドカップはナンバーワンの世界のスポーツだという人もいます。世界中のテレビの視聴者数からみますとワールドカップはオリンピックの約10倍近い視聴者数があるわけですね。そういった意味からすればワールドカップがナンバーワンじゃないかという人もいますけれ

ど，我々はオリンピックがナンバーワンの世界のスポーツイベントだと考えています。コマーシャルベースから考えますとワールドカップはテレビでご覧になったようにキャノン，フジフィルムなどの日本企業が入っているのでワールドカップの方がありがたいのでありまが，オリンピック会場というのは憲章で企業看板など一切出しては駄目なわけです。すべて排除しているわけであります。ではオリンピックスポンサーとは何かというと，スポンサーになった場合はオリンピックマークを使って「何々オリンピックを応援している」という大会呼称を使用できるということなんですね。このスポンサーというのは TOP スポンサー，これは正式には The Olympic program というのですが現在11社ございます。

　長野の時は，たとえばコカコーラなどですとか，1社が40億円といわれております。この他に開催国の国内の限定スポンサーがありまして，長野の場合ゴールドスポンサーが，ミズノを含めてこちらの地元の八十二銀行，トヨタ自動車などで1社がだいたい20億円。この20億円は自社の製品を提供する分も含めてということです。たとえばミズノの場合は，選手・組織委員会のユニフォームを2万6千～7千着提供したというふうにいわれ，その効果は世界にミズノの名を広めたことで，五輪ライセンス商品の売上は16億円になったと聞いております。日本の選手も活躍し表彰台に上りましてその時に着用していた紺のオーバーコートがあり，今年から売りに出すわけですが，このコートの発注が2万着になったという，そういった商業的な効果もあるわけです。

　確かにマークを付けて売れたという単純経済効果の他に，キリンそれからコカコーラなどが目に付いたと思いますが，あるいはジャンプに原田選手を出した雪印などは経済数字効果以外の効果を強調しているようです。要するに企業はオリンピックに協賛することにより世界のベスト商品・ベスト企業であることをアピールできる。あるいはワールドワイドの企業としてのイメージ形成，企業に対する好感，共感，親近感を得る最高のスポーツイベント，これがオリンピックだというふうに私どもは感じております。

冬季オリンピックの歩み

　話は脱線しますが，オリンピックというのは従来今でいうサマー大会，夏の

大会のことを指していました。今回の長野は18回冬季オリンピックということになりますが，1924年のフランスのパリ五輪の前哨戦としまして，同じフランスのシャモニーあるいはモンブランで冬の大会を開いたのが第1回大会でございます。その後サンモリッツ，レイクプラシッド，ガルミッシュ，サンモリッツ，オスロ，第7回がIOC委員であります猪谷千春選手がメダルをとったコルチナ・ダンペッツォ，それからスコーバレー，インスブルック，グルノーブル，第11回が札幌，12回がインスブルックに戻りまして，13回がレイクプラシッド，その次がいま戦火に荒れていますサラエボ，カルガリー，アルベールビル，リレハンメル，そして18回が地球最南端の冬季五輪といわれた長野となっております。

マーケティング的見地からすると長野五輪の事業費は詳しい数字はわかりづらいんですが5,685億円というふうにいわれております。当初の予算は4,066億円という事でしたので約1,600億もオーバーしたわけでございます。この5,685億円という数字は関連事業費でオリンピック道路の建設費とか，国道17，18号の整備，北陸・上越自動車道，あるいは長野新幹線等など含めると1兆3千億円といわれておりますが，これを除いた純粋の五輪の事業費が5,685億円ということになっている訳でございます。現実にはこのオリンピックは大成功で，私も開会式から白馬の方までいって観戦いたしましたが，自然にやさしいオリンピックということでありましたけれども，観客には大変厳しいオリンピックではなかったか，観客は大変苦労したのではないかというふうに思いました。

スポーツマーケティング

ちょっと脱線しましたけれども，スポーツマーケティングという，我々が手掛けている市場を構成しているものには3つございます。1つはスポーツ用品の市場，2つ目はスポーツサービス市場，分かりやすくいうとゴルフ場，ゴルフ練習所，ボーリング場，アスレチックジム，ヘルスクラブなどです。3番目にスポーツイベント関連市場というものがあります。これは主に観戦市場というふうに捉えた方がよいと思っております。イベント市場ということで95年に順天堂大学の間宮教授が調査発表されたデータをもとに簡単に説明いたします。95年と聞くとだいぶ昔ではないかとお感じになるかと思いますけれども，

95年というのは最近ではスポーツイベント市場のピークでありまして，バブルの崩壊，景気の不透明感，低迷感ということで順次減少傾向にございます。そういう意味で全体の傾向としてみていただくと，全スポーツイベント市場というのは5兆5,452億円ということでありまして，はからずも我々が従事しております日本の広告費とほとんど同じでございます。先ほど97年の広告が5兆9,900億円と申し上げましたが，95年は5兆5,452億円であったわけで，3年間の伸びは広告費の面から見るとささやかに伸びていますが，スポーツイベント市場というのは非常に冷え込んでいるという状況でございます。種目別市場規模におきまして1番は競馬なんですね。2番が競艇，3番が競輪ということで，スポーツというよりは，ギャンブル系が1～3位を占めており，公営の競技だけで全スポーツイベント市場の7割を占めているという状況でありまして，残りを各スポーツ競技が分けているというわけでございます。4位が野球の5,313億円，これは高校野球からプロ野球までということですが，現実にはプロ野球が中心でございます。サッカーは高校サッカーからJリーグまで3,265億円，次にゴルフ，これはプロのトーナメントで1,711億円，7位がオートレース1,294億円，8番目がモータースポーツ1,052億円，これは富士とか鈴鹿を含めたもので，モータースポーツは日本においては8位ですが，欧米においては順位がグーンと上がります。日本はこのモータースポーツは比較的低いということであります。それから大相撲が803億円，10位プロレスリングということになっております。規模としては国体が280億といったかたちになるわけでございます。

　仕事として捉えた場合，競馬，競輪，競艇というのを我々がイベントとしてやるわけにはいきませんので，我々がスポーツ産業と捉えるのは観るスポーツということになります。そのためにプロスポーツが中心となってくるわけですけれども，その場合は，プロ野球以下大相撲までの5大スポーツがスポーツイベント産業の中心になってくるわけです。数字を見て頂くと分かりますが，先程の野球，サッカーなどは高校からプロ野球，Jリーグまで含めて，それぞれプロ野球・Jリーグ単体と差がないわけで，アマチュアの方はそれほどの金額ではないということです。1位がなんといいましてもプロ野球の5,200億円ですが，考えてみますとこの金額であれだけ世の中が沸いているのにもかかわらず競輪の9,100億を大きく下回っているというのはどういうことなのかという

気はします。1位がプロ野球。2番目がJリーグで95年よりも現在，商品化の問題その他下回っておりますのでもう少し下がっていると思いますけれど，95年度においては3,056億円。プロゴルフが1,709億，モータースポーツが1,052億で，これはプロもアマもないので変わりません。5番目に今週から始まります例の大相撲が803億となっております。これをみて頂くと日本のスポーツイベント市場の規模というのはだいたいつかんで頂けると思います。

イベントマーケット

　各競技のイベントマーケットというのは，4種類に分類できると思います。先の図1にある日本のスポーツイベント市場の円形グラフについて説明させていただきます。4種類の分類の1つ目のスポーツイベントは直接観客に提供される場合，主催機構と観戦者，スポンサーによって作り出される市場でございます。この中にはイベントの総運営費，あるいはプレーヤーのギャラ，施設維持費，協賛費，広告費，提供商品料，商品獲得料，入場料，それから競技場内の飲食費，あるいはグッズ購入費といったもので，スポーツイベントが直接観客に提供される場合に生じる市場です。この中でいいますとライブマーケットと呼んでおります。

　2番目がメディアマーケットで，スポーツイベントがメディア等を通して視聴者に提供される場合に作り出される市場でございます。これには放送権料，番組制作費，これを提供する番組スポンサー料，ビデオ化権料，この大会をやりますという告知をする番組告知料，大きくいえばテレビ受信料というものも入るわけでございます。メディアマーケットというのはオリンピック放送機構の杉山さんからメディアについての話がこの講義の中であると思いますが，メディアマーケットは，金額よりもスポーツイベントがこれから発達する上で一番大きなファクターですね。ことにサッカーの時に60％以上の視聴率があったというのをみますと，あるいは新聞で誰々が活躍したという，最終的にはメディアがないと，スポーツの観戦市場は上向いて行かないという意味合いで，金額よりも今後のスポーツの発展には非常に大きな要素ではないかと思います。

　3番目にイフェクトマーケットと申しまして，スポーツイベントをライブで楽しむ場合に波及的に作り出される，要するに，さあ競技場に行こうという時

にかかる交通費，どんな具合かなといって買ったりするスポーツ新聞，雑誌の購入費，その記録を残すためのビデオ購入費などがあります。

　4番目にフリンジマーケットといいまして，スポーツイベントには直接関係ありませんけれども，イベントを主催する事によって誕生する市場があります。具体的にいうと肖像権の購入料，例えばサッカーの中田をコマーシャルに使いたいというときに出てくる経済効果というか金額ですね。スノーレッツじゃないですけれど競技場外でのキャラクターグッズの購入費などです。

　以上この4つのライブ，メディア，イフェクト，フリンジマーケットが，イベントマーケットの要素であると考えておりますが，現実にこの割合をみるとライブマーケットが4兆2,107億円，イフェクトが1兆776億円，フリンジが918億円，メディアは1,612億円という数字で断然ライブマーケットが多いわけです。ただお話ししましたように金額は少ないがメディアマーケットの影響も大事です。あるいはイフェクトマーケットも大会，試合が増えればどんどん増えてくるだろうと思いますし，フリンジマーケットに関しても例えばワールドカップの選手の肖像権の問題など今後確立されてくれば更に伸びてくるのではないかと考えております。

文明としてのスポーツ

　簡単に私どもが手掛けているスポーツイベント・マーケットについて話をしてまいりましたが，スポーツイベントというのは文化イベントだという人もいますけれど，私は文化よりも文明の域に達していると思います。文化というのはたいへん固有のものであり，例えば文化会議を行うという時に世界各国から人を集める場合，みなの共通のテーマを何にするか，また言葉，通訳翻訳の問題などいろいろ問題が起こってきます，共通のテーマ探しにしてみてもそれぞれが興味を示したり，示さなかったりで大変でありますけれど，しかしスポーツというものは肌の色が違っても言葉が通じなくても，スポーツのルールさえ確立しておりますと同じテーマ，同じ土俵の上でやることができるわけであります。そういった意味で文化よりも更に進んだのがスポーツであると感じている次第です。

　イベントマーケットの経済規模についてお話ししましたが，昨今の経済状況

の悪化ということで各企業も協賛あるいは冠をする余裕がなくなってきています。企業イメージを浸透させるよりも，作った商品を告知して売って利益を上げたいといった動きがありますのでたいへん冬の時代といいますか，スポーツイベントのスポンサー探しには厳しい時代を迎えておりますけれども，長島監督の言葉ではないが，スポーツは永遠であろうと思います。そういう意味で広告会社としてスポーツを手掛けているわけです。広告会社の中で大変儲けのないセクションというのがスポーツイベントであるわけです。どちらかというと赤字を出すケースも多いということで会社の中では肩身が狭い思いをしておりますが，採算が合わないというよりも，スポーツ文明の発達のために，これからも努力を続けて日本のスポーツを盛んにしていきたい。それの一助になればと，仕事を続けているわけでございます。長い間ご静聴いただきましてありがとうございました。以上で私の話を終らせていただきます。

第9章・企業とスポーツイベント

大島仁志

【略歴】1948年生まれ。愛知県立旭丘高校入学後ラグビーを始め，1年後ラグビー部創設10年足らずの都立新宿高校に転校。部員も少ない中，都立戸山高校（当年東京都ベスト16）との対抗戦に部創立以来初めて勝利する。東京大学入学後，これも創設間もないクラブチーム，ライトブルーラグビークラブ（LBRC）に加わり，東京6大学クラブリーグに参加。初年度は立教に1勝したが，翌年いわゆる"東大闘争"が拡大し，入試中止のあおりで新入生も入らず，リーグ戦には参加できなかった。この間2年間キャプテンを務める。1972年に東京大学経済学部卒業後キリンビール株式会社に入社。キリンUSA（ニューヨーク）社長，広報部長，経営企画部長等を経て，現在執行役員国際酒類カンパニー社長。

　キリンビール入社後も工場でラグビー部を結成，対外試合を行っていたが，3年目に肋膜炎で倒れ現役を引退。30代半ばまでテニス，以後はゴルフを楽しんでいる。サイクリングが現在の気に入り。

本日はまず，キリン社が現在話題となっているワールドカップ日本代表チームのスポンサーとして現在どのような活動をしているのかをご説明させていただいた後，我々の会社はどういう会社なのか，スポーツ，文化，芸術，音楽などの分野での活動のうち，なぜスポーツというものがとりわけ大事なのか，さらに今後スポーツに対してどのように考えていくのかといった順番でご説明していきたいと思います。

サッカー日本代表チーム・スポンサーとしての活動

　実は去年の秋に，マレーシアのジョホールバルでサッカー日本代表はイランに勝ってワールドカップ本戦への参加チームに決まったんですが，キリン社は本戦への参加が決まる前からサッカー日本代表チームのスポンサーになることを決めていました。

　日本代表チームの事前合宿からワールドカップ大会期間中は皆さんもびっくりされたと思いますが，キリン社がサッカーチームを持つようになったのかと街で聞かれるくらい，キリンのロゴの入った練習着を選手たちが着用しての練習風景が，連日テレビ，スポーツ新聞などで報道されておりました。

　さらに練習，試合後のインタビューなどでも，バックにボードを用意してその前で話をしていただいて，ボードに描かれていたサッカー協会のオフィシャルエンブレムである黄色と赤のマークの下にもKIRINという文字が入り，その両脇にも，キリンという名前をちょっとしつこすぎるのではないかというくらい，露出させていただきました。写真1は代表選手の最終発表の時，つまり岡田監督が代表チームから三浦，北沢，市川選手をはずした時のものです。私にはそのボードの方が目立って，こんなことまでやれて良かったな，というのと同時にあまりにKIRINが露出し過ぎていて嫌みにならなかったかという心配もありました。結果的には私達の狙い通りにキリングループがこれだけサッカー日本代表チームを応援しているのだということを消費者にお伝えできて良かったと思っています。

　写真2は岡田監督が記者会見を行った時のものですが，机の前の方に清涼飲料が置いてあります。清涼飲料も，キリングループの一員であるキリンビバレッジ社がスポンサーとなり「サプリ」，「キャディ」，「キリンアルカリイオンの

写真1

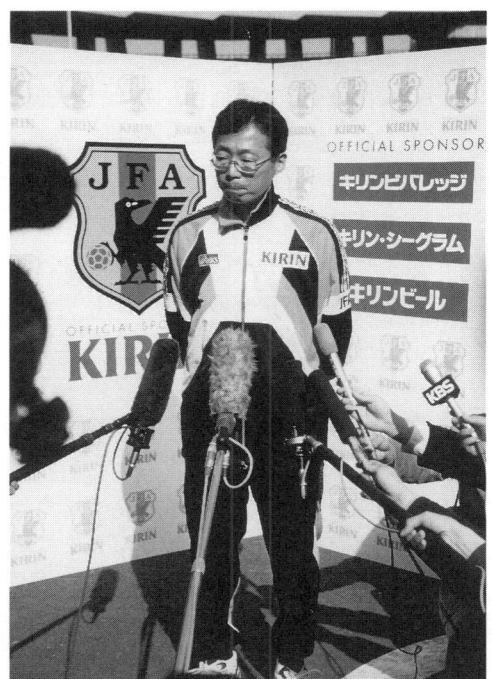

写真2

水」の三種類を代表チーム指定公式飲料ということで、日本から空輸で持っていったものです。

このように私どもはキリングループで日本代表チームのスポンサーになっているわけですが、私どもの扱っている文書、宣伝広告にはワールドカップという文字はどこにも使われておりません。図1に示されているように、サッカーのスポンサー形態には様々な形がありまして、ワールドカップそのものの大会スポンサーシップはコーポレットアドバタイザーが権利を持っていて、私達はワールドカップという言葉は広告では使えないのです。その他のスポンサーの形態としては、日本ではクラブチームあるいは、Jリーグをスポンサーとして支援している企業があり、また海外でもユベントスをソニーが、マンチェスター・ユナイテッドをシャープが支援するなどの例もあります。

トヨタカップとして、南米、ヨーロッパのクラブチームのナンバーワン同士の対戦をトヨタがスポンサーしたり、私達のやっているキリンカップサッカーのように日本代表チームと2カ国の代表チームの3カ国によるカップ戦をスポンサーするという形態もあります。

フランスのワールドカップで残念ながら日本代表チームは予選リーグで敗退

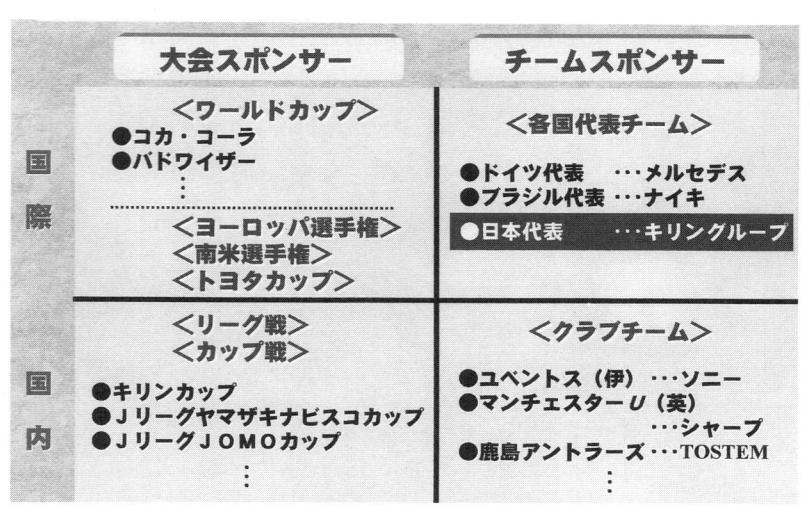

	大会スポンサー	チームスポンサー
国際	＜ワールドカップ＞ ●コカ・コーラ ●バドワイザー ： ＜ヨーロッパ選手権＞ ＜南米選手権＞ ＜トヨタカップ＞	＜各国代表チーム＞ ●ドイツ代表　…メルセデス ●ブラジル代表…ナイキ ●日本代表　　…キリングループ
国内	＜リーグ戦＞ ＜カップ戦＞ ●キリンカップ ●Jリーグヤマザキナビスコカップ ●JリーグJOMOカップ ：	＜クラブチーム＞ ●ユベントス（伊）…ソニー ●マンチェスターU（英） 　　　　　　　…シャープ ●鹿島アントラーズ…TOSTEM ：

図1　サッカーのスポンサー形態

```
97年12月期売上高
```

■キリンビール（66.7%）
■キリンビバレッジ（13.1%）
■キリンシーグラム（2.3%）
■食品（3.3%）＊
■アグリバイオ（1.3%）
■外食（0.8%）
■物流（3.9%）
■近畿コカ・コーラ（8.7%）

＊ナガノトマト250億円含む

138　700
240　1574
589
410

キリンビール
12,056
（億円）

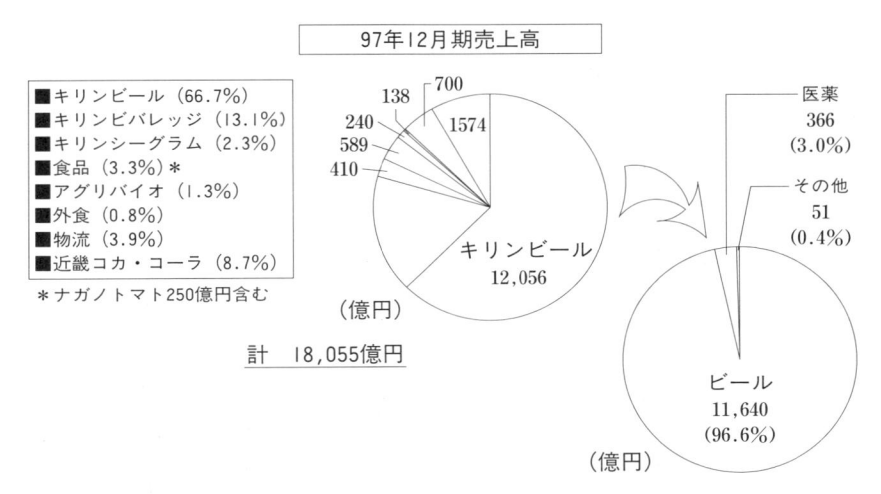

計　18,055億円

医薬
366
(3.0%)

その他
51
(0.4%)

ビール
11,640
(96.6%)
（億円）

図2　キリングループ概要

しましたけれども，今後日本と韓国の共同開催となった2002年のワールドカップに向け，キリングループとしてはスポンサーを続けて，これまで以上にサッカー日本代表チームを支援していくつもりです。

キリンビールグループの概要

　図2に示されている通り，キリングループにはキリンビール，キリンビバレッジ，キリンシーグラムなどの会社の他に近畿コカ・コーラというコカコーラ系のボトラー会社もあります。長野県にはナガノトマトという会社もあります。小岩井乳業という乳製品の会社もあり，売上げは，グループ全体で約1兆8000億円で，キリン社単独では約1兆2000億円です。

　国内の食品会社では最大規模の会社で，キリン社本体でもビール事業だけではなくて医薬品，健康食品，花などのビジネスもやっていましてキリンという名前の中に，ビールだけではないイメージも組み込んでいきたいというのが現在の我々の考えです。

　私どもの経営理念としては，「世界の人々の健康・楽しさ・快適さに貢献し

ます」ということを掲げています。ペリーが来て開港を迫り，横浜が開港地になった後に，ノルウェー系アメリカ人が，そこに住んでいたアメリカ人のためにビールを作ったのが前身で，皆様おなじみの「キリンラガービール」は，本年で110年の歴史を持っています。キリン社としては本年が92年目で，その間時代に合わせて何度か経営理念を見直しています。経営指針として「お客様本位・品質本位・オープンでフェアな行動・人間性尊重・健全経営・社会貢献」を，企業スローガンとして「新鮮な明日へ」を掲げていまして，どの印刷物にもこれらの言葉が入っているわけです。さらにイベントをやる際にもこの経営理念に照らして合致しているかどうかを検証しながら，どういうことを実施すればよいか考えております。

イベント活動

では実際にどのような活動をしているかを簡単に申し上げますと，図3に示されておりますように，まず社会貢献ということで比較的販促色が少なく，企業としてあまり表に出ないでサポートしているものとして，「キリンコンテンポラリーアワード」があります。これは若手芸術家の支援をする活動で，若手

広報部	企業としての社会貢献イベント	・キリンコンテンポラリーアワード ・ニューイヤーコンサート ・工場見学／フェスティバル ・空き缶リサイクル支援
	企業コミュニケーションイベント	・サッカー日本代表スポンサー ・キリンカップサッカー ・キリンオープンゴルフ ・JBLキリンチャンピオンシップ ・東京ディズニーランドスポンサー
商品開発部	企業×商品コミュニケーションイベント	・長野オリンピック
	商品コミュニケーションイベント	・ユーミンコンサート ・ビール開き ・ラガークラブ

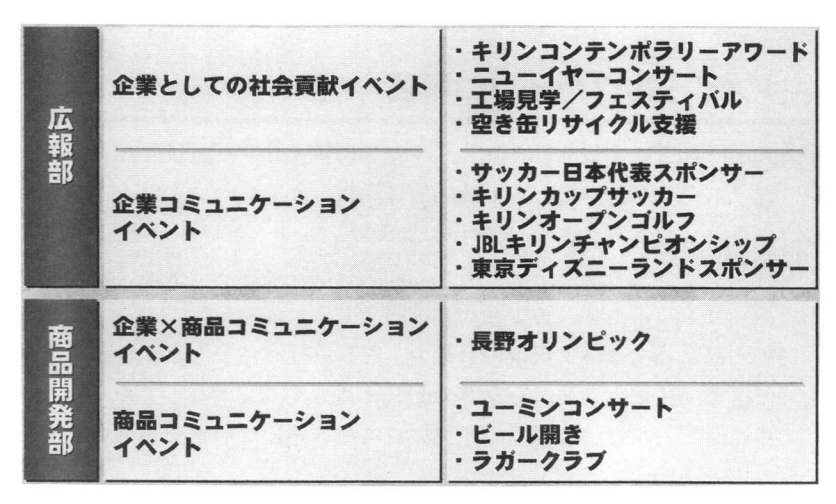

図3　キリン社のイベント1

の芸術家に，その作品を発表する場所を提供しているもので，始めてから10年になり，そこから育っていった芸術家も数多くいます。また「キリンニューイヤーコンサート」というタイトルで，東京交響楽団が毎年行う新年の演奏会を支援しています。

さらにビール工場が全国13カ所（1998年現在）にあり，お客様としてお見えになった方に見学をしていただいた後，ビールの試飲をしていただいたり，記念品をお持ち帰りいただくというようなことをしておりまして，年間120万人以上の方がお見えになります。また，各工場とも年に一日は，「工場フェスティバル」として，多くの皆様にお出でいただけるよう，日曜日に，朝から夕方まで工場を公開し，地域の皆様に親しまれています。

企業コミュニケーションイベントとしては，すでにご説明したサッカーの日本代表スポンサー，キリンカップサッカー，キリンオープンゴルフ，JBLキリンチャンピオンシップバスケットがあります。キリンオープンゴルフは，3年前から協賛を始めました。日本オープンなどとともに日本ゴルフ協会主催の公式競技の1つです。さらにJBLキリンチャンピオンシップのJBLというのは，ジャパンバスケットボールリーグの略です。バスケットは日本ではまだまだマイナーなスポーツですが，いずれはサッカーのようにプロ化していきたいという意欲がとても強く，リーグ戦をやっているんですが，優勝を決めるプレイオフのセミファイナルとファイナルを支援させていただいています。

さらに皆さんよくご存知のものとしては，東京ディズニーランド（TDL）のアトラクションも提供していまして，TDLに行かれた方は多分必ずお寄りいただいていると思いますが，「カリブの海賊」，一番来場者の多いアトラクションですが，そのスポンサーをやらせていただいています。

さらに今年2月に行われた長野オリンピックがありますが，このオリンピックについては，後ほどふれさせていただきますが，キリン社として企業というより，商品に近いイベントという位置づけで，キリンラガービールのデザイン缶を「種目別デザインの競技缶」として販売するとか，さらに広告はキリンラガービールを中心に作るとか，企業というよりはキリンラガービールという商品に近づけた活動をやってまいりました。

それ以外にも松任谷由実のコンサートを，これは松本公演もあったかと思いますが，10年以上続けています。キリンラガークラブと称してジャズなどの音

楽イベントなど，必ずしもスポーツだけではなく，文化イベントもやっております。ここ松本市で毎年行われているサイトウキネンオーケストラの公演もお手伝いしていまして，私も昨年夏にお邪魔しました。

全国の各事業所もそれぞれ独自の社会貢献活動を続けており，キリン福祉財団は，身障者の方の介護者等を援助させていただいておりまして，これらの活動全体で目指すべき企業イメージを創っていこうというのが我々の考え方でございます。

スポンサー活動と企業イメージ

これまで申し上げてきましたように，企業により近づけて活動するのか，あるいは商品により近づけて活動するのか，さらにプロモーションとして販売促進に活用して，消費者の皆さんがお店に行って買われる時に目につきやすいようなやり方をするのか，あるいは，キリン社はこういったこともやっているというようなコミュニケーションの部分だけで消費者の皆さんと接するのか，我々のやっている活動を区分けしてみますと，図4に示すようになります。表1には88年と97年の企業イメージ調査結果の比較を載せておりますが毎年定期的に企業イメージを調査し，どの分野で良い結果が出て，どの分野で良くない結果が出ているかをチェックしながら，イベントをどういう方向で実施すべきかを検討していくわけです。この10年間ではほぼ横ばいの項目が多いんですが，文化・スポーツイベントに熱心であるというイメージは非常に高く上がっていまして，私どものやってきたことが消費者の皆様に浸透しているのではないかと思います。さらに親しみという項目では，日本の数ある企業の中でもトップの率をいつもいただいております。

消費者がただブランドだけで商品を選ぶということであればあまり企業イメージというのは意識しなくてもいいんじゃないかと思われるかもしれませんが，消費者の方は好きなメーカーの商品を選ぶんですね。表2をご覧いただくと92年以降年を追って，好きなメーカーの商品を選ぶ傾向が強くなっています。これはビールに関しての調査なんですけれど，車でも，お菓子でも，清涼飲料でも，ほぼどの商品についてもこれに近い傾向であると思われます。企業はどういった企業イメージを消費者に持たれるかということをいつも意識していな

企業とスポーツイベント　213

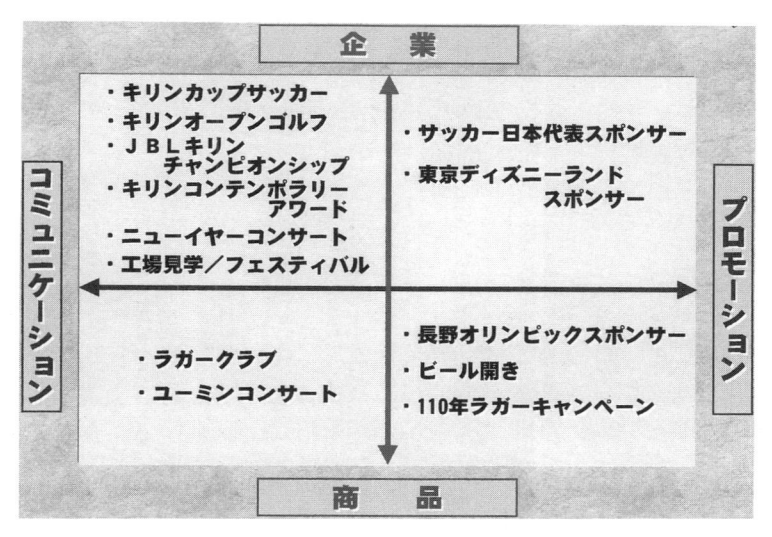

```
                    ┌─── 企　　業 ───┐
                    │       ↑         │
   ・キリンカップサッカー        │
   ・キリンオープンゴルフ        ・サッカー日本代表スポンサー
   ・JBLキリン                 ・東京ディズニーランド
      チャンピオンシップ              スポンサー
   ・キリンコンテンポラリー
              アワード
   ・ニューイヤーコンサート
   ・工場見学／フェスティバル
コミュニケーション ←─────────┼─────────→ プロモーション
                             │
   ・ラガークラブ          ・長野オリンピックスポンサー
   ・ユーミンコンサート    ・ビール開き
                          ・110年ラガーキャンペーン
                             ↓
                    └─── 商　　品 ───┘
```

図4　キリン社のイベント2

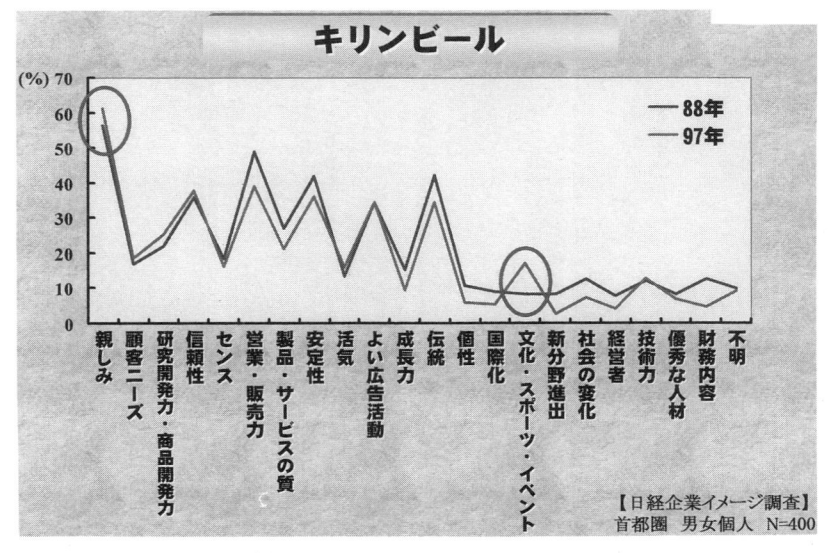

キリンビール

── 88年
── 97年

(横軸項目：親しみ／顧客ニーズ／研究開発力・商品開発力／信頼性／センス／営業・販売力／製品・サービスの質／安定性／活気／よい広告活動／成長力／伝統／個性／国際化／文化・スポーツ・イベント／新分野進出／社会の変化／経営者／技術力／優秀な人材／財務内容／不明)

【日経企業イメージ調査】
首都圏　男女個人　N=400

表1　キリン社企業イメージの変化

ビールに関する意見・好きなメーカーの中から銘柄を選ぶ

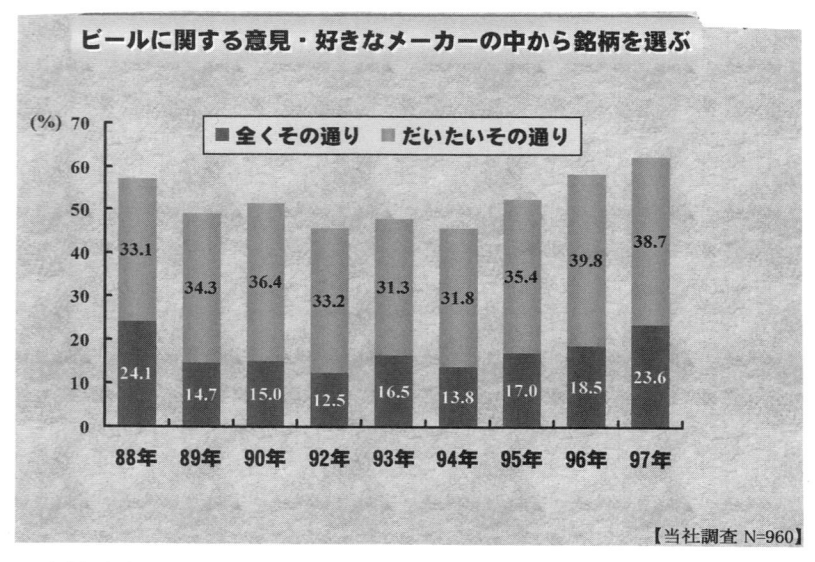

(%) 全くその通り ／ だいたいその通り

年	全くその通り	だいたいその通り
88年	24.1	33.1
89年	14.7	34.3
90年	15.0	36.4
92年	12.5	33.2
93年	16.5	31.3
94年	13.8	31.8
95年	17.0	35.4
96年	18.5	39.8
97年	23.6	38.7

【当社調査 N=960】

表2　企業好意度と購入意向

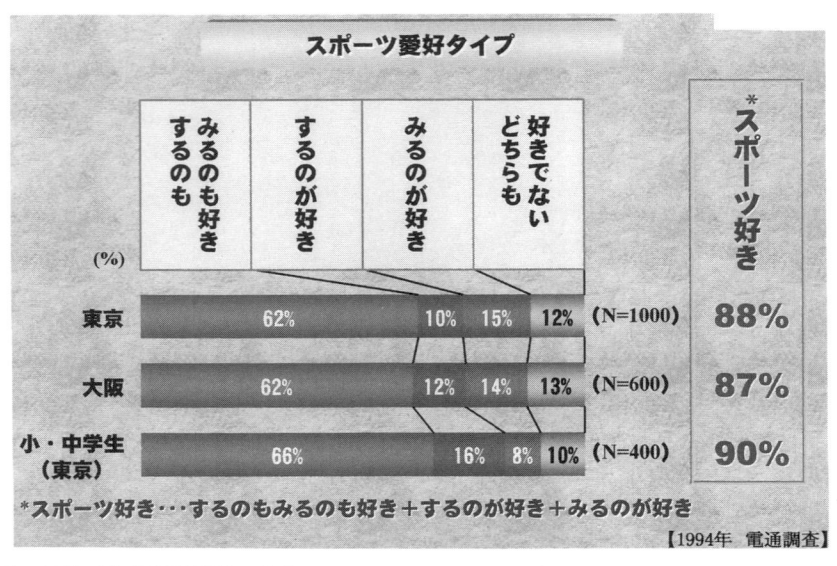

スポーツ愛好タイプ

	みるのもするのも	するのが好き	みるのが好き	好きでないどちらも		*スポーツ好き
東京	62%	10%	15%	12%	(N=1000)	88%
大阪	62%	12%	14%	13%	(N=600)	87%
小・中学生（東京）	66%	16%	8%	10%	(N=400)	90%

*スポーツ好き…するのもみるのも好き＋するのが好き＋みるのが好き

【1994年　電通調査】

表3　スポーツに関する生活者の意識

形態	例
チームスポンサー 実業団チーム	・プロ野球 ・Jリーグ ・各種実業団チーム
イベントへの冠協賛	・キリンカップサッカー ・トヨタカップサッカー ・ゼロックススーパーカップ ・各ゴルフトーナメント
サプライヤー	・各スポーツメーカー
選手との個人契約	・TVCFへの出演
番組提供	・ナイター中継の番組スポンサー
社会貢献	・日産グリーンカップ ・ライオン小学生バレー

図5　企業とスポーツ1

いと商品の売れ行きにも関わってくるのだと考えています。

なぜスポーツイベントか

　ではいろいろなイベントの中でキリン社にスポーツイベントが多いのはなぜなのかということですが，スポーツは活動的で躍動的でしかも健康的で私どもの目指すべき企業イメージにぴったりであるからなんです。我々は直感的にスポーツというのはビール，清涼飲料，食品のイメージに合うと考えています。さらに消費者の皆様の意識を調査しているんですが，表3に示されているようにほとんどの方がスポーツは好きなんですね。観るのが好き，プレーするのが好き，そのどちらも好きという人も入れますと，ほとんどの階層で9割近く，スポーツはイヤだ，嫌いだという方はほとんどいらっしゃいません。

　ではそのスポーツにどう関わったらいいのでしょうか。図5に整理しましたが，先程ご紹介した代表チームスポンサーの他にチームスポンサーとしてチームを持ってしまう，という形もあります。代表的なのが野球のダイエーとか西武，またはJリーグもそうです。イベントへの冠協賛等，私どもが今やってい

形態	メリット	デメリット
チームスポンサー 実業団チーム	●露出機会：「チーム＝企業」 ●イメージ獲得が容易 ●社内モチベーションの向上	●プロチーム：収支により補填が必要 ●実業団　　：多額の維持費
イベントへの冠協賛	●チームスポンサーより低コスト ●より広い層の注目	●継続しないとスポンサー認知度が上がらない
サプライヤー	●商品購買に直結	
選手との個人契約	●商品購買に結びつきやすい	●「選手を利用した」と思われやすい
番組提供	●高視聴率番組に絞って提供可能	●継続しないとイメージ形成されない
社会貢献	●真の共感が得られる	●発信力・広がりが弱い

図6　企業とスポーツ2

るキリンカップサッカーのような，一部の試合・一部の期間を，支援させていただいて，私どものために活動していただくという形もあります。

　サプライヤーというのは私達の場合，先程申し上げた清涼飲料をサプライヤーとして供給させていただくということがありまして，あの選手が飲むのであればいい商品なんじゃないか，といったことでスポーツと商品を結びつけることをやっています。さらにはテレビ広告などで，サッカーの中田選手なども他社さんでやっていますけれども，選手個人との契約というのもあります。

　また，スポーツ中継の番組の提供者となるということもあるんですね。私どものキリンカップサッカーの特別協賛をして，なおかつテレビ番組の提供をするとなると相乗効果があって，スタジアムに行った方にも，あるいは茶の間でテレビを観ている方にもキリン社のイメージが浸透するということが可能になります。

　またこれ以外には援助はするけれどあまり声高にいわない，という社会貢献型といったケースもあって，私どももいくつかやっております。それぞれにメリット，デメリットがあっていろいろな方法を組み合わせてやっているわけです。

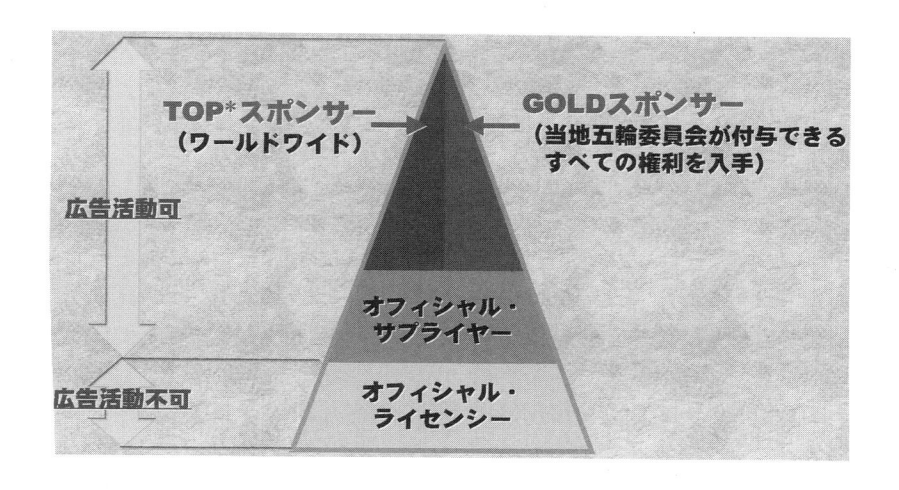

図7　オリンピックスポンサーの権利

　図6には企業とスポーツの関わり方のメリットとデメリットをまとめてあります。私達は特にチームスポンサーはやっておりませんが，現在の形が良いのではないかと考えています。チームスポンサーの場合はチームそのものが好調で，企業業績も好調であれば相乗効果も非常に高まるのですが，企業の業績が悪くなった時にチームを維持できなくなって，結局手を引かざるを得なくなるということが起こります。
　そうなるとそのスポーツのサポーターからは，せっかくここまで来たのに何なんだ，というむしろ反感を持たれるリスクもあります。イベントの場合は万が一そういったケースがあって，今まで継続していたものを辞めるといった場合があっても，そのイベント自体が継続される限りは次の方がスポンサーになってくれれば，大きな反感はもたれないということでリスクも比較的小さいのではないかと思います。
　イベントにはいろんな形があるんですが，その中でもオリンピックというのは参加者も多く非常に権利関係の整備が進んでいるイベント，世界最大のスポーツイベントということがいえると思います。特にロサンゼルスの時のユヴェロスという事務局長がいろんな権利関係を整理しました（図7）。それまでの

オリンピックというのは，主催する自治体の負担になり，経済的な活性化ははかれるけれど反面持ち出しになったというケースが多かったんですが，ロサンゼルス以降オリンピックをやるとその自治体に利益が残るようになりました。オリンピック委員会が，トップ（TOP）スポンサー，ゴールド・スポンサー，オフィシャル・サプライヤー，オフィシャル・ライセンシーという非常に明確な区分けをして，それぞれの区分でそれぞれに企業を相手に契約するということで，収入を得るシステムになっております。さらにこれに加えて放映権を販売するということがありまして，今のところオリンピック以上に権利関係が整理をされているイベントはございません。

　キリン社が長野オリンピックで契約したのは，ゴールドスポンサーという区分でした。オリンピックが行われる国でだけ許されるというかなり限定的なもので，ワールドワイドのトップスポンサーとは異なった扱いなんですね。日本以外では，キリン社が長野オリンピックを応援していることはいえないという制限がついていたのですが，日本の中だけで十分だという判断で契約したわけです。

　トップスポンサーになりますと，その企業がワールドワイドに活動していないと無駄になるわけですね。例えば今回の長野オリンピックでも，日本でスポンサーになっている企業とオリンピックの会場に広告を出している企業とは全然異なっています。会場に広告を出している日本企業もありますが，その企業は世界で広くビジネスをしている企業で，実際に会場に来られた方やテレビ放映を通して日本や世界の消費者に商品を宣伝しているわけです。

　オリンピックというのは国民的な行事で，しかも日本でのオリンピックを成功させなくてはいけないという立場から，私どもは聖火リレーの応援と，現在，キリンラガーの缶ビール1本に付いて10銭（総額2000万円）のドネーションをし，滑降コースを造るときに木を切ってしまった部分の植樹などをしているんですね。

　つい先週も私どもの社員が参加しノルディックの荻原兄弟にもおいでいただいて白馬村で植樹をいたしました。直接の収支はマイナスですけれど国民的な行事に支援させていただいたということで，国民の皆様と，同じ気持ちを共有できたのではないかと思ってまして，あまり目先の収支のみで考えなくてもいいのではないかと思っています。

スポーツイベントと企業イメージ

　表4はキリン社の今やっているイベントの大きなものについて，どれくらいの人に認知されているか調査したものです。長野オリンピックはどうかというと非常に高い認知率がありましてほとんど100％の方がご存じなのです。サッカー以外は認知率が低いのですが，累積効果も徐々に出てくることが期待できます。イベントというのは1度始めたものは短期に辞めないで長く続けることに大きな意義があると考えています。

　さらに表5の調査をご覧いただくと，ある企業がどんなイベントをしているか，1つでも知っている消費者の方が全く知らないという消費者よりも，好きな企業，親しみやすい，応援したくなるとか，共感して企業をご覧になっている，ということが分かります。どちらが鶏か卵かは分かりません。そういった気持ちでご覧になっているからイベントが知られるということもあると思いますが，全体としてイベントそのものに興味を持たれれば，そのイベントを応援している企業に対して好意的な気持ちが生まれると理解していいのではないか

キリン社の協賛イベントの認知率

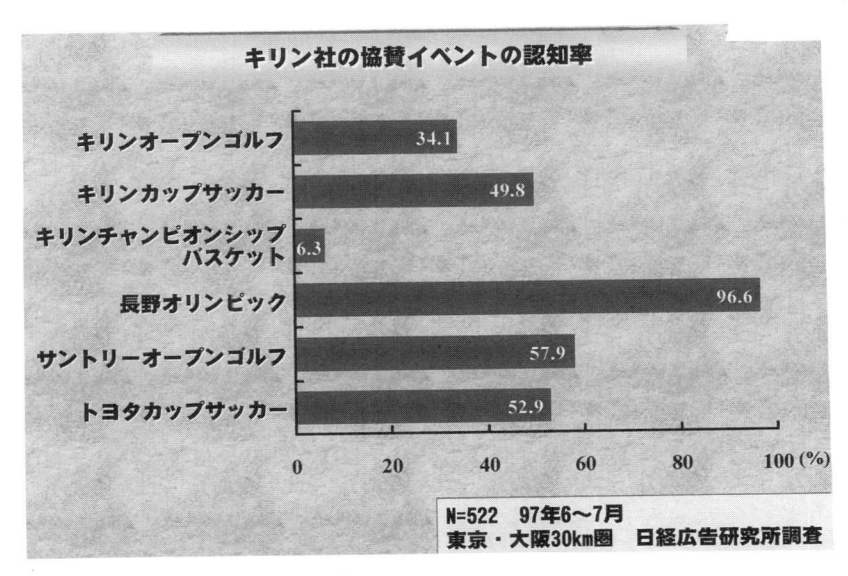

イベント	認知率(%)
キリンオープンゴルフ	34.1
キリンカップサッカー	49.8
キリンチャンピオンシップバスケット	6.3
長野オリンピック	96.6
サントリーオープンゴルフ	57.9
トヨタカップサッカー	52.9

N=522　97年6～7月
東京・大阪30km圏　日経広告研究所調査

表4　スポーツイベントと企業イメージ1

と思っています。

　もう少し細かく見てみますと，キリン社が長野オリンピックの公式スポンサーであったということを知っていた方のうち30％が，キリン社から商品，サービスを買いたいと答えているのに対して，スポンサーであることを知らなかった方では，その割合が19.4％でした。キリン社が何をやっているか知っている人の方がキリン社から商品を買いたいという意識が強くなるということは明らかだと思います。

　先程，なぜスポーツイベントかという話をさせていただきましたが，表6をご覧いただくとスポーツイベントの市場規模自体が，日本の場合非常に拡大をしております。スポーツ自体の裾野が広がり，観客数も増えていると理解していただければ良いと思います。それに比べると文化イベントの，芸術とか音楽という分野はやや縮小気味です。エンターテイメント（テーマパーク）はほぼ横ばいですが，ロッテワールドが開場の準備中であり，ディズニーも新しいディズニーシーというテーマパークを準備しており，ユニバーサルスタジオも大阪にできるということで，この分野は急拡大していくだろうと興味を持っています。スポーツとエンターテイメントは私どものような消費財メーカーにとってこれから大きな分野となるんじゃないかと思っています。

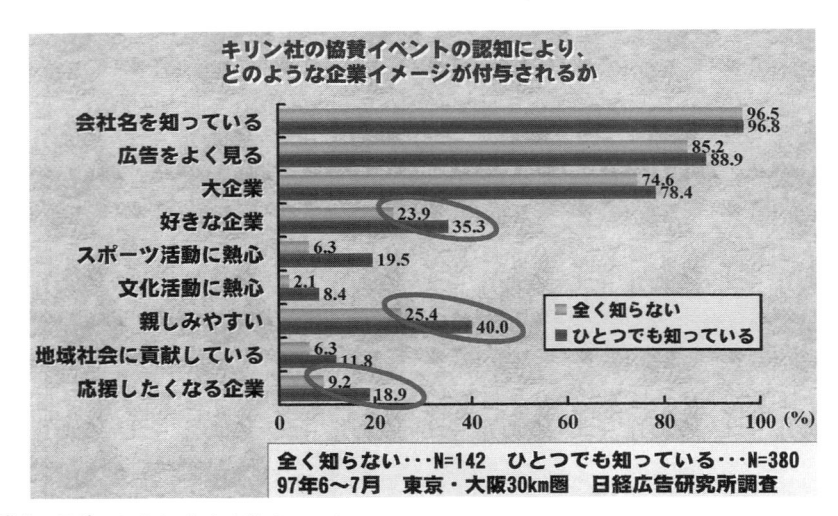

項目	全く知らない	ひとつでも知っている
会社名を知っている	96.5	96.8
広告をよく見る	85.2	88.9
大企業	74.6	78.4
好きな企業	23.9	35.3
スポーツ活動に熱心	6.3	19.5
文化活動に熱心	2.1	8.4
親しみやすい	25.4	40.0
地域社会に貢献している	6.3	11.8
応援したくなる企業	9.2	18.9

キリン社の協賛イベントの認知により，どのような企業イメージが付与されるか
全く知らない…N=142　ひとつでも知っている…N=380
97年6～7月　東京・大阪30km圏　日経広告研究所調査

表5　スポーツイベントと企業イメージ1

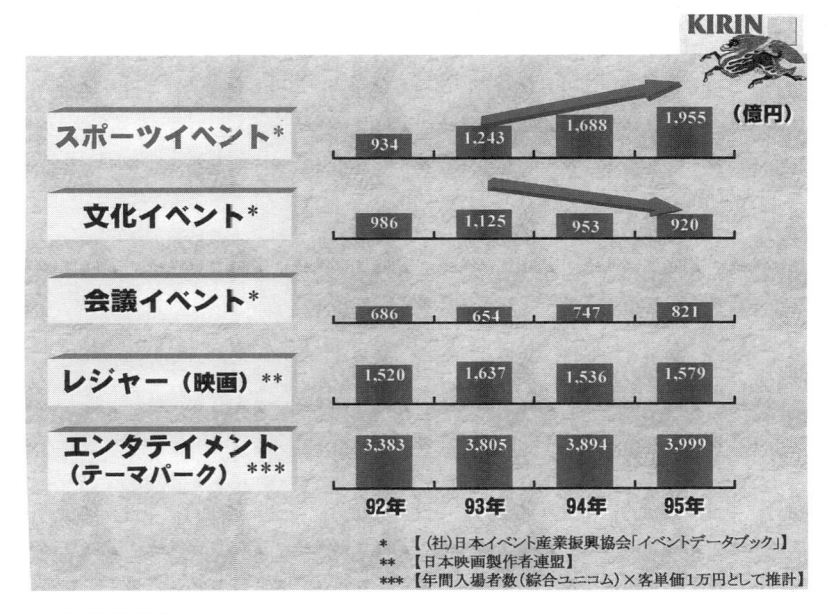

	92年	93年	94年	95年
スポーツイベント*	934	1,243	1,688	1,955 （億円）
文化イベント*	986	1,125	953	920
会議イベント*	686	654	747	821
レジャー（映画）**	1,520	1,637	1,536	1,579
エンタテイメント（テーマパーク）***	3,383	3,805	3,894	3,999

* 【(社)日本イベント産業振興協会「イベントデータブック」】
** 【日本映画製作者連盟】
*** 【年間入場者数(綜合ユニコム)×客単価1万円として推計】

表6　市場規模推移

スポーツイベントへの協賛の歴史

　ここでスポーツイベントへの協賛の歴史ということで，次頁の図8に基づいてキリン社は今までどういうことをやってきたのかご説明したいと思います。まずビール市場の話で恐縮ですが，意外に皆さんご存じないと思いますが15年ほど前までビール会社の名前はその会社のブランドとほとんど一致していたんです。キリンビールという会社はキリンビールしか出していませんでした，アサヒもアサヒビール，サッポロもサッポロビールしか出していませんでした。皆様，本当にそうだったのかと思われるほど今は多くのブランドがあります。いつから変わってきたかというと，キリンが「キリンラガービール」というように，それまでキリンビールと呼んでいた商品を呼び始めたのが1989年なんですね。その前1987年に「アサヒスーパードライ」が生まれましたが，これはアサヒビールという企業が出した2つ目のブランドのビールだったわけです。

　このように意外に近年まで，企業の名前とビールのブランド名が一致してい

	80年代			90年代	
ビール市場	安定成長			ASD登場 活性化	構造変化 (流通・発泡酒…)
キリン社	ブランド＝企業の時代			多ブランド化の時代	
サッカー	ジャパン カップ サッカー '78〜'79	ジャパンカップ・ キリンワールド サッカー '80〜'84	キリンカップ サッカー '85〜 ('92から国際Aマッチ)	日本代表スポンサー '95〜'98 日本代表メインスポンサー '98〜	
ゴルフ			中島プロTVCF出演 '85〜'86 キリンカップゴルフ '87〜'88	キリンオープン ゴルフ '96〜 (アジアンツアー、JGA 国内公式戦第1戦)	
バスケット	キリンワールドバスケットボール '79〜'86			キリン チャンピオンシップ バスケット '96〜 (日本リーグ 準決勝・決勝)	
五輪				①「がんばれ！ニッポン！」 　キャンペーン '89〜'98 ②'92バルセロナ五輪国内スポンサー ③'96アトランタ五輪国内スポンサー ④'98長野五輪ゴールドスポンサー	

図8　スポーツイベント協賛の歴史

ました。我々メーカーからすると幸いに，マーケティングしやすい状態が続いていたわけです。その後89年に「キリンラガービール」という名前を付け，90年には「キリン一番搾り」という新しいブランドを出し，今は「淡麗＜生＞」も出していますけれど，キリン社にとってみても大きなブランドの追加があった時代に，各社も同じように，サントリーは「モルツ」，サッポロも「黒ラベル」に加え「冬物語」というような限定商品を出し，企業＝単一商品の時代から，企業が複数のブランドを持つような時代になってきたということを理解していただいた上で次の話をお聴きいただきたいと思います。

図8にありますように，キリン社も80年代までは安定成長，企業＝ブランドの時代だったのですが，それ以前はスポーツイベントもほとんどやっていなかったわけです。78年に，当時はジャパンカップサッカーという名前でサッカーの協賛をやったのが始まりで，現在はキリンカップサッカーと名前を変えていますが，この間途切れることなくサッカーの支援活動はやってまいりました。

キリンカップゴルフというのをやっていた時期もあります。これは世界各国のツアーを点数化したソニー・ランキングというリストがありまして，その上

位のプロ選手を招待して開催していたんですが，なかなか上位のプロ選手がシーズン中に定期戦以外は出ないというようなことがありまして，中止しました。現在はアジアンツアーの最終戦で，日本ゴルフ協会の公式戦第一戦の春先に行われるゴルフトーナメントを支援しています。ゴルフといえばキリンオープンが春にあるという，そういう位置づけにしたいと考えながらキリンオープンゴルフの3年目を終わったところです。

　もう一つがバスケットボールの支援で，79年〜86年までやって一時中断をしました。バスケットボール自体がサッカーのJリーグの成功をみて，いずれはバスケットもプロ化を目指したいという動きが今かなり出てきましたので，キリン社も応援をしていこうじゃないかということでキリンチャンピオンシップバスケットを始めさせていただいています。

　バスケットは意外と皆さんご存知ないんですが，世界選手権がありまして，今年(98年)は日本の男子も女子も代表チームが世界選手権に出るんですね。日本代表チームの世界でのレベルは，なかなか高い競技と言ってよいと思います。競技人口としては学校の中で教えられているのでかなり大きいのですが，全日本の最終戦の決勝戦でも代々木の体育館が一杯にならず8000人くらいしか観客の方がこられないので，そういう意味ではまだまだマイナーなスポーツです。

　アメリカのバスケットボールの隆盛をみるにつけいずれ日本においてもかなりメジャーになる可能性はあるんじゃないかという方もいます。Jリーグと同じように外国から優秀な選手が来てプロフェッショナルというものがどういうものなのかを植え付けないとレベルが上がらないということをおっしゃる方もあり，もう少し時間はかかるのではないかと思います。今でも実業団の1部チームは5人のスターティングメンバーの内2人はだいたいアメリカから来ています。徐々にこういった形でレベルを上げてきているので，キリン社としては期待しながら将来の発展を見守っているというところです。

　オリンピックについては，先程ご説明したようにかなり長く支援を続けています。いずれ長野でも冬季オリンピックが行われると分かっておりましたので，まず「ガンバレニッポン」というキャンペーンを89年から始めました。オリンピックは世界最大のスポーツイベントなので，キリンという名前と，「キリンラガービール」というブランドを合せてオリンピックと結び合わせれば，企業，ブランド両方の相乗効果があるのではないかと考えて始めたものです。

長野オリンピックでのテレビなどをご覧になった時に感じていただいたと思いますが，「キリンラガービール」の広告は評価が高く，お客様相談室というお客様からの要望をお聞きするような窓口があるんですが，そこにその時の広告をもう一度みせて欲しいといった要望がかなり寄せられるくらい，いい広告を作れたのだと思っております。しかしながら実際にラガービールの購入に結びついたかどうかは評価が大変難しいところです。
　ただ，オリンピックの地元である長野県に限ってみると，長野支店内のキリンのシェアは上がりました。やはり，オリンピックを応援していたビール会社はキリン社だけであったので，そのことから私達も拡販にがんばりまして，ビール販売全体としての目に見える効果はあったと思います。

TVCFの変遷

　ここからは，イベントと企業，ブランドの結びつきについて，コマーシャルフィルムをご覧いただきながら，もう少しお話ししたいと思います。まずゴルフの中島常幸が全盛時代にキリン社も中島選手に広告に出ていただいたことがあるんですが，これは，まだ「キリンビール」という名前のビールしかない時代のコマーシャルでして，中島選手が「キリンビールいいね」といえば，キリン社の商品とキリン社という企業が消費者の頭の中で結びつく，企業という意識もビールという意識もなく全てが渾然一体となりキリンビールと叫んでいればいい，そんな時代の広告にみえるんですね。
　次にご覧いただくのはオリンピックの広告で，91年から92年までの分ですが，先程お話ししたように，この頃にスーパードライが出て，89年に「キリンビール」を「キリンラガービール」という新しい名前に命名し，「キリンラガービール」というブランドができて，90年に「一番搾り」も出ていたので，たぶん広告を作った人はキリン社の企業イメージは，ナンバーワンである「キリンラガービール」が負うんだ，「キリンラガービール」のイメージを上げれば企業そのもののイメージも上がるといった，これもかなり素朴な価値観なんですが，そういうふうに思っている時代なんですね。今見ると映像の持っているイメージと，ビールのイメージの部分がピッタリしていないんですね。その当時89年にはじめて「キリンラガービール」というブランド名にしたばかりなので整理

企業とスポーツイベント　225

中島常幸のCF

キリンラガービールとオリンピックを結びつけたCF

しきれないままに，「キリンラガービール」にオリンピックをくっつけたということで，今から振り返ってみると課題のありようがよくわかります。ここで大事なのはオリンピックというのはナンバーワンのスポーツイベントで，それがナンバーワンの「キリンラガービール」というブランドを支えているという形でキリン社は使わせてもらえたことだと思います。

次は最近の長野オリンピックの入った広告です。ここでは，「キリンラガービール」という意識がはっきり入っていて，キリンラガービールとオリンピックをどう結び付けるかという意識も非常にはっきりしているので見ていても違和感がありません。ただここで問題となるのはオリンピックと「キリンラガービール」という商品をそんなにくっつけていいのか，オリンピックという大きなイベントをより大きな概念のキリン社という括りでやった方がよかったのではないかというのが現在の我々の反省で，ここまで大きなイベントになればキリン社トータルのイメージを抱えるくらいのものが作れるのではないかと考えています。

さらに，サッカー日本代表チームのCFをご覧いただきたいと思います。これはキリンカップサッカーの試合会場で流させていただいたものですが，企業名を表に出すというか，具体的に商品が出てこない広告になっています。ブランド名は一つも出てこないで，キリン社はサッカーの日本代表を応援しているとしか言っていません。

このように時代を追ってみていただくと，どういう形で，スポーツイベントと企業，ブランドを結び付けているか，毎回試行錯誤しながらやっているということをお分かりいただけたのではないでしょうか。

企業は，スポーツを支援する企業姿勢を表明し続けることにより，ブランドだけではなく企業に対する好意を獲得したいという意図でスポーツを支援しているわけで，最終的には社会貢献，さらには商品の販促に結びつくように，企業の社会的存在としての価値を消費者に認めていただきたいと思いながら広告も作っていることをご理解いただけたのではないかと思います。

図9は考え方の進化と題していますが，キリンラガービールの中島常幸さんの広告のように，企業とブランドが同じであった時代から，現在のように企業が複数のブランドを抱えてどういった展開があるのか模索している，というようにキリン社を1つの例にとって考えていただければよいのではないでしょうか。

企業とスポーツイベント　227

長野オリンピックとキリンラガービールの CF

サッカー日本代表チームの CF

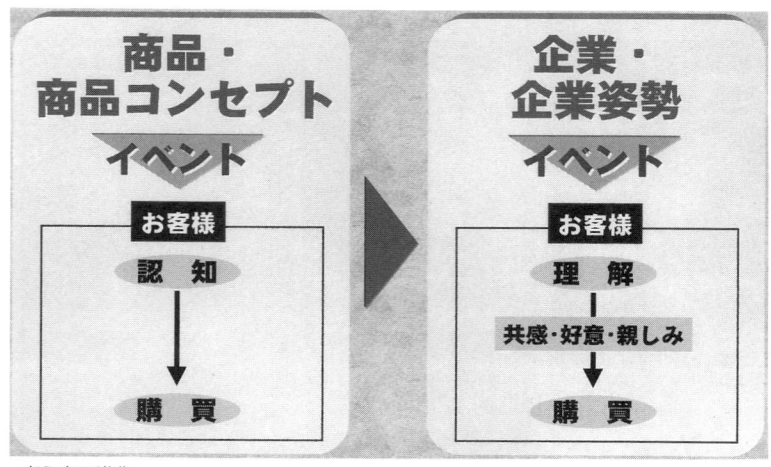

図9　考え方の進化

　商品イコール企業から，企業と商品が別になったことによって，商品だけをお客様に伝えていく部分と，企業そのものの姿勢，先程申し上げた企業理念ですね。「健康で楽しい生活に貢献する企業になりたい」といった企業理念を具現するような，そういうものをスポーツイベントの中に盛り込んでいくというのが多分これからの方向になるのではないかと考えているところです。

　社内の担当部署も，これまで申し上げてきたようなイベントはかつては商品開発部という，いわば宣伝部が担当していたわけですが，考え方の進化に合せて，私ども広報部が担当するようになり，より企業レベルの意識を強く持ちながら展開をしております。社内組織も不変ではなく毎年毎年変化しながらきているわけで，スポーツイベントに対する捉え方が変わってくるのと同時に企業の組織も変化しているとご理解いただければと思います。

　表7をご覧ください。86年と97年の比較ですけれども，保守的な感じがするというイメージは非常に下がってきておりまして，逆に消費者サービスに熱心であるとか，社会の動きを先取り，社会的責任を自覚しているというスコアが上がってきているわけですね。こういうものが企業の行うスポーツイベント，それだけではないですけれども，そういうものの貢献する部分が相当大きいのではないかと思っていますので，方向としては今のやり方が正しいかな，と理

キリンビール

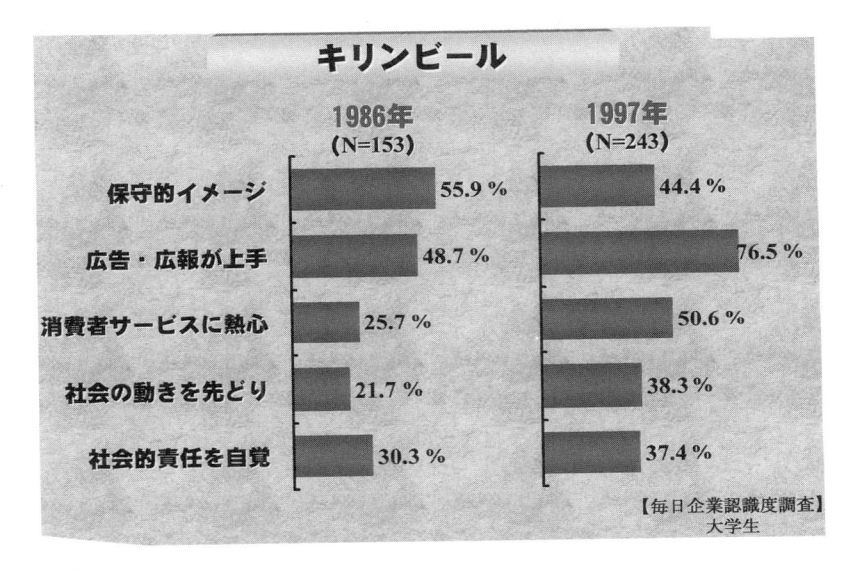

1986年 (N=153)
- 保守的イメージ: 55.9%
- 広告・広報が上手: 48.7%
- 消費者サービスに熱心: 25.7%
- 社会の動きを先どり: 21.7%
- 社会的責任を自覚: 30.3%

1997年 (N=243)
- 保守的イメージ: 44.4%
- 広告・広報が上手: 76.5%
- 消費者サービスに熱心: 50.6%
- 社会の動きを先どり: 38.3%
- 社会的責任を自覚: 37.4%

【毎日企業認識度調査】
大学生

表7　成果1

文化・スポーツイベントに熱心な企業

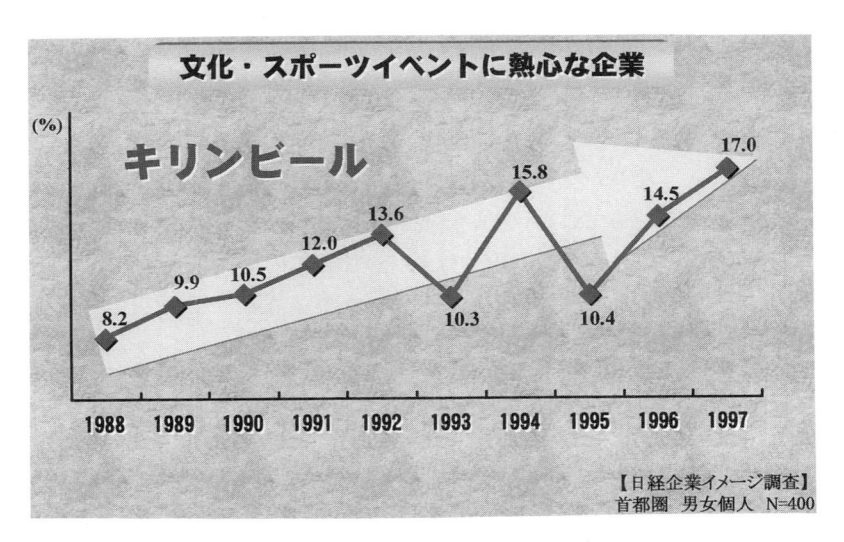

キリンビール (%)

年	1988	1989	1990	1991	1992	1993	1994	1995	1996	1997
%	8.2	9.9	10.5	12.0	13.6	10.3	15.8	10.4	14.5	17.0

【日経企業イメージ調査】
首都圏　男女個人　N=400

表8　成果2

1. コミュニケーション効果評定		
切り口	データ／評価項目	評点例
①視聴率	VR・東京・世帯	
②参加人口	レジャー白書	例えば…
③将来性・成長性 ・中学生の観戦率 ・競技人口増減率	ACR レジャー白書	10%以上＝10点 8%以上＝8点 6%以上＝6点 4%以上＝4点
④ビール適応性 ・20～40代男性観戦率	ACR	2%以上＝2点 2%未満＝0点
⑤コミュニケーション効果 ・キリン社のイメージアップが図れるか ・他のイベントと差別性があるか ・全国に発信できるか ・キリン社のイベントコンセプトに合致しているか ・ビールの2次3次効用に合うか		…のように ポイント化する

図10　定量的評価システムの開発(具体例)

解しています。

　スポーツイベントそのものに熱心な企業イメージ（表8）というのを見てみますと，傾向的にずっと上がっていまして，93, 95年だけは下がっていますが，理由がありまして，経営上の問題がこの両年にはありました。そういうものに消費者の方はとても敏感で，たぶんそのせいがあって下がっているんだと考えられます。あくまでも企業イベント等による企業イメージの形成というものは補完するものであって，大きな流れというのは企業業績が左右するものだと考えられます。企業業績が悪い中でいくらスポーツイベントを一生懸命やっても企業イメージは上がってこないという良い例だと思うんです。しかしトータルでご覧いただくと97年まで傾向線では上がっているので方向としては間違いではないな，と私どもとしては自信を深めています。

　最後に，これからどういうふうにスポーツイベントをやっていくかということをお話ししたいと思うのですが，企業そのもののイメージを創るイベントと，ブランドイメージを創るイベントは必ずしも同じではないのですね。対象者がまず違う。ブランドイメージということだと，ビールの主な飲用層というのは20代から50代の男性で，この層は成人人口の約35％に相当します。この35％の消費者がビールの6割以上を消費しているという特徴があります。残りの4割

弱を女性や60歳以上の男性が消費しています。さらに「ヘビーユーザー」と呼ばれる2割弱の方々がビールの4割以上を消費していて，消費そのものは偏っています。そういうところをターゲットにすれば販促には結びつきますが，企業イメージということになると，やはり主婦，あるいは子供さんも対象にして考えなければならないので，かなりターゲットの幅が広くなり表現の仕方も変わってくるわけですね。

　商品のテレビ広告というのは毎年変わりますが，企業イメージを上げようというイベントをやるには継続性が大切で，それには短期の企業の業績に左右されない，統一的な価値観と意思を持っていないとできません。

　イベントを始める前，やっている最中には図10に示されているような調査をやっています。例えばイベントをやる前にはそのイベントにどういった広がりがあるかということ，テレビの視聴率はどうであったか，参加人口はどういった人が何人くらいか，将来性，成長性などは，レジャー白書などの調査がありますのでそれらを調べます。コミュニケーション効果は，キリン社のイメージと合致してのイメージアップが図れるか，他のイベントに対する優位性があるか，このように評価をして一度やったものはできるだけ長く続けるというのが我々の考え方でして，定量的評価をしていくということが，イベントの場合はスポーツイベントに限らず大事になっています。

　この評価方式はたぶんキリン社独自のものなのではないかなと思いますので細かくは申し上げにくい点もありますが，複数の指標を定量化してイベントの評価を継続して行い，手直ししながら行っていくということをやっています。資産価値の直接効果は，例えば観客動員数とか会場でどのくらいビールが売れたか，マス媒体の露出効果とか，そういうものを含めて評価しています。

　最後になりますが，やはり一番大事なポイントは私どもの企業理念を伝えていく方法と販促に結び付ける方法，これらのバランスをどうとっていくかではないかと思います。先程すでにお示しした図4でご説明すると，長野オリンピックの広告も，キリンラガービールという商品と結び付けるのではなくて，もう少し企業寄りの，先程のサッカーの日本代表スポンサーの広告表現のような形にした方が，今後は有効ではないかと考えております。次のオリンピックにどのように関わっていくかは未だ決めていない状態なんですけれども，こういう方向で考えていけば次の時代の新しい展開ができるのではないかと考えてい

ます。
　今後も勉強しながらやってまいりますので皆さんからのご意見をぜひお寄せいただければと思います。ご静聴ありがとうございました。

※本文中資料（図版・写真）はすべてキリンビール株式会社広報部提供による。

第10章・日本におけるフルコンタクト格闘技の現状

松原隆一郎

【略歴】1956年神戸市生まれ。東京大学大学院経済学研究科博士課程修了。現在東京大学大学院総合文化研究科教授（専攻：社会経済学，相関社会科学）。著書に『思考する格闘技』（廣済堂出版）『失われた景観』（PHP新書）『長期不況論』（NHK出版）など。中学・高校時代は柔道部に所属(弐段)，33歳で空手道大道塾に入門し，現在三段。同塾ビジネスマンクラス師範代を務める。
http://homepage3.nifty.com/martialart

はじめまして，松原と申します。私の専門は社会経済学なのですが，今日は我が国の最近の格闘技事情を経済という観点からご紹介させていただきます。さらに，格闘技の歴史を，80年代以降の日本での経験を中心に振り返ります。
　実は格闘技といいましても，ルールが無数にあります。その一種でしかない空手だけでも一説によると300以上に分かれているといいます。それぞれの流派がそれなりの格闘技観をもち，それはルールに集約されていますのであまり勝手なことは言えないのですが，今日はあえて大胆に全体の流れをルールの観点を中心にまとめてみようと思います。
　タイトルだけでもすでに，一体何のことかというふうにお思いの方もおられるでしょう。格闘技というと皆さんは，相撲やボクシングといえば御存知でしょう。けれどもそのようなプロ競技やもしくは柔道のようにオリンピック競技として報道されるもの以外にも，実は多くの格闘技とその競技者がいます。今日はそちらにも踏み込んである程度詳しくお話ししようと思いますので，最初に言葉の上での誤解がないように，格闘技用語の整理をいたします。二番目に本講義の通しのテーマである経済に関連ある話をします。それに関連させて，フルコンタクト格闘技はなぜ分化するのかということを述べます。そして三番目に，これがメインとなりますが，日本におけるフルコンタクト格闘技の歴史，80年代以降の格闘技界の推移についてお話しします。

フルコンタクトとノンコンタクト

　まず，フルコンタクトとノンコンタクトという言葉がありまして，言葉の出所は空手でございます。空手は国際競技としてオリンピック化を目指してきた競技ですが，もしそれが実現したならばそれ以降は，空手という言葉はオリンピック競技の中で出てくるタイプのルールのものだけを指すことになるかもしれません。しかし現在のところそのルールは二つに大別され，いずれも空手として大きな競技人口を世界中に有しています。つまり，ここで言うところの「ノン・コンタクト」と「フル・コンタクト」です。前者は組み手の競技において，相手を直接に打撃してはいけないというもの，いわゆる伝統派空手です。沖縄から東京に船越義珍（1868～1957）という方が初めて空手を紹介されたのは1922年（大正11），文部省主催の第１回運動展覧会で演武を披露したときだとい

います。船越は東京で指導を開始，昭和にはいると空手は関東諸大学にもひろまり，しだいに全国に普及しました。伝統派というのはその頃からの流れを受け継ぐ直系ですね。松涛館流をはじめ剛柔流，糸東流，和道流など多くの流派がありますが，型も競技化されておりまして，いわゆる普通に空手と認識されるものは，ここで言っている伝統派＝ノン・コンタクトのものです。組み手では，相手に触れないで，しかし，決まったかどうかということを審判が判定するポイント制というものです。剣道と同じく，一本はKOとかではなく他人が判定するのですね。

　これに対して，フルコンタクトというのは，極真会館という，先年お亡くなりになった大山倍達（1923－94）が始めた流派に発するルールです。こちらは相手の体に直接当てる，直接打撃制と呼ばれています。基本はKOした方が勝ちですが，判定の場合もただ当たった技の数を数えるというのではなく，きいているかどうかを基準とします。私はここではレスリングとか柔道とか，寝技も含めて相手に触れてしまう競技まで含めて「フルコンタクト」と呼ぶように拡大して使っていこうと思います。そして，今日はフルコンタクトに話を限定します。ノンコンタクト系は，空手でいえば伝統があるだけに国体や高校総体の競技であり，学校教育に取り入れられているために経営としては昔から安定しているからです。一方のフルコンタクト系空手は，そのように文部省のお墨付きが貰えなかったところで経営や大会運営を考えていかなければならなかったのですね。もちろん，フルコンタクトといっても，柔道やレスリング，ボクシングなどはアマとしては体協に加盟しています。

フィクションとノンフィクション

　次は，プロレスリングと格闘技との違いです。プロレスリングというのは，主流派についていえば，中国の活劇，「京劇」みたいなものと理解すればよいでしょう。つまり，2人に限らず4人の場合も6人の場合もありますが，とにかくリングの中にいる人が一緒になって一つの技を完成させる，やられている方も協力して技をかけられたりするというものですね。格闘技というのは，ルールがあって勝ち負けを競う。したがって，当然相手に技をかけさせない。全てのスポーツと同様に，ルールがあって，勝ち負けがあるのですから，相手の

一番得意な技を防御することになる。つまり，一緒に技を完成させるなんてことは有り得ないんですね。一番相手の見栄えのいい技を出させるなんてことは，普通は有り得ない。したがって，格闘技では，片一方の持っているすべての能力が発揮されないということも，しばしば起きます。全盛期のマイク・タイソンは，相手が何にもしないうちに試合を終えていました。それが面白いかどうかは別問題です。

ストーリーには勝ち負けはありますが，それは劇のようなもので作者が決めるのであって，ゲームとして参加者が競争するものではありません。むしろ劇としての出来具合，観客にとっての面白さを競うわけです。ジャッキー・チェンは，基本的には京劇の流れですから，プロレスは彼の映画と同じ事だとお考えいただければ良いのだと思います。

プロレスは京劇だと言いましたが，見るからに京劇に近いのはメキシコのルチャ・リブレですね。目まぐるしく空中を飛び交いますし，エンタテインメントとしては大したもので，面白いですよ。けれども見た目が京劇とはいえない，格闘技に似ているタイプのプロレスリングもあります。こちらはルールがあるのに競技としてどこかおかしな動きをする，というものです。見た目はずいぶん違いますが，観客に面白いと感じさせることが第一義となっている，という点ではやはりエンタテインメントです。

ところで，プロレスをしているはずなのに本気になってしまう，「ガチンコ」と呼ばれる現象がまれに発生します。しかしこれも格闘技ではありません，ルールがないですから。それは喧嘩です。けれども，格闘技の中には何をしてもよい「なんでもあり」系と呼ばれるものがあります。耳をつかむのと噛みつきだけが違反であるようなもの（「アルティメット」や「バーリ・トゥード」と呼ばれてきたが，現在では禁止事項をふやしつつ「総合格闘技」という競技名に収束している。）です。しかし，それは喧嘩ではない。最小ではあってもルールは存在するからです。とすれば，プロレス／格闘技／喧嘩，というのが大きな区分だということになります。プロレスがフィクションで格闘技と喧嘩がノンフィクションですね。プロレスの中に，左にはいかにも京劇のルチャ・リブレがあり，右に格闘技風プロレスがあります。そして格闘技と喧嘩の違いはルールある競技か否かです。

もちろんプロレスラーで格闘技としての「なんでもあり」系大会に出場する

人はいます。けれどもそれはその人がプロレスラーでありながら格闘技に参加しているというだけのことで，プロレスと格闘技にジャンルとして重なる部分があるということにはなりません。

オープンとクローズド

　オープンとクローズドというのは，格闘技の試合形式です。まず，試合そのものをするかどうかということがある。試合をしない場合というのがあるんですね。合気道がそうですが，フルコンタクトの場合でも，基本的には試合をさせない場合というのがあります。故・芦原英幸さんが開かれた芦原空手は，道場の中でも昇級審査以外は試合をしていないと聞きます。それに対して，自流の中だけでは試合をするが他流試合を一切禁止するという場合もあります。それをここではクローズドな試合と呼びます。空手で言うと，無門会と呼ばれる流派がそうですね。この流派は盛んに試合をしているんですけれども，他流試合はしていない。

　オープンと呼ばれるのは，これらに対して自分の流派のルールで試合の運営をするんだけれども，他流の人が試合に参加することも認めるというものです。いわゆるオープントーナメントがこれですね。他流試合と言えるかもしれませんが，厳密に言うと当たらない可能性があります。というのは，他流試合というためには，相手のルールも聞き入れなきゃいけないわけですが，普通，オープントーナメントという場合はそうではない。大概は自分の流派のルールでやっているけれども他流の方も出ていいというケースをさします。ですから，他流の人にとっては，当然やったことの無いルール，少なくとも一部は制限されるルールになるわけですから，やりにくいわけです。それに対して純粋な他流試合はルールを折衷するのが難しい。「なんでもあり」系ルール，とくにブラジルでやられているバーリ・トゥードというのは，そこでどの流派にも有利にならないようにいっそのことルールそのものを最小限にしてしまったものです。しかしそれでも一対一ならば寝技系の選手が打撃よりも有利といったことがありますから，他流試合には本質的に困難な部分があります。

　ややこしい分類をしてきましたが，ここまでの定義をまとめてみましょう。例えば，フルコンタクト＋プロ＋格闘技というのは，直接相手を殴って，興行

ができて，しかもルールがあるのが格闘技ですから，ボクシングやキックボクシングもそうですね。最近著名になった，K-1と呼ばれているものもそうです。これは，世界中のキックボクサーや空手家から100キロクラスの人たちを集めています。大相撲もこれにはいりますね。フルコンタクトで，興行で生活していて，競技ですから。それから，修斗という流派がございまして，これは「総合系」と呼ばれて日本の「なんでもあり」の主流ですが，プロ部門についてはフルコンタクト・プロ格闘技に入ります。あと，通常はプロレスに分類されますが，ノンフィクション格闘技を実践している団体がパンクラスですね。

　フルコンタクト＋アマチュア＋格闘技もたくさんあります。直接打撃制の空手，例えば極真会館。あとはそこから分派しました大道塾。新空手と呼ばれるキックボクシングのアマチュア部門やアマ修斗もそうです。アマ相撲もここに入りますが，これは学校や体協に所属しています。これをわざわざあげますのは，実はずっとクローズドだったんですが，ここへ来て突然外国に向けオープン化したからです。大相撲も厳密には今もクローズドです。一時期，外国人を入れましたが，小錦，曙，武蔵丸以降はかなり長く門戸を閉じていました。オープン／クローズドの仕分けそのものが暗黙の取り決めで決まるのでしょうね。それに対し，完全にオープン化して，日本の相撲のルールをグローバルスタンダードにし，オリンピック競技にしようという動きがあります。これは，日本のアマ相撲が中心となる運動ですね。実は大相撲界では，肌の色がサモア系の方以上に黒い人はいれないというのが暗黙の取り決めだったらしい。アフリカ系の方も，髪の毛が縮れていて髷が結えないから無理だとされている。ところがアマチュア相撲の『世界アマ相撲選手権』では，肌の色とか髪などに一切関係なくすべての国の人を集めています。パンツをはいても構わないとルールも緩和した。『シコふんじゃった』という映画ではお尻出すのはいやだっていう外国人が出てきますが，同じように，パンツをはいてる方が出場します。ただし，実力はアマといっても大相撲よりも弱いわけではない。エマニュエル・ヤーブロウさんという，小錦よりも重たい，曙よりも背が高い，300キロ，2m10cmのアメリカの方には後に大相撲の幕内力士になった日本人もほとんど勝てていませんね。ところがモンゴルの横綱・バットエルデンさんは，投げだけだったらひょっとして大相撲でも勝てないかもしれないというほどの力があり，300キロのヤーブロウさんも投げ飛ばしました。今の旭鷲山関が，モンゴ

ル相撲の関脇ぐらいと聞いたことがあります。この人は，いわばステート・アマですね。日本にはこのタイプのアマはいない。オリンピックの柔道代表，アマ相撲の代表，レスリング代表まで兼ねている。ともかく，アマ相撲はオープンです。やはりこれも関係者は恵まれた状態で，指導者として生活しておられます。

ルールの分類

　格闘技は，技の種類では「打」と「投」と「極」に分けられます。殴る蹴る，これは「打」ですね。それから，投げ飛ばす「投」。それから，最後に寝技で関節を極める，「極」です。

　まず殴る蹴るの「打」からいきますと，この中にはまず，フルコンタクトであっても顔を叩くかどうかの区別があります。まず顔を叩かない流派というのがあります。顔以外のところ，急所など部分的には防具をつけますが，それ以外は殴っても蹴っても構わないというもの。代表があの極真会館のルールです。

　次に，顔を叩く，これはよく御存知のやつからいきますとボクシングなんですが，実は，顔を叩くにも，原理的に言って2派あります。一つは，グローブをつける流派ですね。これは，叩くことだけを許している場合は，ボクシングが典型。蹴ることも許すとキックボクシングになります。キックボクシングの源流は，タイにありますムエタイですね。これはどうも中国拳法が東に流れて沖縄では空手になり，西に流れてタイにいってムエタイとなったらしい。非常に完成度の高いタイの国技ですね。賭けの対象にもなってますので，国技でありながら人気があり，技術的にも非常に高いレベルで，しかも賭けだから八百長が行なわれない。八百長する人は即座にリングから追放ということになります。日本で八百長したのがタイに知られ，除名にされてしまったチャンピオンがいるぐらいです。過去，外国人でチャンピオンになったのは日本人の藤原敏男さんと，最近のフランスのムラッド・サリさんだけです。外国人はランキング入りすらままならないほどです。

　もう一つ，グローブをつけない流派があります。空手というのは，カラの手ですから，何も手につけないというふうに解釈することもありまして，したがって，手に防具をつけない，グローブをつけないで顔を叩くというのが，空手の精神だという見方があるのですね。素手で顔を殴ることも稀にはあるんです

が，ビルマとタイの国境でやっている「ムエカチュア」，これはすごくて，顔を拳骨で殴るルールです。ムエタイとの対抗戦となっていて，時には死人が出ます。で，仕方がありませんから一般的なルールでは顔に防具をつけます。ノンコンタクトの空手であみ出された防具なんですが，スーパーセーフというのがありまして，これは1トンくらいの衝撃にも耐えられるといわれている。顔にそれをつけて思いきり殴るわけですね。しかし，あまり良いパンチだとやはり脳振盪を起こして倒れます。これは，大道塾という流派のルールが代表的です。素手やそれに近い拳で素顔を殴るのは，最近では「なんでもあり」系ルールがそうですが，それはタックルから寝技が認められているからですね。連打がある空手の場合には危険です。

　次に，「投」。これは柔道，および相撲，レスリングなどが中心です。最近では，フルコンタクト格闘技では，投げはしばしば軽視されているんですが，実戦を考えますと実は投げは大変な凶器です。コンクリートの上に投げるわけですから，大怪我をするでしょう。それも一本取らない汚い投げはきくでしょうね。柔道家の方は，道端の喧嘩でも服を着ていれば自分たちが一番強いと自負

大道塾の試合（写真：長尾迪）

しているのではないでしょうか。これは着衣の場合で背負い投げが可能ですが，同じ「投げ」と言っても，裸やTシャツですとレスリングや相撲のような投げになる。中国拳法では「投げ」が重視されます。今，オリンピック競技化を目指している「散打」というのは，拳法を集大成したものらしく，打撃も認めますが，投げのポイントの方を重視する競技です。

最後，「極」です。寝技も幾つかに分類されまして，1つは押さえ込みを認めるかどうかという問題です。実際には，警察の逮捕術で押さえ込みというのは，非常に重要なんですね。つまり，1人が押さえて1人がガチャッと手錠をかければ済むわけですから。しかしこれは，フルコンタクト格闘技の中では，やはり軽視されることが最近多くなっています。柔道とレスリングに限られるでしょう。そこで，「参った」をさせるのに締め・関節技を使うかどうかが問題になります。締め技，関節技というのは，1対1で戦うのならば，一番強いものなんですね。というのも，打撃はぶつかり合う一回しかチャンスがないのに，いったんもつれあうと寝技は延々と続きますから。そういう理由で，格闘技の世界で寝技といえば，最近は関節技と締め技というのが使われることが多い。むしろ，寝技では着衣か裸かという違いの方が技術的には大きいですね。柔道や柔術は着衣で，これは下からでもつかんでコントロールできますから，下になることは劣勢ではない。しかし裸だと技が三角締めか逆十字に限られるので，よほど力量に差がないならば上が優位です。柔道家でいきなり裸で寝技ができる人はいないのではないでしょうか。それくらい技術は異なっている。

最後に，打撃と投げと寝技を全部認めるという場合は総合格闘技です。実際にやっているのは，空手のなかでは大道塾。これは，面をつけて空手着を着て殴るんですが，あと投げ技もあります，あと寝技で制限時間内で30秒間関節技あり。あと馬乗りをやって殴るのは真似だけですね。打撃（面・拳）／着衣／関節・締めといったルールです。修斗はもっとも完成された総合格闘技ですね。この場合には動いているならば寝技の時間制限がありませんので，延々と攻防があったりします。打撃（薄手グローブ）／裸／関節・締めのルールです。日本拳法は伝統的な総合格闘技です。胸に防具をつけたり，あと剣道の面をつけます。ボクシングのチャンピオンで日本拳法出身の方は多くおられます。渡辺二郎さんや，キックボクシングで，唯一，タイに行ってタイのチャンピオンをKOしてしまった猪狩元秀さんもそうです。

格闘技と経済

　格闘技についてお金の出入り，つまり経営はどうなっているのか。この点について整理してみましょう。格闘技の無数の流派は，大きくは二つの理由で分化してきました。一つが経済問題。もう一つはルールについての理想の相違です。その二つが絡み合って，無数の流派を産み出した。

　まず，幾度か触れたプロ／アマの区別があります。格闘技ではプロ／アマという二分法が他のスポーツほどすっきりとはしていません。もちろん他のスポーツですらすでにオリンピック競技のように曖昧化が進んでいるのですが，格闘技の場合はさらに固有の事情から別の理由でその傾向は強くなっています。

　まず，通常いうところのプロは興業で収入を得ることです。ところが格闘技でフィクションを交えないならば，観客の興味をつなぐのは至難の技です。そこでプロレスリングのように，プロ興業にはフィクションがつい混入してきました。格闘技本来のノンフィクション性を保ちながら長らく興業的に成功しているのは相撲くらいしかありません。周知のようにボクシングも日本チャンピオンクラスでもアルバイトなしで専業の人は滅多にいませんし，キックに至っては昭和40年代のブームが去った後は稀な例しか専従はいません。

　それに対して従来から，柔道やアマレスリング，アマボクシング，アマ相撲，伝統派空手などが主に中高・大学のクラブの趣味として存在してきました。これが一般にいわれる「アマ」格闘技ですね。この場合，延長線上で卒業後も趣味で続けるということはありえますし，試合も国体やアジア大会が用意されています。もちろん最大目標にはオリンピックがあります。競技としての目標はオリンピックの正式種目とすることで，現在は相撲と空手，散打，総合格闘技などが次を目指して争っています。

　アマの世界で実績を上げると，その世界で生活を立てる人も出てきます。そうした方々は，学校の体育教師になり，サークルを指導する。また体協の関係で職を得る。警察官となって優先的に稽古する。それがこうした主流派のアマ格闘技でした。もちろん，稽古ばかりしていてどこがアマか分からない選手もいるのですが，どこかの企業の部に属していたりして，企業にはなんらかの形で貢献しています。それは他のスポーツの場合と同じでしょう。

　けれども，格闘技にかんしては，これだけでは収まらない固有の事情があり

ます。たとえば野球にかんしてプロ／アマというとき，ともに選手として活躍しながら，経済的にも安定できています。強い選手がプロを目指すかどうかで悩むというのはあくまで実力にかんしてのことです。それに対して格闘技では，プロ／アマ関係でこうした選択肢がありうるのは相撲くらいのものではないでしょうか。アマで経済的に安定しているものでプロでも繁栄しているものというのは滅多にない。せいぜいボクシングがそれに続くくらいではないでしょうか。柔道はプロというのは一時期，故・木村政彦さんが計画したことがありますが成功しませんでした。キックはプロは（いくつもの団体に分離していることは別にしても）経済的には収支が合っていないでしょうし，アマも公的に補助を受けたり体協に入って国体に出たりすることはできていません。レスリングにはプロが存在しません。ちなみに，プロレスのアマというのは学生プロレスや障害者プロレスであってアマレスではありません。アマレスは格闘技ですから。

　そうなるとそれ以外で経済的に成立するジャンルの格闘技というのは淘汰されてしまいそうです。けれども，そうではない。それがここでいう固有の事情によるのです。というのは，格闘技というのは，「誰が，どの競技が一番強いのか」という問題がつきまとうという特別の性質を持っています。他のスポーツでいえば，野球と卓球とサッカーでどれが一番強いか，なんてことは問題にはされません。けれども，路上で暴漢に襲われたとき，どの競技をしていたら助かるのか，といった具合につねに格闘技は他流派と比較される運命にあるのです。けれども，「なんでもあり」系ルールでいきなり闘おうとするのが万人に可能な訳ではない。そこで一部を禁止することになる。どこを禁止するかで，ルールが無数に分化していくというわけです。極真は顔を殴らない。キックは投げないし寝技がない。レスリングや柔道は蹴らない，殴らないといった具合です。個々の格闘技は「総合格闘技」の一部を禁止してできているのです。総合格闘技の「限定競技」が個別の格闘技だというべきかもしれません。もちろんそれには理由があります。なにもかも一度にやろうとすると，どれもが下手になってしまうからです。そこでそれぞれの競技では稽古法や見せ方，他の流派への防御法が別々に配慮されてきました。ここへきて総合格闘技がブームだというのは，それぞれの競技での稽古法がある程度の成熟を見たので，そろそろ総合すべき時期になったということかもしれません。いずれにせよ，「強さ」

を求めたためにルールが分かれることになり，反対に道場破りのような異種対抗試合が行われて，勝った競技が生き延びて人口を増やすことになってきました。この点で，オリンピックで見て格好良かったから競技人口が増えた，というスノーボードなどとは事情が異なります。

　その上に，今も述べたように格闘技には護身に役立つといった実用性がある。そこで，「強い」競技は，試合を目指さないが楽しむという人が大勢入門してくることになる。ここで経済的に成立する可能性が芽生えます。もちろん，ただ「強い」ことだけがアピールするとは限りません。これに関係するのが「武道」という理念です。格闘技は相手を痛めつける暴力の技術という面がありますが，しかしだからこそそれをみずから束縛・自制するような精神を持たねばなりません。軍事にかんしていう「文民統制」といったことですが，ともかく人の内なる暴力性を制御する知恵として武道という観念が古来から尊ばれてきたのだと思います。したがってこの場合，自己鍛錬としての稽古でもあるのですから，本来が「暇つぶし」を原義とする「スポーツ」とは異なり，生涯にわたり稽古を続ける，たしなみとして習うということがあります。

　これがどう経済と関係するかというと，ここで「レッスンプロ」という生き方が出てくるからです。「強い」とか「武道的」といった点でアピールできれば，体協に加盟できなくとも，またプロ興業が成り立たなくとも経済的には成功しうるのです。一般にコーチといえば，興業のプロを指導する人もいます。けれどもそれだけではなくて，けっしてプロになる気のない人を教えるのがうまい人というのも存在するでしょう。生徒を集めて所得を得るわけです。つまり，プロとアマという従来の二分法に当てはまらないものが出てきた。極真が走りではないでしょうか。この場合，とりあえずは全国大会という花火を打ち上げて生徒を集める必要があります。漫画にも取り上げられたりもしましたが，会場での収入というよりも，入門生の増加というのが実質的な効果でした。ちなみにフルコンタクト空手では，選手ばかりを集める道場は衰退するという奇妙な傾向があります。強い選手がそれ以外の道場生を潰してしまうからです。むしろ，和気藹々とやれる方が会員は増える。経営方針のむずかしいところですね。ちなみに，私はある流派で「ビジネスマン・クラス」に属し，師範代をしていますが，潰し合わないので同じ流派の他のガチガチ殴り合うクラスよりも盛況です。

この「レッスンプロ」は，ゴルフなどには多く存在しています。格闘技では珍しいとお思いかもしれませんが，江戸時代の武道場にはあたりまえのように存在していたはずです。むしろ武道人口が減るのに合わせて減っていったということでしょう。極真にしても，フルコンタクト空手の支部長さんというのは，一般に「レッスンプロ」で，彼らが大流派だけにレッスン・プロとしてはもっとも繁栄しているのでしょうね。ちなみにブラジリアン柔術のヒクソン・グレイシーさんなどは興業プロというよりも，レッスン・プロとして自流を繁栄させて入門者を増やすために試合をしている気配があります。現在，多くの格闘技では，興業プロもレッスン・プロを兼ねています。

　そこでこのレッスン・プロは，片やプロ興業，他方はオリンピックを両睨みしている状態です。どちらかで成功できるものならそうしたいし，そうでなければレッスン・プロであること自体も困難になる危険性がある。しかしフルコンタクトが譲れない理想だとなると，学校体育としては危険ということもあり，オリンピック正式競技への道もなかなか険しい。また一方では，格闘技でプロ興業を成立させるのは困難です。けれども相撲やボクシングのルールが理想ではない，そう思うならばなんとか興業を成功させねばならない。となると格闘技ではないとはいっても，プロレスには興業としては学ぶところが多い。フルコンタクト格闘技がプロレスとつかず離れずの関係にあるのは仕方のないところです。格闘技プロであるためにアルバイトでプロレスの舞台に立っている人もいるくらいですから。現在のK-1というのは内容的には格闘技で希有なほどの成功を収めている新しいジャンルですが，非常にショーアップされてまして，選手のそれぞれの個性の紹介の仕方とか，格好いい入場式とか，音楽を使うとか，ああいうことについては，当初プロレスから学んで独自に発展させています。

　整理しておきましょう。通常のスポーツでは，プロ／アマというのがともに経済的に成立している。対照的に格闘技では，プロ／アマがともに経済的に脆弱で，その間にレッスン・プロが存在している。しかし全体的にはプロとしてアピールせざるを得ないところがある。それでプロレスがどうしても切り離されることがない。こうした見取り図の元で，90年代のフルコンタクト格闘技は巨大な地核変動を起こしてゆきます。

日本におけるフルコンタクト格闘技の歴史──概論

　これまで説明してきたようなわけで，野球ならプロ／アマといったジャンルが定着して変化しようもないのに比して，フルコンタクト格闘技は90年代に激動にみまわれます。その原動力のひとつは経済的成功で，もうひとつが「誰が，どのルールがもっとも強いか」にかかわる理想論です。しかも構図としてはプロ／アマの狭間にあって巨大な勢力である極真空手が不安定化したということがあります。ここから大きな離合集散のドラマが始まりました。

　最初，話の源流というところからお話ししたいと思います。プロレスラーのアントニオ猪木さんは，プロレス界の中でも他団体の方を引き抜いたりして領域侵犯をずっとやってこられた方なんですが，彼がウィリエム・ルスカ，ミュンヘンで柔道の無差別級と重量級でチャンピオンになられた方ですね，ひょっとすると史上最強の柔道家ではないか，日本の木村政彦さんとどちらが強いかって言われる方なんですけれども，彼を呼んで，内容的にはプロレスの興業を行ったんですね。これから以降，プロ／アマ／レッスン・プロという構図に崩れが生じ，また他流派との交流ということが始まります。異種格闘技戦という名のプロレスですね。

　猪木さんは，その後，モンスターマンというアメリカのプロ空手，これはローキック，足を蹴るというのが禁止というタイプのキックボクシングです。この方も呼んで，やはり日本でプロレスの試合をした。これは異種格闘技戦と呼ばれたプロレスの中で一番いい試合だと言われてます。似たような感じで，猪木さんは，この当時，極真空手からも当時の外人最強のスター選手，ウィリー・ウィリアムスを呼んで，同じような試合をしています。けれども極真会はあくまでノンフィクションであることにこだわる流派ですから，大変なトラブルとなって破門者が出ました。

タイガーマスクとUWF

　極真会は，あくまで真剣勝負を謳うのに，レッスン・プロとして団体を大きくするに当たってはプロレス以上のフィクションを用いました。それは試合内容のことではなく，故・梶原一騎原作の漫画『空手バカ一代』で大いに宣伝さ

れた，ということです。影響は大きく，毎日猛稽古で間引かなければいけなかったという伝説があるほど入門者が極真会には殺到した。けれども漫画の内容は多くがフィクションでした。私など，極真会のルールは顔を殴らないのだということが，ついにこの漫画では分からなかったくらいですから。

　しかし梶原一騎さんは漫画をプロレスにも応用しました。猪木さんがやっていたプロレスを極限まで推し進めた——初代タイガーマスクの佐山聡さんです。タイガーマスクという存在自体は梶原一騎さんが作った漫画なわけですね。それまでは実在する人物を漫画が真似るって事はあったんですけど，漫画を実在する人物が真似るという荒唐無稽なことを本当に始めたのはこれだったわけです。猪木さんが作り上げたある意味で鬼っ子なんですけど，この佐山聡という方はとんでもない運動能力の人で，したがって，漫画を実在の人物が行う事ができてしまった。彼は100キロクラスなのにロープ登りや逆立ちで階段上りもできましたからね。

　佐山さんが当時行っていたのは，プロレスとして非常に完成されたものでした。京劇としては最高レベルなんですね。日本はプロレスが非常に盛んなのですが，結局プロレス界でも佐山さんのレベルには誰も到達できなかった。ところが佐山さんは天才でして，皮肉なことに，実は，プロレスで成功しながらもプロ格闘家になりたいと本気で考え始めた。蹴るのも本当の技で蹴りたいというので，それまでのおざなりの蹴りではなくて，キックボクシングの練習をして，顔を蹴る事を始めたんですね。異種格闘技戦を本当にやろうとした。しかもプロ格闘技のルールとして総合格闘技を発案してしまう。そしてついにプロレスを続けるのはいやだってことを言い始めるんですね。彼はそのあと，プロレスはフィクション（フェイク）だということを逐一ばらすような本を出版してしまいます。

　その後，新日本プロレスというのが興行的に分裂しまして，前田日明さんや佐山さんを中心にして，UWFという団体を起こした。佐山さんはここでは，なんとか彼の想定した格闘技のルールでやりたかったのでしょうが，時期尚早ということで誰もできなかった。しかしプロレスとはいえ新日時代とは全然違うことをやってるんですね。顔を蹴ったり，まあひどいことやるわけです。プロレスとして見れば大したことなく見えるかもしれないがよくみると怪我をさせるようなことを連発する。ルールある格闘技をやっている者から見ていても

危険だと思いました。これは，一部ファンには支持されたものの，興行的に成功しなかったみたいです。それで佐山さん以外が新日本プロレスに戻ったんですが，別の出戻りのグループと関係が悪くなり，プロレスの試合中に前田さんが長州さんとガチンコの喧嘩を始めてしまうんです。長州さんの方はプロレスをしようとしてるんですけど，前田さんが言うこと聞かないんですね。前田さんは再び除名されてしまう。

第二次 UWF

　前田さんと高田延彦さん，藤原喜明さんらの第二次 UWF は画期的でした。というのも，それまでのプロレスの興業というのは，力道山以来，経営も全て相撲から学んでいたんですね。ところが第二次 UWF 以降は，音楽のコンサートの興業の手法を取り入れていく。選手が出てくるにも，必ず音楽に乗せ，照明を当てたりする。しかも，東京ドームに進出して，これが大成功してしまう。89年のことです。そのうえこの第二次 UWF がプロレス界にとって衝撃的だったのは，テレビ放映が無かったことです。当時は全日本プロレス，新日本プロレスのようにテレビを持たなければ絶対に成功しないと言われていました。地上波の時代ですね。第一次 UWF にしても，テレビ放映が無くて失敗したんです。

　ところが第二次 UWF は，テレビなしで東京ドームを満杯にしてしまった。しかもコンサートと同じように月一回，大会場だけで興行を打つ。それまでのプロレスの常識では，毎日全国津々浦々を興行して回っていた。青森あたりの青果市場までくまなく行く。こんなやり方では格闘技は無理です。ところがそうしなくても済むことがわかってきた。これは，プロ格闘技の興業を可能にする基礎を創りました。

　第二次 UWF では，前田さんが今度はプロレスなのにルールを明記するということをやる。しかもそれは本物を目指して進化する，と謳った。これ自体は格闘技の本質に触れる言い方ですね。後に第二次 UWF は，どういう理由か分かりませんけど解散してしまって，分裂してしまいます。その中から，ついにプロレスと称せられるのをいとわないのに真剣勝負をするパンクラスという団体ができました。一方，前田さんは，国家代表クラスのレスラーなど，つまり

プロレスラーとしては素人を集めて，プロレスを始めました。内容的には非常に格闘技色の強い，もしくは格闘技とほとんど見分けがつかないやり方です。この団体には，佐竹選手が現在のように，グローブをはめてK-1というのをやる途中段階で，参加していたことがありました。佐竹さんは，正道会館というグループで，極真会館からの分派ですが，顔を叩く方向に向かっていく途中でした。

極真の進化

　極真会館の創始者は大山倍達先生で，この方は，ウシやクマを殺したとか世界最強だと言われているんですけど，それは梶原一騎さんの『空手バカ一代』のせいです。手塚治虫さんはマンガで世界を動かしたと言われてますけど，実際に人を動かしたということだけにおいては，このマンガは最も影響が強かったんじゃないか。動かしたっていうのは実際に空手を始めさせたということですね。世界中に数百万人レベルで，極真会館の弟子がいる（公称）。そのもとを本当に作ってしまったのは漫画でした。

　大山先生はアメリカに渡り，プロレスのリングで型を披露された。そしてプロレスの興業のノウハウを日本に持ち帰り，自流の大会に生かした。格闘技の試合を観客にいかに面白く見せるかという点に腐心されたんですね。空手の試合は従来は床でやるのですが，初めてリングのように高いところで試合をさせた。それだけでも人に見せるということを意識していたことが分かる。

　大山さんは実際に非常に強かったそうですが，稽古場以外のエピソードはあまりよく分かりません。実際に稽古の相手をされた方に伺うと，体が非常に頑丈であられたらしい。それも，日本の格闘家としては先駆的にウェイト・トレーニングを始めた，つまり科学的なスポーツトレーニングを初めてやられたことがある。興業センス，科学性と持ち合わせておられた。それなのに空手は喧嘩だという発想も手放さなかった。格闘技はスポーツですね。一方大山先生のいわれる武道というのは喧嘩でどうするかって話です。

　極真は一方で非常に綿密な，現在のスポーツ科学からいってトップのレベルのトレーニングって言われているんですけど，もう一方では選手の鍛え方と称して野蛮な訓練をやりもします。百人組手なんて，スポ根どころじゃない。足

とかぶつけあって折れようが，選手は試合を絶対やめようとしない。極真会館というのは，後にルール化を進めてスポーツとして成功するのですが，いつも幻想が持たれるのは，こうした無茶をやる恐いところがあるせいですね。

初期極真全国大会

　大山先生は，喧嘩のような稽古の中で立派なお弟子さんをたくさん育てられます。そしてそのお弟子さんたちが，競技ルールを作ってゆきました。そこで全国大会，それもオープン大会にしてトーナメント方式で他流派も来ていいという試合がついに開かれます。まあ，当時でいえば他流試合ですね。極真の選手にとっても得意といったルールではなかったでしょうから。当時の初期の全国大会のビデオをみると，ルールは完全には理解されてはいなかったようですね。今の極真会館のルールで言うと顔を殴ったら反則負けになるところが，逆に殴った方がノックアウト勝ちになったりしています。

　また組み手を見ても腰を落として，後ほどとは全くスタイルが違います。極真は格闘技であって，しかもルールが大して変わらないにも関らず，実際の試合で行なわれている技術は，急変していくんですね。相撲というのは，今200キロレベルの人がいますから，投げよりも押し出しが多くなった。しかしそんな程度のことではありません。技そのものが今だに革新されてゆく。そういう意味では，未成熟というか若い格闘技なんですね。どうしてこんなことが起きるのかというと，顔を叩かないということで自由度が増すからではないかというふうに言われています。顔を叩くと致命傷になるんで，それ以外の技が発達しないというところがあるのは事実ですね。

世界大会──中期極真

　極真は世界中に支部を広げます。沢木耕太郎の『深夜特急』に，スペインだかの田舎に極真があって感激するというシーンがあるほどです。そこで世界大会を開催するのですが，これはよく考えると大変なことで，私財を投じて世界大会をやってるのは，現在でおそらく全てのアマスポーツを含めて，極真会館だけではないでしょうか。一体，経済的収支はどうなっているのか。極真会館

は4年に1回，今年は第7回大会ですね．分裂したのが残念ではありますが．

　極真の第2回世界大会は『最強最後のカラテ』という映画になりまして，これが中期極真と一般に言われているものです．試合の戦い方が初期からはだいぶ変わってきて，現在の原型が整ってきています．初期には，何をやったらよいかよくわからなくて，空手各流派のごたまぜのようなところがありますが，第二回世界大会のあたりになってきますと，極真ルールで普通にスパーをすればこうなるという形が整っている．ボディを叩いてローを蹴るという基本ですね．そしてどんどん前に出ていく．強い選手同士だと相撲のようになってしまいますが．初期極真の頃は，なんとなく失礼だというので先輩の足を蹴ったらいけないっていう暗黙のルールだったらしいんですけれども，この頃になるとすべての人がローキックを使っています．しかも，外国人の中で日本人に勝つ選手も出てくる．日本人選手がどうやって勝つのかというのが真剣な問題となってきます．

　現在の極真は，外国の各地区のチャンピオンに日本の大会で優勝するくらいの力があります．それくらい一つのスポーツとして格段の層の厚さとなりました．そこへ至る過渡期ですね．それでも，ウィリー・ウィリアムスさんは本当に強かった．ウィリーは後にリングスにやってきた際にはただごつくて動きの悪い選手という印象がありますが，当時は本当に強かったですね．パワーが桁違いでした．極真会館というのは，一方では技術をつめにつめて，2，3年たつと技術体系が変わるってくらいものすごい進歩をしている団体なんですけど，一方でこういうパワーだけで押してくる選手もいて，そういう意味で非常に面白いですね．

　ところが，ウィリーはこの大会では優勝を放棄するかのような変な試合をする．猪木さんの領界侵犯でプロレスをするということが決まっていて，大会直後に極真を破門になることが分かっていたから反則をしたんだというようなことを言ってます．

　この年優勝したのは，中村誠さん．中村選手とトーナメントの準決勝で当たったのが東孝，実は私の先生でございまして，東先生は準決勝の前の試合で外国人のもう一人の最強っていわれたハワード・コリンズという，日本に住みついて稽古をしていた人とやって，勝ちはしたが膝が抜けてしまったんですね．東先生は，奥足へのサッカーのようなローキックを開発された方で，柔道出身

なので投げが得意な方なんです。したがってローといっても足払いのようなところもある。投げのような蹴りなんですね。ところがこの試合でも自分は膝が抜けて負けたんだけど，投げがあったら自分はまだできたはずだと言い張る。そして後に，投げがあるルールを実験的に作りたいというふうに，大山先生に懇願して，最終的に脱退します。そこから，空手をベースとした着衣の総合格闘技，投げ，寝技あり，顔を殴ってもいいという流派を作ります。

極真の現在

　中期の極真は相撲みたいに前に出て，胸を突くのが典型的なフォームです。当時，悪口で相撲空手と言われたこともあります。しかし，実際，このルールでやると私どもほとんどこうなるんです。ところが，極真はこの直後から信じられないような変貌を遂げます。それも外国人選手から発生した技術革新，奇想天外な戦法なんですね。1つはステップです。外国人の選手はステップで後に下がることをする。極真は今では皆がステップを使います。

　また第4回の世界大会ではスイスのアンディ・フグ選手がカカト落としという技をひっさげて登場します。これはテコンドーにある技なんですが，フグさんはまったく別の理由から，内回し，外回しの要領で思いついたらしい。極真はそれを一気に消化します。フグさんはこの技でノックアウトの山を築いて決勝まで行きます。ところが4年後の第5回大会ではフグさんは，当時19歳のブラジルのフィリオ選手に敗れてしまいます。カカト落としをやろうとすると，フィリオは防御の仕方が分かっていてもう軽く防ぎます。これはフィリオさんのみが優れているのではなくて，カカト落としをカットする手法が世界的に研究されてしまったんです。今ではこの技を使う選手そのものが少なくなったのではないか。極真はどんどん発達していますから，一つの技が流行というか出てきますと，それを完封するやり方が分かるまではずっと全盛ですが，防御の仕方が分かってしまうともう誰もその技を使わなくなってしまう。それほど変化してゆきます。

　第5回大会の頃になると胸を殴り合っていてとても頭に飛んでくると思わない所からのハイキックが目立ちます。それまでハイはいったん廃れた技でした。というのは，遠い間合いで見えるところからくるというのが，それまでの常識

だったからです。しかし近い間合いからハイキックを出すという技が開発された。これはまた2，3年間，全盛を迎えたのですが，この技もまた防御法が分かったようです。

諸派への分裂

　極真というのは顔は叩かない，その範囲内で洗練の極みですね。このルールは偏っているとも言えますが，大きな長所もある。「前に出つつ，相手の攻撃を体で受けながら威力を殺す」という文化を有している点ですね。顔面ありのキック・ルールから始めると，体で攻撃を受けながらポイントをはずすというのは皆ができることではありません。ところが顔面なしルールだと，たとえばローをカットせずに蹴らせて，パンチを合わせるといったことが，サポーター類の揃った昨今ではさほど難しくない。しかもそうすると，実際には思っていたほど相手の攻撃は痛くないことに気づきます。これは眼からウロコが落ちるような体験で，そうすると当人の日常の性格を問わず，前に出て「相手を潰してやる」といった気迫が誰にも出てくるんですね。ところがドツキ合った後，武道らしく礼法にのっとって握手し，感謝の気持ちを伝え合うと，今度はスパーの剣呑さから頭が冷め，スイッチが切り替わります。日常の生活に戻るんですね。極真ルールには，誰もがこうした日常／非日常の往復をできるという長所があります。

　ところが，理想のルールおよびプロ興業の経済面の双方から極真が揺らいでいくことになります。まずルール的には，東先生の大道塾という流派が面をつけて殴り合う。ただ面をつけているとやはり，試合が見た目が面白くないというんで，なかなか人気が出ない。岩崎弥太郎，長田賢一，山田利一郎，市原海樹など名選手を輩出しはしましたが，極真に比べるとやっぱり，どうしても選手の層が非常に薄いです。

　大道塾からは，西良典さんという方が後に分派しまして，長崎で慧舟會という流派を旗揚げされます。これは現在，寝技の方で非常に有名な流派になりつつあります。東京支部も別の先生が優秀なお弟子さんをたくさん育てていますね。両先生ともに拓大で木村政彦さんのお弟子さん筋の柔道家ですから，寝技を重視しておられる。それに比べると大道塾は打撃重視ですね。

グローブマッチからK-1へ

　一方で，顔を殴るということでは，ボクシングとかキックボクシングがある。そこで空手でもグローブをつけて殴る，ということが話題になります。90年代の初頭ですね。一方，いくつもの流派が集まってきて，キックのアマ部門のようにしてグローブ空手というのを形成します。佐竹選手の正道会館も芦原会館から分派して，ルールは極真とほぼ同じですが，グローブをつけて殴ることをやり始めました。これが全部集まってくるとさすがに大きな勢力になりまして，グローブ空手の他流試合が行われるようになります。その中心が正道会館ですね。第1回大会が，トーア杯です。当時これはK-1選手権と呼ばれていました。これに40くらいの団体がそれぞれトップの選手を送り込んできて，団体のチャンピオン同士の交流戦だというので，看板をかけた戦いだったわけでお客さんもたくさん入りました。後にはパンクラスが選手を送り出すということも起きます。プロレスがアマ格闘技に登場したのです。いよいよジャンルの流動化は明白になってきました。

　ところがこの大会，ここまでは日本での空手の選手権だったのですが，正道会館は格闘技としての興業センスの革命的に発達した団体で，これから格闘技界の一方の雄として頭角を現してゆきます。ここまではルール上の分派だったのが，正道会館はここに経済上の成功というファクターも入れてくるのですね。

シューティング，修斗

　シューティングはタイガーマスクの佐山さんがプロレスと絶縁した後にはじめた格闘技です。佐山さんは打・投・極といっていましたが，基本はパンチと投げと寝技で，それぞれに等分に配分しようといった発想でした。相手が殴ってくるのに対してタックルするというのをこの団体が，初めて見せたんです。ボクシングでも，あまり頭を低くすると，ダッキングではなくて反則になります。ところが，頭を下げてそのままタックルするのが格闘技の技術として有効なんだということを，発見したわけです。そうした発見が沢山あった。画期的だったのですね。

　ところが，当時シューティングはプロ興業を行っていたのに，全く人気がな

かった。ルール上で大きな欠陥があった。しかしそれは当時，誰も理解できないようなことでした。佐山さんはプロレス出身ですから，寝技というと UWF 系の「極」，締め・関節が中心になります。実はこれ，当時我々がアマチュアとしては体験したことのなかったものです。関節技というのは，ずっと長い間日本では柔道しかありませんでした。ところが柔道は足関節は禁止しているんです。中高生に教えようということを，昔の柔道家は考えたんですけど，ところが足関節技の試合をすると怪我が続出する。手の関節技というのだけは，いま高校生以上やってもいいということになってますが。ところがサンボでは解禁されている。それらを取り入れたのが UWF 系の関節の極めっこです。この流れでは，柔道流の押さえ込みというのはまったく無意味な技になってしまった。これがどんでん返しを食うことになる。

ビッグバン

九〇年代にフルコンタクト格闘技の世界には，ビッグバンが勃発します。まずここまでの構図を整理しておきましょう。プロレスの影響はまだ続きます。ひとつにはそこから格闘技を目指す団体が出てきたこと。パンクラスと総合格闘技の修斗ですね。一方，極真からルールで分派するものが出てくる。大道塾とグローブ空手。極真そのものは内紛で分裂したために，巨大でありながら影響力に陰りがでてきます。

まず，ルールに関して，とんでもないことが起きる。日本じゃなくてアメリカ発ですが，「なんでもあり」系が発生してしまう。目をつくこと，嚙みつくこと，耳を引っ張ること以外，何やってもいいという大会が九三年に開催される。これはそもそもはブラジルで行われていた「バーリ・トゥード」ですが，アメリカでアルティメット大会と称して興行が行われました。八角リングの中に入ってとにかく出てきたものが勝ちだというルール。それまで闇でこんな試合が行われたことはあったかもしれませんが，人前では見せられないと考えられてきた。しかしやってしまったんです。第1回で優勝したのが，当時世界的にはまったく無名，失礼ながら我々も柔術と訊いて大笑いした，グレイシー柔術のホイス・グレイシーです。いざやってみると見たことのない強さ。これには驚きました。極真といい，UWF 系のプロレスといい，我々が日本で目にし

ているのが最強の筋道をたどっているとばかり思っていましたから。というのは，パンクラスとかシューティング流の関節の極め方を，色々な団体がやっていた訳です。で，みんな日本人は寝技が強いんだって自負していた訳です。柔道家は足関節は反則ですから，足関節もしたら我々は柔道家にも勝てるんじゃないかと思っていたんですね。

　ところが，アルティメットをやった結果，大変なことが分かった。何かというと，こんな競技だから何をやっても勝つ割合は均等にあるというふうに一見思えるんですけども，グレーシー柔術の人たちは定石を発見したんですね。まず打撃をさばいてタックルをし相手を倒す。パンチや蹴りは最初に接触する一回しかチャンスがないから，これから延々と寝技となります。ちなみに，散打もグレーシーの人たちとそっくりな技術を持っています。正面から関節を蹴るようなふりをしつつタックルをするというものです。そしてローブローでないと打てないくらい低く来て，掴んで倒すわけです。タックルで正面から倒すと，相手の足が自分の体を巻いてる状態になるんですけど，これは柔道で言うところの寝技の稽古のスタートと同じです。そこから，相手の股を割って，目的と

日本で行われた総合格闘技イベント「PRIDE」より。マーク・ケアー VS イゴール・ボブチャンチン（写真：長尾迪）

しては結局馬乗り，マウント・ポジションになる。そのためにはどうしたらいいかというと，これはほとんど柔道と同じで，横四方固めというのに1回ずれて，それからまたいで上に乗るわけです。そうすればパンチを貰わない。ということは，関節の取りっこなんかしていると相手がのしかかってきてめった打ちにされてしまうんですね。修斗が寝技でも顔を殴っていいというルールで日本で開いた試合では，これで主力選手が惨敗してしまいました。つまりこのルールにするとUWF系の寝技ではダメで，柔道風の押さえ込みが有効だというふうに寝技のパラダイムが変わったわけです。実は柔道というものは，顔を殴っていいんだったら有効だったということが，新たに分かってしまったんですね。そこで，シューティングとか，SAWとかが当時までに発展させた，寝て関節のとりっこをするという技術は有効性が問われるようになってしまったんです。わたしが，ビッグバンと言ったのは，そういう意味です。そこで，もう一度，寝技の全ての流派がやり直しになってしまう。

　馬乗りになって上から殴ると，これは相手がパンチをほとんどよけられない。上から殴られると，当然相手はいやですから，うつ伏せになります。うつ伏せになったところで，首を絞めるわけです。これが，グレーシー柔術というものが70年くらいかけて発見した定石でした。彼らはこれを発見するために延々と，他流試合，要するに喧嘩ですね，それを重ねてきました。負けた場合には負けた者が，私は負けましたということをテープに吹き込めといったことを，ブラジルでは今もやっている。ヒクソン・グレーシーいう人が400戦やって一回も負けたことが無いって言ってるのは，ほとんどは人前でのリング上の試合ではなくて，海岸とか自分の道場とかそういうところでやったらしい。

　アルティメット大会は，衝撃的な事実をいくつも知らしてくれました。なんでもやっていいっていうのをやってみた結果，いろんなことが分かったんです。一つは立ったまま延々と殴るとノックアウトがおきるんですけど，不思議なもので，寝技をいくら続けてもいいとなると，実際にはほとんどパンチで死に至るノックアウトはおきないということがわかりました。このルールでも，審判が入って止めるということをやる限り，人は死なない，むしろボクシングのように，延々と頭を殴ってる方が危険だということが，分かりました。ここで，禁止事項をいくつか設けて，総合格闘技というのが成立してくる。

　ヒクソンというのは，先ほど出てきたホイスという選手のお兄さんです。彼

らのお父さんはエリオさんという人です。ブラジルに日本から柔道が伝わって，他流試合をするなら柔道って言うなというふうに講道館から命令が出たので，仕方なく柔術を名乗った人がいた。その日本人から教わった人からさらに広まって，エリオという人が教わり，強い兄弟を育てる。そして組む時にパンチが来るので，必然的にほとんど投げは無くなりました。ブラジルの実践的な格闘技では，タックルで始めて，それであと寝技というのが，定石になってしまったんですね。エリオは柔術を名乗っているが，あくまで最強の格闘技を目指してきました。それに対して現在のブラジルの柔術はかなりスポーツ的で，エリオ的にいうと無駄な技が多いということになる。そのレベルも大変な水準にあるので，いまや「なんでもあり」で活躍しているような選手では柔術の試合に出ても勝てないようですね。逆に柔術のチャンプも「なんでもあり」では勝てない。競技の成熟というのはそんなものですね。

　柔道で不世出の木村政彦先生は昭和10年代に最強の時期を迎えて，戦争で試合できなかったという不運な方なんですけど，山下泰裕さんが一番強かった時期にも，俺がまだ勝つとか言い張っていたという伝説がある。力道山と，八百長のはずがガチンコになったとされる試合をやって負けて，柔道界と縁を切った。そこではプロ柔道というのを始める布石のためにブラジルに渡り，そこでこのエリオさんと試合をすることになります。エリオは生涯に一度の敗戦を喫し，木村さんの腕がらみ，キムラ・ロックで負けます。この方，60キロ台なのに，100キロの木村さんと13分くらいやってるんです。強かったんですね。グレーシー柔術は，ブラジルで延々と他流試合をやって，現在はアルティメット大会というのに出てきて他流試合をやって，名声を得ました。ところが，今現在はアルティメット大会も20回近く行われているんで，彼らのやる定石も読まれてしまっています。そしてグレーシー一族は，アルティメット大会には出ていません。どうしてかというと，大会に権威が出てきたので，スーパーヘビー級のアマレスラーが出場するようになった。しかもオリンピックレベルです。グレーシーといえども，彼らのタックルを食うと必ず下になります。これは自明です。しかしここで細かい禁止事項があると，とくに時間制限があると，上の選手のスタミナを奪うことができない。消耗戦ならば絶対勝つと主張して，テレビの関係で時間制限があるならば出ないといっている。

　実際，日本でもヒクソンの弟の70kgそこそこのホイラーさんが日本のプロレ

スラーと試合をして，100キロ以上の選手ですが，ずっと下になっていて下からなぶり殺しですね，こつこつ何百もといった調子でパンチを顔に当てました。レスラーの顔は最期はお岩さんですね。関節技で極めましたけども。ヒクソン選手は，相手が100キロだろうが200キロだろうが勝つと言ってるんですが，そうした戦略をとるということらしい。これが現在の総合格闘技の最前線です。そして修斗・パンクラスあたりが日本の団体としてはその受け皿になっています。こちらは軽いクラスもありますし，興行的にもショーアップの仕方が美しく，実力向上も著しくて，ブラジルに追いつかんばかりです。選手はストリート系のファッションというのか，金髪で半ズボンといった格好で週刊誌にも出てきて，一躍人気が出ました。また，試合内容も，それまで関節の取りっこをしていたために打-投-極がバラバラになっていましたが，寝技での顔面パンチを認めるようにルールが改訂されたので寝技は押さえ込み系に変わり，緊張感が出ました。しかも選手にはあくまで格闘技なのに試合内容で冒険して観客を飽きさせないようにするスターが現れて，観客を集めています。

K-1

　異種格闘技戦というのは，格闘技として実現するならば本当に魅力的なものです。しかし「なんでもあり」までいくと，実戦はどんなものかというのに興味がある人ならばともかく，見た目があまり美しくないんですね。それから比べてルールは限定されているんだけれども，今現在，プロレスもしのぐような人気になっているのが，K-1と呼ばれる競技です。肘打ちなしのキックボクシング・ルールで，空手からキック，テコンドーなどいろんな流派のヘビー級で異種格闘技をさせようというものです。選手たちは，一発で倒すほどのパワーがあり，しかも技術的にもレベルが高い。見栄えも格好よくて，いま，日本中のドームでツアーで興行をうったりしていて，人気的にはこれが一番高いですね。フィリオ選手もついに極真に属しながらこのグローブ空手をはじめました。

　タイでムエタイをご覧になった方があるかもしれませんが，キックボクシングというのは打撃の割合が蹴りに偏っています。蹴りの方がパンチより強いじゃないか，というのが説明だったのですが，実際は100キロクラスになると，

パンチの方が数もあたるし，衝撃度も大きい。ですから，バンタム級くらいだと，蹴りがどんどんでるしパンチで倒れることはめったにないんですけど，K-1クラスになると，ほとんどがパンチの勝ち負けになりますね。ちなみに，ムエタイは国技というよりは賭事ゆえに経済的に成り立っているところがあり，判定になる方が人気があって，しかも蹴りのポイントが高いので蹴りが多く使われるということもあります。日本人選手を総なめにしたバンタム級のランバーという選手は例外的にパンチでKOを目指しますが，本国の主力リングではランキングからはずれています。

K-1の成功は，世界のキックボクシング市場の流れを変えるほどのものになっているようです。これまでヘビー級の過酷な試合でもバーのようなところで百人やそこいらの観客しか集められなかった選手たちが巨額のギャラで練習に専念できるのですから，実力も飛躍的に向上しました。オランダのホーストやアーツといった選手は，現在では本国のリングには立っていません。けれどもそうするとレベルに差がつきすぎていて，ベスト8くらいは毎年同じ選手ということになってしまいます。それで予選の段階では打撃系の様々な格闘技からほとんどの強い選手が登場しましたし，ルール的にかなり違っていて参加するには無理のある散打からさえ参戦しています。テコンドーというとシドニーでは正式のオリンピック種目化されるというのに，その世界チャンピオンまでが突然，K-1グランプリに参加しました。ただ，70キロ強くらいしかないので，話にならないですね。100キロクラスのK-1に出ると，全然歯が立たない。選手にとってはそれくらいの吸引力があるということでしょう。

究極のルールについて

というわけで，フルコンタクト格闘技は，現時点では興業プロとしては大相撲以外に総合格闘技とK-1が成立し，レッスン・プロとしては極真系のフルコンタクト・カラテが現状維持，アマ競技としてはプロ志向でないものは多くがオリンピック化を目指すという分布になっています。それでこの分布図から何が分かったことになるのでしょうか。

格闘技を分化させる原動力となるのはルールと経済だと言いました。そのルールについては，プロ格闘技においては経済と両立するものとしては総合格闘

技およびK-1がかなり究極のものを提示したという感があります。もっとも，本当に果たし合いをするというのなら，グレーシーの人たちが言っているように，時間無制限でやるべきだということになるかもしれませんが，観客はそこまではつきあってはくれません。膠着したままではせいぜい30分がいいところでしょう。

　ただ，アルティメット大会以降は，総合格闘技を尺度にして他の競技の特徴が判断されることになりました。それ以外の全ての格闘技，フルコンタクト格闘技というのは，私なりの言葉でいえば，「限定スパー」ということになる。限定競技になったわけです。何をやってもいいというのとの比較で，他の競技は禁止事項によって種別がつけられるわけです。実際，いきなりバーリ・トゥードだけを稽古する流派というのはほとんどなくて，打撃なら打撃の稽古を集中的にやり，また寝技は寝技で稽古するわけですから，限定競技とはいえ消滅することにはならない。しかも，層が厚くなれば，総合格闘技の選手が限定競技に出場しても勝てない。現在，「なんでもあり」系でもっとも評価の高いイゴール・ボブチャンチン選手にしてもK-1ではまったく通用しなかった。ホイス・グレーシーさんも，柔術では一本負けしました。逆に限定競技から総合に挑戦しても，勝てないでしょう。それだけそれぞれの領分が確定したということです。

　ただ，本当にこの「なんでもあり」ルールが究極のルールなのかどうなのかについては，異論がないでもない。現在では頭突きや寝技での肘打ち，四つん這いになった者を蹴り上げることはほとんどの場合安全性の観点から禁止されていますが，そのことではありません。目を突くことと，耳をちぎるということ，かみつくことを禁止して，八角形のリングの中に入っていって出てきたものが一番強いと言うとしても，武道をやっている者に言わせると，まだ反論があって，例えば柔道家からは，下が硬いところでやるんだったらそんなまどろっこしい寝技やったりする必要ないじゃないか，投げればいいという反論が当然ありえます。下をコンクリとか板張りにした場合の究極のルールとなると，アルティメット以外のルールになるでしょう。私はアルティメットのオクタゴンというリングに立ってみたことがありますが，ものすごく柔らかい。プロレスのリングよりも柔らかいですね。ですから，柔道家は板の間だったらあれに出ていってもいいと言うかもしれない。俺は投げて勝つんだと。レスラーもそ

う言うかもしれない。そのうえ道着を着用するかどうかも問題ですね。裸はアマレス出身者に有利です。

あともう一つの言い分としては，寝技の時間が1時間も2時間も続くこと自体変じゃないかという反論があります。パンチの打ち合いというのは，一瞬しかチャンスがないのに，寝技になると技を何回も何回もトライしては，もう一度かけなおすということをやっている。これでは寝技優位なのは当然です。パンチを出す者にとっては不公平といえば不公平なんですよ。相手がたくさんいる時に喧嘩になったら，寝技を1対1でやって延々と寝転がっていたら，仲間が助けにきて上から蹴られたりするじゃないかという反論が有りうるわけですね。したがって，寝技は膠着したらやめさせるというように，寝技に制限時間やスタンディングを課すべきだという反論は有りえます。柔道はもともとそれでやっていますが，総合系もそちらに向かいつつあるようですね。いつまでも寝ているのは見ても面白くない。

ただ，面白いことに，バーリ・トゥード・ルールで寝技が得意な者同士がやった時どうなるかというと，非常に不思議な現象が起きています。寝技が得意同士なので，寝技に入るとひょっとしたら負けるかもしれないというので，パンチで勝負しようとするんですね。こうなると，大してパンチのうまくない選手の殴り合いという，非常に低レベルのボクシングの試合になる可能性があります。これではプロ興業は成立しない。ということは，プロ格闘技は，強い者を決めるだけでなく，見て面白いような対戦相手を組み合わせなければならないことになります。

最後に，再び経済問題に触れておきましょう。いろいろとルールの変遷を見てきたのですが，ビッグバンでプロレスは淘汰されそうなものですよね。「最強」などという言葉はとても使えなくなったわけですし，あまりにもう臭いから。それならいっそのことルチャ・リブレだけが生き残りそうです。ところがそうではないんですね。ファンはいまだに熱心にプロレスを応援しているし，それもどうやら勝ち負けに一喜一憂しているらしい。かつては総合格闘技が存在しなかったのでプロレスに夢を託すといったことがありはしましたが，現在もそうだというのは驚くべきことではあります。これがはっきりしたために，「なんでもあり」系のプロ興業にしても，片側の選手にプロレスラーをもってこないとなかなか会場が一杯にならないというのが実状です。先日，ついにプ

修斗の会場でキャラクター商品に群がるファン（写真：長尾迪）

ロレスラー同士で「なんでもあり」を謳って試合させたところ，当たり前のことですがただのプロレスになってしまいました。それも，直前に「なんでもあり」の最高の試合を見たのにもかかわらず観客は結構熱狂していました。観客の眼によってプロレスが淘汰されるということはありえないんでしょうね。格闘技はこれからも興業プロにかんしてはプロレスと縁を切ることができないんだと思いますね。

　一方で，レッスン・プロすなわちアマチュアの世界では，格闘技ブームから，選手になりたいというわけでもないのに趣味として年輩者でもたしなむ人が増えています。競技について幻想がなくなった分だけ，より安全に楽しむことができるようになったのですね。とくに寝技は高齢者でもフルコンタクトで楽しめます。実際，選手ばかり集めたのでは経営は成り立ちませんから，こうした傾向は望ましいことですね。青少年についても，礼法を通じて他人と触れあう経験をさせるというのもいいことだと私は思っています。時間を大幅に過ぎてしまいました。以上で終ります。どうもご静聴ありがとうございました。

〈参考図書の紹介〉

○通産省産業政策局編『スポーツビジョン21』通産調査会　1991
○広瀬一郎『スポーツ・マーケティング』電通　1994
○ボニー・L・パークハウス編著，日本産業スポーツ学会監訳
　『スポーツマネジメント』大修館書店　1996
○中山裕登『レジャー・スポーツ』二期出版　1992
○片岡力『スポーツ・レジャークラブ経営のすべて』　経営情報出版社　1990
○松田義幸『スポーツ産業論』大修館書店　1996

○佐伯聰夫編著『現代スポーツの社会学』不昧堂出版　1987
○粂野豊編著『現代社会とスポーツ』不昧堂出版　1987
○丹羽劭昭『スポーツと生活』朝倉書店　1982
○影山健他編『国民スポーツ文化』大修館書店　1977

○松田義幸・斎藤精一郎『レジャー産業』東洋経済新報社　1980
○松田義幸編著『レジャー産業を考える』実教出版　1993
○中山裕登『レジャー産業界』教育社　1991
○山田紘祥『よくわかるレジャー産業』日本実業出版社　1994
○財)日本レクリエーション協会編『レジャー・カウンセリング』大修館書店　1994
○松田義幸『現代余暇の社会学』誠文堂新光社　1981
○財)日本レクリエーション協会編『レクリエーション・マネジメント』大修館書店　1994

○財)余暇開発センター『レジャー白書』
○経済企画庁物価局『「遊び」の値段』大蔵省印刷局　1992

○池上惇『文化経済学のすすめ』丸善ライブラリー　1995
○R・ケイヴス、小西唯雄訳『産業組織論』東洋経済新報社　1990
○野口智雄『マーケティングの基本』日本経済新聞社　1994
○フィリップ・コトラー，ゲイリー・アームストロング　和田充夫監訳
　『マーケティング原理　第9版』ダイヤモンド社　2003
○宮澤健一『産業の経済学』東洋経済新報社　1991
○吉田正昭等編『消費者行動の調査技法』丸善株式会社　1978
○井原哲夫『サービス・エコノミー』東洋経済新報社　1992

○ドナルド・カッツ　梶原克教訳『ジャスト・ドゥ・イット―ナイキ物語』早川書房　1996
○ヨハン・ホイジンガ　堀越孝一訳『中世の秋』中公文庫　1992

編者あとがき

　本書の母胎となった公開講座のヴィンテージである1998年がスポーツに関する日本人の集団記憶に残っていくことはほぼ約束されている。編者の怠惰のゆえ出版までに予想外の時間を費やし本書の記述のある部分が時代の制約を受けていることはあろうが，「あの年」に一地方大学が真摯に行った試みの記録として本書は意義を有するものと考えている。

　講座の企画にあたっては，経済学部内の産業社会交流委員会を主宰されていた中村誠教授（現岡山大学法学部）を中心に体育担当の古澤栄一，古屋顯一両助教授と編者がチームを組み講師の依嘱を分担した。なお古屋教官は，国立大学の経済・経営系学部としてはおそらく一橋大学商学部に次ぐものとなるスポーツ産業論講座を本学部において担当することとなり本書はその講座のテキストとなることを意図した。よって本書の参考文献リストは古屋教官の作成によるものである。また同教官の師にあたる松田義幸教授には本書の出版に際し仲介の労をおとりいただいた。

　本書はただし学生用テキストとしてだけではなく，スポーツとビジネス，産業そしてメディアに関心を寄せるより多くの読者にとって有用であることを願っている。本書は編者が整理した講義録を元に各講師が加除訂正を施したものであるが，単なる速記録ではなく書物として相応しい体裁にするため大幅に手を入れていただいた部分もある。特に松原隆一郎助教授には精力的な教育研究と評論活動の間を縫って全面的な改稿を行っていただいた。遠隔地での講義に加え煩瑣な校訂作業を快くお引き受けいただいた各講師に改めて御礼申し上げたい。

　序章でも述べたように㈳日本プロサッカーリーグの川淵三郎チェアマンを初め森健兒（現㈶日本サッカー協会），佐々木一樹のお二方からは企画段階から貴重な助言，支援をいただき，チェアマンからは新たに一章を寄稿いただいた。さらに講座の実施から出版に至るさまざまの段階でお力添えを得た方々を本書の章立ての流れに沿って記せば原田良輔（住友銀行），宮地弘孝（日本スポーツ用品輸入協会），中川英明（㈱フィールドワン），田辺正（ヤマハリゾート㈱），澤田政利（㈱ティップネス），磯邊律男（㈱博報堂），平沼貞次（沖縄開発庁），雨宮正佳（日本銀行）の皆様であり篤く御礼申し上げる。また，編者の学部で

の在任期間を通じてお世話となった歴代学部長である渡邊裕，舟岡史雄両教授を初め，学部の多くの先生方との知的対話からも本講座への有益な示唆をいただいた。講座の庶務は松田孝子，井上智香子両助手に担当していただいた。

　本業は一財政官吏に過ぎない編者がこのような本のあとがきを書くことも奇妙な巡り合わせであるが，それはおそらくこの国のスポーツが置かれている憂鬱な状況と無縁のことではない。序章において編者が関心を有するいくつかのテーマに言及したが，本書の性格上過度に個人的な意見の展開は控えた。思わぬ過誤があれば叱正を乞いつつ，いつかまた論考を進めることに幾ばくかの望みを持ち続けたい。なお本書の内容は官職に復帰してからの編者の立場となんら関わりがないことを確認的に記すとともに，このような仕事をする機会を与えてくれた奉職先の広量にも礼を述べておきたい。

　最後にしかし最小でなく，大修館書店の和田義智，改発祐一郎両氏に感謝の言葉を記しておく。両氏の慧眼と熱意なしに本書が世に出ることはなかったからである。

1999年12月　　上西　康文

(第3刷付記，2005年7月)
　いささか肩に力が入りすぎた拙い序章ではとりあえず2002年までを視野にしていたが，すでに2012年の五輪開催都市の決定を聞く季節となった。本書が3刷の機会を得たことは，この分野に関心ある読者のたしかな存在と各講師の優れた寄与があったことの証左かと思う。各位に改めてお礼を申し上げたい。同時に，生きている社会事象を扱った書物として時間の経過とともに褪色する箇所があることは，避け得ないことながら編者として忸怩たる思いもある。ただ本書の成立事情からいってあえて原型をとどめていることを読者には理解いただきたい。増刷に際し大修館書店ならびに担当せられた松井貴之氏にお世話になったことを記し重ねて謝意を表したい。

ゼミナール
現代日本のスポーツビジネス戦略
© Y.Uenishi 2000　　　　　　　　　　NDC780　274p　21cm

初版第1刷発行————2000年2月10日
　　第3刷発行————2005年9月1日

編　者————上西康文（うえにしやすふみ）
発行者————鈴木一行
発行所————株式会社大修館書店
　　　　　〒101-8466　東京都千代田区神田錦町3-24
　　　　　電話03-3295-6231（販売部）03-3294-2358（編集部）
　　　　　振替00190-7-40504
　　　　　［出版情報］http://www.taishukan.co.jp
　　　　　　　　　　　http://www.taishukan-sport.jp（体育・スポーツ）

装幀者————中村友和（ROVARIS）
印刷所————広研印刷
製本所————難波製本

ISBN 4-469-26430-X　Printed in Japan
®本書の全部または一部を無断で複写複製（コピー）することは、
著作権法下での例外を除き禁じられています。

図解 スポーツマネジメント

山下秋二・原田宗彦[編著]

この1冊で、スポーツの経営から、チームメイク、サービスのすべてがわかる!

現在、当たり前のように使われているスポーツマネジメントという言葉には、実はさまざまな意味が含まれている。本書では、スポーツビジネス、スポーツマーケティング、スポーツオペレーションの3領域にわたるマネジメントの知識を、ビジュアルに解説。

●B5判・210頁 定価1,890円(本体1,800円)

主要目次

1 スポーツとマネジメント
スポーツを動かす力／スポーツマネジメントのための基礎知識／スポーツ組織の仕事／スポーツ市場のメカニズム

2 スポーツビジネスのマネジメント
スポーツビジネスの発展／プロスポーツの組織化／スポーツ組織のビジネス環境／スポーツ組織のコントロールシステム

3 スポーツマーケティングのマネジメント
スポーツマーケティング・アプローチ／スポーツマーケティング・プロセス／スポーツプロダクトの概念／スポーツサービスの品質管理

4 スポーツオペレーションのマネジメント
スポーツのチームメイク／スポーツのコーチング／スポーツゲームのプロデュース／スポーツ施設の使い勝手

大修館書店　書店にない場合やお急ぎの方は、直接ご注文ください。☎03-3934-5131

体育・スポーツ経営学講義

体育学講義シリーズ

八代 勉、中村 平 編著

経営学的なものの考え方が身につく

体育・スポーツの普及や振興に携わることをめざす学生が、経営的なものの考え方を身につけるための入門書。基礎理論に加え、具体的な各論、資料、用語集などで構成。講義ばかりでなく、課題を巡って個人やグループで自主的学習ができるように工夫。

●A5判・288頁　本体2200円

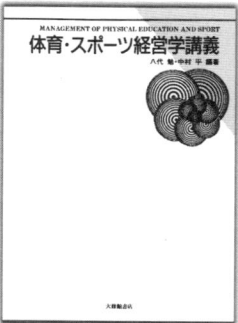

【主要目次】

第I部　体育・スポーツ経営学の基礎理論
1. 現代スポーツと体育・スポーツ経営学
2. 体育・スポーツ経営とは
3. スポーツ生活と運動生活
4. 体育・スポーツ事業と経営資源
5. 体育・スポーツ事業の進め方
6. 体育・スポーツ経営体
7. よい体育・スポーツ経営の条件

第II部　体育・スポーツ経営の現代的課題
1. 学校週5日制時代の体育・スポーツ経営
2. 総合型地域スポーツクラブの経営
3. 民間スポーツ・フィットネスクラブの経営戦略
4. 「みるスポーツ」の経営
5. 国際的競技力の向上とスポーツ経営

第III部　体育・スポーツ経営関連資料

大修館書店　書店にない場合やお急ぎの方は、直接ご注文ください。☎03-3934-5131

スポーツマネジメント

……スポーツビジネスの理論と実際……

ボニー・パークハウス=編著　日本スポーツ産業学会=監訳

スポーツの発展に伴い、それを商品としたビジネス的側面が急速に広がってきた。本書はこうした動向を背景に、専門的マネジメントの手法をスポーツ分野でも学問的に確立しようと試みた先駆的な書。スポーツに関する会計、経済、不法行為や契約などのスポーツ法、コミュニケーション、マーケティング、経営管理、倫理など、幅広い情報と知見を満載。スポーツ産業に携わる人、研究者、学生の必読書。

【主要目次】第1章：スポーツマネジメントの概念・発展・カリキュラム／第2章：研究、理論、そして実践／第3章：会計と予算／第4章：スポーツ経済学／第5章：スポーツ法／第6章：コミュニケーション／第7章：スポーツ・マーケティング／第8章：経営管理／第9章　大学トレードマークライセンス／第10章：人事問題／第11章：倫理／第12章：スポーツマネジメントの将来展望

B5判・296頁　**本体4,200円**

大修館書店　　書店にない場合やお急ぎの方は、直接ご注文ください。☎03-3934-5131

スポーツ産業論

松田義幸 著

スポーツ産業とは何かを体系的に明らかにする／

スポーツ産業はいかにあるべきか――この課題に対応する標準的なテキストとして最適の書。

- 第Ⅰ部 ──── スポーツ産業の市場構造
- 第Ⅱ部 ──── スポーツ産業の市場行動(1)
- 第Ⅲ部 ──── スポーツ産業の市場行動(2)
- 第Ⅳ部 ──── スポーツ産業の公共政策
- 第Ⅴ部 ──── スポーツ産業の個別市場分析

●A5判・上製・282頁　**本体2,300円**

大修館書店　　書店にない場合やお急ぎの方は、直接ご注文ください。☎03-3934-5131

ダイビング事故とリスクマネジメント

中田 誠 [著]

●A5判・320頁
本体2,800円

リスクを最小限に抑えるために

ダイビングの人気は上昇しているが、いったん事故が起こると死亡率はきわめて高い。近年のダイビング事故を丹念に調査・分析し、日米の裁判事例も引き、どうすればリスクを最小に抑えられるか、ダイビング愛好者やインストラクター、事業者、行政関係者などに提案する。

■主な目次
第1部 ダイビングの事故（第1章：事故例の考察／第2章：事故の実態と発生要因の分析／第3章：リスクの理解と対策／第4章：事故裁判の分析と免責・減責基準／第5章：アメリカの事故裁判における責任の制限と免責）
第2部 個別事故の研究（第6章：事故記録／第7章：モデル事故の詳細／第8章：日本人の海外での事故――手記とデータ）
●リスク管理表　●事故原因解明のポイント表

大修館書店　　書店にない場合やお急ぎの方は、直接ご注文ください。☎03-3934-5131

SPORT STRETCH by Michael J.Alter
イラストでわかる
ストレッチング マニュアル

マイケル J. オルター=著　山口英裕=訳

あなたは適切なストレッチングを行っていますか？

なぜストレッチングをするのか、ストレッチングをするとどのような変化が起こるのかなど、ストレッチングの効果についてわかりやすく説明。その上で、基本から応用まで、311のストレッチングをイラストを使ってわかりやすく解説。

【主要目次】1章：柔軟性を理解しよう／2章：オールスター・ストレッチング／3章：スポーツのためのストレッチング・プログラム（アーチェリー、野球、バスケットボール、ダンス、ゴルフ、ジョギング、武術、サッカー、競泳、テニス、陸上競技、バレーボール、レスリング　ほか）／4章：311種類のストレッチングの説明

B5判・226頁　**本体1,800円**

自分のやっているストレッチングを見直してみよう！

大修館書店　　書店にない場合やお急ぎの方は、直接ご注文ください。☎03-3934-5131

目でみる 女性スポーツ白書

井谷惠子・田原淳子・來田享子 編著

スポーツと女性の現在をみる
スポーツと女性の未来を考える

わが国における女性スポーツに関連した最新の研究データを9つの視点から収集・分析。「指導者・管理者の絶対的な不足」といった課題を浮き彫りにするとともに、21世紀における展望を明らかにする初めての試み。スポーツ行政・研究に携わるすべての関係者必読の書。巻末には詳細な資料編を付した。

●A5判・354頁 本体2,500円

大修館書店　　書店にない場合やお急ぎの方は、直接ご注文ください。☎03-3934-5131

知的コーチングのすすめ
頂点をめざす競技者育成の鍵

河野一郎=監修　勝田 隆=著

選手の能力を最大限に引き出すにはどうすべきか？

ラグビー日本代表強化スタッフ、JOC情報・戦略プロジェクト委員を務める著者が、競技種目を超えた視点からコーチング哲学、方法、実践を体系化。「コーチングとは何か、どう在るべきか」を様々な角度から明らかにする。平尾誠二・元日本代表ラグビー監督、田嶋幸三日本サッカー協会技術委員長絶賛。

A5判・168頁　本体1,800円

大修館書店　　書店にない場合やお急ぎの方は、直接ご注文ください。☎03-3934-5131

[テキスト]総合型地域スポーツクラブ [増補版]

日本体育・スポーツ経営学会 [編]

各地で関係者が試行を重ね、情報を交換しながら、企画し、設立し、運営・評価している、総合型地域スポーツクラブ。その理論的根拠を示し、同時に実践に役立てることをめざして、学会が総力をあげて編んだテキスト。ケーススタディも盛り込んだ。

生涯スポーツ関係者必携の書！

■主な目次・・・・・・・・・・・・・・・・・・・・・・・・・・・・・・
総合型地域スポーツクラブとわが国のスポーツシステム／総合型地域スポーツクラブの実像と虚像／地域社会におけるスポーツ組織・団体間の新しい関係づくり／住民主導型クラブの形成とその支援／総合型地域スポーツクラブの経営—自主運営をめざして／総合型地域スポーツクラブと学校開放／体育行政システムのあり方と期待される役割／総合型地域スポーツクラブの育成と学校体育の改革／ケーススタディ①②③④／先行事例に学ぶ—総合型地域スポーツクラブの暫定的評価／なぜクラブが育たないか
・・
●B5判・176頁　**本体1,700円**

大修館書店　　書店にない場合やお急ぎの方は、直接ご注文ください。☎03-3934-5131

ジグソーパズルで考える 総合型地域スポーツクラブ

NPO法人クラブネッツ 監修　黒須 充・水上博司 編著

地域スポーツクラブ育成のノウハウを集大成

これからスポーツクラブづくりをめざす人のために、必要な知識や方法などのクラブづくりのポイントをまとめた一冊。総合型地域スポーツクラブづくりを積極的にサポートしてきたNPO法人クラブネッツが、その経験と豊富な情報量を基に監修。全国11クラブの当事者による先駆的事例の報告のほか、クラブづくりの考え方や指針、運営方法などを、43名の執筆者がわかりやすく紹介する。

●B5判・208頁　定価**1,900円**（本体1,995円）

■主な目次
- 第1章　総合型地域スポーツクラブの設立に向けて—はじめの一歩—
- 第2章　総合型地域スポーツクラブの運営方法—人づくりと場づくり—
- 第3章　総合型地域スポーツクラブの事例に学ぶ
- 第4章　総合型地域スポーツクラブの必要性と社会的役割—スポーツ界の流れ—
- 補　章　海外スポーツクラブ事情

大修館書店　　書店にない場合やお急ぎの方は、直接ご注文ください。☎03-3934-5131

定価＝本体＋税5％（2005年9月現在）